Bremen kaputt

Christoph U. Schminck-Gustavus

Bremen kaputt

Bilder vom Krieg 1939–1945

Edition Temmen

Die Deutsche Bibliothek verzeichnet diese Publikation in der Deutschen Nationalbibliografie;
detaillierte bibliografische Daten sind im Internet unter http://dnb.ddb.de abrufbar.

Redaktion und Bearbeitung: Lutz Liffers

3. Auflage 2008

Hohenlohestr. 21
28209 Bremen
Tel. 0421-34843-0
Fax 0421-348094
info@edition-temmen.de
www.edition-temmen.de

Gesamtherstellung: EDITION TEMMEN
ISBN 978-3-86108-256-9

Inhalt

Stephani-Kirche 1945/46

Alles vergessen?

Aus den Trümmern gerettet
125. Luftangriff vom 24. Juni 1944, Seeberger Straße

Alles vergessen?

Kriegsalltag und Bombennächte sind in weite Ferne gerückt. Die fünfzig Jahre, die seit dem Ende des letzten großen Krieges vergangen sind, haben manches in Vergessenheit geraten lassen, was besser nicht vergessen worden wäre. Die Zahl derer, die sich noch selber an den Krieg erinnern, ist klein geworden. Die meisten von ihnen haben den Krieg als Jugendliche oder als Kinder erlebt, und sie erinnern ihn anders als Erwachsene – manchmal fast als Abenteuer, als gewaltiges Indianerspiel. So erschrecken nur wenige, wenn heute beim Probealarm die Sirenen heulen. Unter den Betondecken des Wiederaufbaus schauen keine Trümmer hervor.

Auch die kleinen bunten Schreckensbilder, die beim Abendessen in die Wohnstuben flimmern, haben den Krieg nicht näher gebracht: Krieg gegen den Irak, Bürgerkrieg in Somalia, Massaker in Ruanda, Belagerung von Sarajevo, Enklave Bihac, das zerschossene Grosny – man schaut kaum noch hin, alles ist weit weg. Daß die Waffen, die dort zum Einsatz kommen, oft auch aus deutscher Produktion stammen, nimmt schon kaum noch jemand zur Kenntnis.

Die Bilder und Dokumente, die in diesem Buch zusammengestellt sind, sollen der Erinnerung nachhelfen und ein kleines Stück jener Sicherheitsdistanz zum Alltag des Krieges nehmen, an die wir uns gewöhnt haben. Sie sollen die Verwundungen sichtbar machen, die die NS-Herrschaft und der Krieg auch in Bremen gerissen haben.

Das Material für dieses Buch stammt überwiegend aus dem Bremer Staatsarchiv.[1] Es erhebt nicht den Anspruch auf Vollständigkeit, es wirft nur Streiflichter auf den Alltag einer Stadt im Bombenhagel. Zumeist bedürfen die Bilder keiner Interpretation. Nur dort, wo es darum ging, die Berichte, Dokumente und Aufnahmen in ihren historischen Rahmen einzupassen, sind Auszüge aus der Bremen-Chronik herangezogen.[2] Dann klingt in den Bremer Ereignissen das Echo der Tragödien nach, in die das deutsche »Sieg Heil«-Gebrüll ganz Europa gerissen hat. Keine »Weltherrschaft«, kein »Endsieg«, sondern ein Flammen-Inferno, in dem die Städte zu Schutt und Asche verbrannten.

Aber eigenartig – trotz Tod und Vernichtung haben unzählige Hände die Kriegsmaschine bis zum letzten Tag weiter bedient. Auch in Bremen arbeitete – so lange es unter den Bomben nur eben ging – nicht nur die Rüstungsproduktion weiter, auch die Luftschutzbürokratie funktionierte perfekt weiter bis zum endgültigen Zusammenbruch. »Kriegswichtiger Einsatz« – das war die Formel, die alle Bereiche des Lebens durchdrungen hatte. Die Luftschutzbürokratie sorgte dafür, daß fast bis zum letzten Tag jeder Bombenschaden aktenmäßig registriert und fotografisch festgehalten wurde. Man hat damals der Zivilbevölkerung eingeredet, nach dem »Endsieg« würden die »Feinde« alle Kriegsschäden bezahlen und ersetzen. Auch die zahllosen Kriegsgefangenen, die bei der Stadtenttrümmerung eingesetzt waren, bekamen immer wieder zu hören, sie würden erst dann in ihre Heimat entlassen, wenn sie die zerbombten deutschen Städte Stein auf Stein wieder aufgebaut hätten.

So sind auch in Bremen nach jedem Angriff Beamte der Luftschutzbürokratie ausgeschwärmt, im Volksmund »Bombenzähler« genannt, um alle Schäden zu registrieren. Sie fertigten Abwurfskizzen und schrieben Berichte für das »Luft-Gau-Kommando«. Auch ein amtlicher Bildberichterstatter, der Fotograf Walter Cüppers, war unterwegs und lichtete alle Schadensstellen ab. Privatleuten war es dagegen verboten, die Bombentreffer fotografisch festzuhalten, denn solche Bilder hätten in die Hände der »Feindpropaganda« gelangen können.

Im Tiefkeller des Bremer Staatsarchivs liegen Tausende und Abertausende von Bildern, die Bremens traurige Trümmerlandschaften in immer neuen Variationen zeigen. Die meisten von ihnen stammen aus den Beständen von Cüppers. Sie waren beim ersten Erscheinen dieses Buches auch noch unveröffentlicht. Ich hatte sie eher zufällig gefunden, als ich für eine Sammlung von Erinnerungen ehemaliger Zwangsarbeiter und Kriegsgefangener nach Illustrationen suchte.[3]

Die Auswahl aus der Fülle der Bilder ist nicht leicht gefallen. Cüppers hat vor allem Sach- und Häuserschäden festgehalten; der Alltag der Menschen im Bombenkrieg ist dagegen nur mehr oder weniger zufällig auf die Bilder geraten. Als Fotograf hat er sich für dieses Thema offenbar nicht sonderlich interessiert; er hielt sich statt dessen an seinen amtlichen Auftrag. Dennoch konnte er nicht vor jedem Auslösen seiner Kamera die Zivilisten »aus dem Bild« verscheuchen. Die Leute suchten in den Trümmern nach Überresten ihrer Habe und hätten sich von einem »Bombenzähler« oder einem Fotografen kaum zur Seite schicken lassen. Gerade diese Aufnahmen, auf denen Personen zu erkennen sind, habe ich ausgewählt.

Nach dem ersten Erscheinen des Buchs ist es mir deshalb auch oft passiert, daß aufgeregte Bremer anriefen, die Nachbarn, Verwandte und Freunde oder gar sich selber auf den Fotografien entdeckt hatten und wissen wollten, ob ich noch mehr Bilder habe. Meistens mußte ich sie enttäuschen oder auf das Staatsarchiv verweisen. Aber

Nach der Entwarnung
137. Luftangriff vom 6. Oktober 1944, Große Johannisstraße/Langemarckstraße

der Prozentsatz von Bildern, die Personen zwischen den Trümmerbergen zeigen, ist insgesamt sehr klein. Cüppers hat sich mehr für die Schäden als für die Geschädigten interessiert.
Auch fällt auf, daß er offenbar in aller Regel erst lange nach dem Ende des Angriffs unterwegs war. Bilder, die während oder unmittelbar nach den Angriffen aufgenommen wurden, existieren praktisch nicht. Ein amtlich beauftragter Fotograf von Schadensstellen hatte freilich auch keinen Anlaß, den sicheren Bunker zu verlassen, solange noch die Bomben fielen. Da hätte es anderer Fotografen und anderer Absichten bedurft. Wenn beispielsweise diejenigen, denen damals der Zutritt zu den Schutzbunkern verwehrt war – Kriegsgefangene, Zwangsarbeiter, »Fremdvölkische« – Kameras und Filmmaterial besessen hätten, sähe diese Dokumentation anders aus. Aber woher sollte ein Kriegsgefangener eine Kamera nehmen? Und unter den Brand- und Sprengbomben denkt man wohl eher an einen Splitterschutz als ans Fotografieren.
So ist es schwierig, sich einen Bombenangriff auf die eigene Stadt, auf die eigene Straße, auf das eigene Haus vorzustellen. Wie es wirklich in den Bombennächten gewesen sein könnte, kann man sich nur schwer ausmalen, wenn man die Trümmerbilder im Sonnenlicht des Morgens »danach« betrachtet.
Das Buch will aber nicht nur das Nachdenken hierüber anregen; es stellt auch die Frage, was jenem Krieg vorausgegangen ist; es spricht von den Lügen der NS-Propaganda, die damals die Kriegsvorbereitungen verschleiern sollten und die heute von einigen schon wieder geglaubt werden. Es spricht von den Schrecken, die – lange bevor die ersten Bomben auf Bremen fielen – von

Nach dem Angriff
137. Luftangriff vom 6. Oktober 1944, Große Johannisstraße/Langemarckstraße

deutschen Armeen in andere Länder Europas getragen wurden. Auch dies hatten damals nicht nur viele Bremer vergessen, als sie ihre Häuser in Trümmern sahen, es wird auch heute von manchen schon wieder geleugnet, weil ihnen die Wahrheit nicht paßt. Im spanischen Bürgerkrieg haben deutsche Kampfflugzeuge der »Legion Condor« am 26. April 1937 die kleine baskische Fischer-Stadt Guernica bombardiert und vollständig zerstört – ein Experiment über die Wirkung von Flächenbombardements auf eine unverteidigte Stadt. Es dauerte damals noch über zwei Jahre, bis in Bremen zum ersten Mal Fliegeralarm gegeben wurde. Nicht so lange hat es gedauert, bis in Bremen Straßen umbenannt wurden: »Legion-Condor-Straße«, »Franco-Allee«, »Spanischer Platz«. Auch das damals von Focke-Wulf neu entwickelte Großflugzeug wurde auf den Namen »Condor« getauft.

Guernica – das war auch das erste Mal in der Geschichte des modernen Luftkrieges, daß die Zivilbevölkerung bewußt als Zielscheibe für einen Vernichtungsschlag benutzt wurde. Das gleiche hat sich dann in Warschau, Rotterdam, Coventry, Belgrad und in anderen Städten wiederholt. Auf manche Bomben, die später über Deutschland abgeworfen wurden, hatten die Soldaten, die die Flugzeuge beluden, mit Kreide geschrieben: »Denkt an Warschau!«, »Vergeltung für Rotterdam«, »Für Lidice«. Das haben viele, die heute die Bremer Kriegsbilder betrachten, nie gehört – aber es gibt Berichte, sogar Fotos von solchen Bomben mit Kreide Aufschriften.

Bekannter als solche Aufnahmen sind die Trümmerbilder auf Nostalgie-Postkarten oder in Hochglanzbroschüren über die Leistungen des Wiederaufbaus. Aber keines von beiden – weder die sonderbaren Trümmerperspektiven der Andenkenhändler, noch jenes »Wir haben alles wieder aufgebaut!«, »Geschafft! Wir sind wieder wer!«

– ist bei denen auf Interesse gestoßen, die es eigentlich angeht. Über zwanzig Nachkriegsjahre lang haben junge Menschen kaum nach der Geschichte ihrer Eltern und Großeltern gefragt. Vielleicht waren ihnen zu viele fertige Antworten gegeben worden, vielleicht mochten sie deshalb auch den Stolz der noch einmal Davongekommenen nicht verstehen, nicht teilen.

Ob sich hinter so vielen lachenden Gesichtern nicht eine schwere Krankheit des Gemeinwesens verberge, hat einmal Christa Wolf gefragt, und es hat in der deutschen Geschichte immer wieder Zeiten gegeben, in denen es plötzlich viele wurden, die sich mit der verborgenen Krankheit nicht einfach abfinden wollten. Schon vor dem Ersten Weltkrieg wirkte in Deutschland eine lange totgeschwiegene Friedensbgewegung, aber eine Ludwig-Quidde-Straße[4] gibt es noch nicht lange in Bremen, und sie kann sich in Größe und Ansehnlichkeit auch keineswegs mit der Langemarckstraße[5] messen.

Mit den Pazifisten der Weimarer Republik hat die Nazi-Diktatur gnadenlos aufgeräumt. Wieviele deutsche Kriegsgegner in den Jahren vor dem Zweiten Krieg in den Folterkellern der Gestapo oder in den Konzentrationslagern verschwunden sind, wissen wir nicht. Das Wüten der deutschen Militärjustiz gegen sogenannte »Drückeberger« und »Deserteure« ist erst in den letzten Jahren ans Tageslicht gekommen.[6]

Aber auch nach dem Zweiten Weltkrieg sind Friedensdemonstrationen von der Polizei aufgelöst und verboten worden. Die Ostermärsche für Versöhnung, Frieden und Abrüstung sind jahrelang Veranstaltungen von Unerschütterlichen gewesen, die sich dann oft auch noch als »aus dem Osten ferngesteuert« beschimpfen lassen mußten. Erst in den 80er Jahren hat sich dies geändert. Das Klima phantasievoller Frechheit, das die antiautoritäre Studentenbewegung verbreitet hatte, durchzog auch die Friedensbewegung dieser Jahre. Der Zorn über den Rüstungswettlauf führte damals zu den größten Demonstrationen der deutschen Nachkriegsgeschichte. Auch in Bremen versammelten sich zu den Friedensdemonstrationen am 1. September mehr Menschen, als der Marktplatz zu fassen vermochte.

Die damaligen Forderungen nach radikaler Abrüstung und Beendigung des Rüstungswahnsinns sind nach dem Zusammenbruch der staatssozialistischen Systeme in Osteuropa für »welthistorisch widerlegt«, für »überholt« und »erledigt« erklärt worden. Unterdessen geht der Rüstungswahn weiter und die Welt ist weder sicherer noch friedlicher geworden. Multinationale Eingreiftruppen werden zu »Friedensmissionen« in Krisengebiete geschickt, die kurz zuvor noch von den Entsendeländern aufgerüstet wurden. Auf Umwegen über »Drittstaaten« werden beide kriegführenden Parteien nicht selten von den gleichen Rüstungsfabrikanten beliefert. Die verantwortlichen Regierungen sprechen von »aktiver Friedenssicherung«.

Gewiß, in solchen Zeiten kann keine rechte Zuversicht in eine friedlichere Welt gedeihen. Aber gegen das laute Reden der Politiker und das Gefasel der Medien sind die leisen Stimmen der Dichter deutlich zu vernehmen. Nazim Hikmet, der große türkische Lyriker, hat eins seiner Gedichte über die ferne Heimat mit den Versen beendet:

Leben
einzeln und frei
wie ein Baum
und brüderlich
wie ein Wald
ist unsere Sehnsucht

Die Menschen, die 1945 in das zerstörte Bremen zurückgekehrt sind und ihre Stadt in Trümmern fanden, werden nichts anderes gedacht haben.

Vorwort zur Neuauflage

Die Zeiten der Friedensbewegung, in denen dieses Buch entstanden ist, sind seit langem vergangen. Die Erinnerung an die großen Friedensdemonstrationen, die einige Jahre lang auch den Bremer Marktplatz füllten, sind schon ebenso Geschichte geworden wie der Fall der Berliner Mauer, jenes letzten unseligen Überrests eines verbrecherischen Krieges, der Europa verwüstet und unsere Nachbarn das Fürchten gelehrt hat. So mögen die in diesem Buch versammelten Bilder und Dokumente für diejenigen, die es angeht – unsere Kinder und Kindeskinder – eine Mahnung sein, auch wenn das den Choreographen der »Spaßgesellschaft« nicht gefällt. Ich widme die Neuauflage des Buches allen jenen bekannten und unbekannten Mitstreiterinnen und Mitstreitern, die sich bemüht haben, die Botschaften von Frieden, Demut und Versöhnung weiter zu tragen.

1. Februar 2008

C.U. Schminck-Gustavus

Wer Hitler wählt, wählt Krieg (1933–1939)

Dezember 1932: Warteschlangen vor den Arbeitsämtern – mehr als sechs Millionen amtlich registrierte Arbeitslose

Das Lied vom SA-Mann

von Bert Brecht

Als mir der Magen knurrte,
schlief ich vor Hunger ein.
Da hörte ich sie ins Ohr mir
»Deutschland erwache!« schrein.

Da sah ich viele marschieren.
Sie sagten ins Dritte Reich.
Ich hatte nichts zu verlieren
Und lief mit, wohin war mir gleich.

Als ich marschierte, marschierte
Neben mir ein dicker Bauch.
Und als ich »Brot und Arbeit« schrie,
Da schrie der Dicke das auch.

Der Staf* hatte hohe Stiefel,
Ich lief mit nassen Füßen mit,
Und wir marschierten beide
In gleichem Schritt und Tritt.

Ich wollte nach links marschieren,
Nach rechts marschierte er.
Da ließ ich mich kommandieren
Und lief blind hinterher.

Und die da Hunger hatten,
Marschierten matt und bleich
Zusammen mit den Satten
In irgendein drittes Reich.

Sie gaben mir einen Revolver
Und sagten: Schieß auf unsren Feind!
Und als ich auf ihren Feind schoß,
Da war mein Bruder gemeint.

Jetzt weiß ich: drüben steht mein Bruder,
Der Hunger ist's, der uns eint
Und ich marschiere, marschiere
Mit seinem und meinem Feind.

So stirbt mir jetzt mein Bruder,
Ich schlacht' ihn selber hin
Und weiß doch, daß, wenn er besiegt ist,
Ich selber verloren bin.

** Standartenführer*

SA-Aufmarsch

Sitzung der Bremischen Bürgerschaft vom 6. März 1933
Noch am 4. März hatte die Bremer Arbeiterbewegung in einer gemeinsamen Kundgebung – einer der größten in der Geschichte der Stadt – gegen die »Machtergreifung« und gegen die Regierung Hitler demonstriert

Die »Machtergreifung« in Bremen

Auszüge aus der Bremen-Chronik

1. Januar 1933:
Mit Rücksicht auf die allgemeine Lage sieht der Senat von dem in den letzten Jahren üblich gewesenen Neujahrsempfang ab.

26. Januar 1933:
Not der Artisten. Die Arbeitslosigkeit unter den Artisten zwingt diese vielfach dazu, ihre Künste auf offener Straße zu zeigen. Trotz bitterer Kälte sieht man in der Sögestraße Artisten Kunststücke darbieten.

30. Januar 1933:
Mittags verkündet der Rundfunk die Ernennung des Führers der NSDAP, Adolf Hitler, zum Reichskanzler. Die Meldung wird von der Mehrheit der bremischen Bevölkerung mit Zurückhaltung aufgenommen. Bei der letzten Wahl (6.11.32) hatten 61,7% der bremischen Wähler gegen die Harzburger Front (Hitler, Papen, Hugenberg, Seldte) gestimmt. Abends überträgt der Rundfunk aus Berlin die Reportagen über die Fackelzüge der SA und der nationalen Verbände.

31. Januar 1933:
Im Stadt- und Landkreis Bremen werden 16.489 Unterstützungsempfänger des Arbeitsamts und 21.434 Wohlfahrts-Erwerbslose gezählt.

5. März 1933:
Reichstagswahl. Im bremischen Staatsgebiet für die Regierung Hitler abgegebene Stimmen: 112.747 (47,1%).
Gegen Hitler: 126.663 (52,9%). (NSDAP: 78.124, SPD: 72.707, KPD: 31.553).

6. März 1933:
Demonstrationen nationalsozialistischer Parteianhänger vor dem Rathaus. Während der Vormittagsstunden versammelt sich eine große Menschenmenge auf dem Marktplatz, die den Rücktritt des Senats fordert. Einige Männer bringen an der Rathausfront kleine Hakenkreuzfähnchen an. Um 20 Uhr gibt Konsul Bernhard unter dem Jubel der Menschenmenge bekannt, daß die sozialdemokratischen Senatoren aus dem Senat ausgeschieden seien und daß die Bürgerschaft sich zum nächsten Termin auflöse. Um 21 Uhr wird unter dem Absingen des Horst-Wessel-Liedes auf dem Rathaus die Hakenkreuzfahne im Licht der Scheinwerfer gehißt.

20. März 1933:
Der Senat beschließt, dem Reichskanzler Adolf Hitler das Ehrenbürgerrecht der Freien Hansestadt Bremen zu verleihen.

1. April 1933:
Einrichtung eines Konzentrationslagers. Von den in Bremen aus »Gründen der Aufrechterhaltung der öffentlichen Sicherheit und Ordnung« in polizeilicher Schutzhaft befindlichen Sozialdemokraten und Kommunisten werden etwa 100 Gefangene in das Konzentrationslager Mißler in der Walsroder Straße (ehemalige Findorff-Klinik) überführt.
Boykott gegen jüdische Geschäfte, Ärzte und Juristen. SA nimmt vor den als jüdisch bezeichneten Geschäften und vor Häusern jüdischer Ärzte und Rechtsanwälte Aufstellung. An den Schaufenstern und Eingängen sind Plakate angebracht mit den Aufschriften: »Gegen die Greuel- und Hetzpropaganda des Auslands«, »Schlagt den Weltfeind«, »Kauft nicht in jüdischen Geschäften«. Besonders in der Obernstraße kommt es zu großen Menschenansammlungen. Für das bremische Staatsgebiet wird allen jüdischen Unternehmungen die Auflage erteilt, sich mit Plakaten als »Jüdisches Unternehmen« selbst auszuweisen.

1. Mai 1933:
Verkündigung einer Mitgliedersperre für die NSDAP; Aufnahmesperre für die SA.

»Dr. Goebbels hält Gericht«
Plakat auf Bremer Anschlagsäulen 1934

Willi Scheuer 1982 in »Ochtum-Sand«, im Hintergrund die Moorlosen Kirche

»Die Prügel waren nicht mal das Schlimmste«

Ein Gespräch mit Willi Scheuer

Willi Scheuer habe ich im Mai 1982 kennengelernt.[7] Auf einer Veranstaltung im DGB-Haus berichteten Arbeiter-Veteranen über Widerstand und Verfolgung in der NS-Zeit. Willi sollte über die Atlas-Werke sprechen, wo er damals als Dreher beschäftigt war. Viel hat er auf dieser Veranstaltung nicht erzählt. Der Saal war überfüllt, viele Redner hatten sich zu Wort gemeldet. So habe ich ihn später zu Hause besucht, und er hat mir berichtet.

Willi wohnte in Rablinghausen, in einem kleinen Holzhaus unter Obstbäumen. Das ehemalige Parzellengebiet ist ringsum mit neuen Häusern bebaut. Nur sein Haus, eine ehemalige Wehrmachtsbaracke, ist von damals übrig geblieben – wie ein Fossil aus fernen Zeiten. Erst nach einiger Zeit und ganz beiläufig kommt er auf seine Verhaftung zu sprechen.

Das war Juli 33. Nachts um 3 Uhr haben sie mich aus dem Bett geholt. Die andern hatten sie schon vorher gegriffen, am Tage, da war ich aber nicht zu Hause, deshalb sind sie dann nachts gekommen.

Du wußtest also schon, was kam?

Na, ich habe damit gerechnet.

Hast Du nicht überlegt zu türmen?

Türmen? Wohin, wohin denn? Mit Frau und Kind? Mir konnten sie außerdem nichts nachweisen. Sie haben mich damals wohl auf Verrat hin gegriffen. Nach der Verhaftung kam ich ins Gefangenenhaus. Das ist das Haus mit den Säulen in den Wallanlagen. Steht da heute noch, gegenüber vom Theater. Im hinteren Teil sieht man die vergitterten Fenster. – Bei den Verhafteten im Gefangenenhaus, da war auch einer dabei, ein prima Kerl, das war unser Verbindungsmann. Und es gab auch einen Wachmann, der die Nachrichten nach draußen weiter gab. Wir wußten genau, was wir aussagen sollten und was nicht. Wir hatten ja Handblätter für Parteiversammlungen verbreitet usw. Und dieser, der Verbindungsmann, der hatte denn wohl auch Verbindung nach meiner Frau hin geschaffen und ihr mitgeteilt, was ich ausgesagt hatte. Als meine Frau dann selber verhört wurde, hat sie genau das gleiche wie ich ausgesagt: Da konnten die dann nichts machen. Den Verbindungsmann haben sie von '33 bis '45 in den verschiedensten KZ festgehalten. Kurz vor Schluß haben sie ihn dann noch umgebracht.

Was wollte die Gestapo von Dir wissen?

Na, ob wir Versammlungen abgehalten hatten und wo und wann usw. Dann haben sie mir ein bestimmtes Treffen vorgehalten, wo ich auch dabei war; aber ich hab' einfach gesagt: »Da war ich nur, weil ich eine Parzelle von dem und dem kaufen wollte!« Na, da war wieder nichts zu machen.

Nach dem Verhör kamen wir dann vom Gefangenenhaus nach »Mißler« hin. »Mißler«, das waren früher die Auswanderungshallen, wo heute das Findorff-Krankenhaus drinne ist. Das haben die damals so als ein provisorisches KZ benutzt. Da sind wir geprügelt worden; die haben mir die Wirbelsäule angeschlagen. Später bei der Wiedergutmachung hat der Professor vom großen Krankenhaus St. Jürgen das als 30%ige Erwerbsminderung anerkannt. Aber dann kam der zweite Gutachter, der Amtsarzt, und hat das wieder von 30 auf 20% herabgesetzt. Von da ab gab das keine Rente mehr; das war dann alles, weil man nur bis 25% Erwerbsminderung Rente bekommt. Nun kriege ich alle Monate 13 Mark »wegen wirtschaftliche...« – Mensch, wie nennen sie das noch? »wegen Behinderung im wirtschaftlichen Fortkommen«, weil ich ja damals eingesperrt war. Die 13 Mark monatlich, die gebe ich seitdem dem SOS-Kinderdorf. Schenken will ich das denen ja nicht. Aber das Stützkorsett, das trage ich seit 20 Jahren. Sonst kann man die Schmerzen nicht aushalten.

Kannst Du noch mal genauer von »Mißler« erzählen, von den Mißhandlungen?

Na, das fand ja im Keller statt. Da hatten sie eimerweise Wasser auf den Fußboden hingekippt, und wir mußten zwischen den Betten durchkriechen; da standen sie nun in den Gängen mit ihren Gummiknüppeln und hauten auf uns zu.

Aber was sollte denn das Wasser? Warum hatten sie das da hingekippt?
Ja, warum? Weißt Du es? Schikane, reine Schikane! Die Prügel hatten natürlich den Sinn, daß wir Genossen verraten sollten, daß wir weich werden. Die Schmerzen waren vielleicht noch nicht mal das Schlimmste. Aber die Demütigung. Biste schon mal geschlagen worden?

Nein. Aber Du? Hast Du das denn ertragen? Hast Du die Namen preisgegeben?
Nein, das habe ich nicht. Die Genossen, mit denen ich damals zusammengearbeitet hatte, die haben sich nachher sehr bedankt, die waren ja nicht verhaftet worden.

Hattest Du Dir das vorher fest vorgenommen, daß Du nichts sagen wolltest, egal, wie hart es kommt?
Na ja, was soll ich Dir sagen? Das weiß man doch vorher nicht! Aber ich bin nicht wankelmütig. Gefällt mir nicht: wankelmütig sein.

Bist Du noch mal später – ich meine: nach dem Krieg – nach »Mißler« reingegangen? Das steht doch noch, das Findorff-Krankenhaus. Den Kellerraum müßte man doch wiederfinden. Hast Du Dir es noch mal angesehen?
Nein, nie mehr.

Würde Dir das was ausmachen, da noch mal reinzugehen?
Nein, ist ja vorbei jetzt.

Was habt Ihr denn damals von den Anwohnern bemerkt? Das »Mißler«-KZ lag doch mitten im Wohngebiet. Stimmt das, daß »Mißler« geschlossen wurde, weil sich die Anwohner beschwert hatten wegen des Schreiens bei den Prügeleien?
Na, davon haben wir ja damals nichts gehört, als wir drinne waren. Erst später haben wir das wohl erfahren. Als wir drinne saßen, da hat man wohl manchmal Leute am Fenster gesehen, wenn wir beim Appell stehen mußten. Aber wenn einer von denen da nicht achtgab und zu lange guckte, dann stand gleich einer von der SA vor der Wohnungstür. Die durften nicht auf den Appellplatz schauen. Die Leute mußten die

Blick in den Innenhof des KZ Mißler – heimlich gemachte Aufnahme des ersten Bremer Konzentrationslagers

Zählappell auf dem Lloyd-Kahn in »Ochtum-Sand«

Fotos der NS-Propaganda: Gefangene nehmen ihr Essen ein

Rechte Seite:
Der »Lloyd-Kahn« in »Ochtum-Sand«
Gefangene auf dem Kahn hinter Stacheldraht. Dieses Foto wurde ins Ausland geschmuggelt und in der im Exil erscheinenden AIZ (Arbeiter Illustrierte Zeitung) veröffentlicht

NS-Propaganda: Gefangene beim Schachspielen und Zeitungslesen

Fenster geschlossen halten und die Vorhänge zuziehen.

Was hat Deine Frau gemacht, als Du verhaftet wurdest? Hat sie Dich gesucht?
Ja, die hat wohl herausgekriegt, daß ich bei »Mißler« war. Im Lager war nämlich auch ein Österreicher, den mußten sie schon früher entlassen. Der ist zu meiner Frau hingegangen und hat ihr erzählt, wie sie mich zurecht gehauen hatten. Meine Frau, die war ja auch nicht bange. Ist gleich hingegangen zum Polizeihaus am Wall, nach der Geheimen Staatspolizei hin, und hat sich beschwert. Sie sagte, daß sie was erfahren hat: nämlich daß ihr Mann beim Verhör geschlagen wurde. Und da wollten die nun absolut wissen, von wem sie das hatte, aber sie sagte einfach, den Namen würde sie nicht nennen. Tja, und dann haben sie sie gewarnt, sie soll sich mal beherrschen, sonst würde sie auch noch eingesperrt. Und mich haben sie auch gewarnt: Ich sollte meiner Frau sagen, sie soll ruhig sein, sonst würde sie auch abgeholt. Ich hab' also meiner Frau geschrieben, sie soll achtgeben. Das war alles.

Was kam denn dann nach dem »Mißler«-KZ?
Wir sind verlegt worden auf den Lloyd-Kahn in Ochtum-Sand. Das war so ein umgebautes Bockschiff, eine Art Schleppkahn. Der wurde als provisorisches KZ benutzt. Der Kahn lag in der Ochtum, eine Ecke, bevor die Ochtum in die Weser fließt. Ungefähr da, wo heute das Sperrwerk liegt. Das gab's damals ja noch nicht. Oben im Schiff lagen die Wachmannschaften, die Gefangenen waren unten.

War das denn isoliert? Konnte man da überhaupt drin liegen?
Na, es war kalt da unten drin. An den Innenwänden haben sie nichts gemacht, da wurden die Kojen aufgestellt. Nur nach außen hin die Wände etwas abisoliert. Ich war aber nicht lange auf dem Schiff, nur etwa acht Tage. Wir haben in der Zeit praktisch den Kahn mit eingerichtet. Wir haben auch die Masten gesetzt. Lichtleitung für die Stromversorgung, raus nach Seehausen. Die Gefangenen mußten das Lager ja

selber einrichten. Auch den Stacheldraht haben wir selber gezogen.

Habt Ihr denn auch solche Anzüge angehabt, wie man sie auf den Bildern sieht? Mit hellen Streifen an den Hosen?
Nein, wir waren noch in Zivil. Die Hosen mit den weißen Streifen kenne ich nicht, überhaupt nicht. Wir hatten überhaupt keine Kluft getragen. Das scheint überhaupt so eine Art Propagandafotos zu sein. Schachspielen!
Das habe ich da auf dem Kahn nicht kennengelernt. Ich habe auch nie einen Kameraden eine Zeitung lesen gesehen. Wir waren vielleicht 150 Mann, alles politische Gefangene. Schachspielen und Zeitunglesen, das ist ein schlechter Witz.

Kannst Du jemanden auf den Bildern wiedererkennen? Ist irgendeiner von den Kameraden darunter?
Nein, ich kenne keinen. Die Bilder sind anscheinend später aufgenommen. – Aber mal was anderes: Wollen wir nicht mal grade da rausfahren? Ich war ja seit damals nicht mehr dort. Ist ja nicht weit – hinter dem Container-Hafen an der Ochtum.

Wir fahren raus an die Ochtum. Willi sitzt am Steuer. Er drückt aufs Gaspedal, daß mir der Atem stockt. Schließlich sind wir da und steigen aus. Über den Deich fegt der Sturm. Von dem Kahn keine Spur mehr zu sehen. Nur schräg gegenüber, auf der anderen Weserseite, ducken sich noch die alten Häuser und der Kirchturm von Moorlosen-Kirche. Daneben die Silhouette der Klöckner-Hütte.

Während wir über den Deich laufen, frage ich nach der Arbeit und dem Tagesablauf auf dem KZ-Schiff. Willis Blick schweift über die graue Weser. Er erzählt.

Na, morgens um 7 Uhr mußten wir raus und bis abends arbeiten, bis etwa um fünfe. Die Arbeit war so etwa mittelschwer. Wir haben den ganzen Tag diese Lichtpfähle gesetzt nach Seehausen-Hasenbüren. Mittags wurde Essen gebracht, dann gab's eine Stunde Pause. Aber sonst war da auch nicht viel Arbeit vorhanden.

Gefangene waschen sich nach der Arbeit

Zählappell auf dem Kahn

Wußte denn Deine Frau, daß Du da draußen warst? Hat sie versucht, einmal dahin zu kommen?

Ja, einmal wollte sie rauskommen, mit unserm Kind. Sie hatte mit einem von den Beamten gesprochen, und der hatte ihr gesagt: »Kommen Sie mal morgen her, da wird Ihr Mann vielleicht hier dabei sein und die Pfähle mit setzen, die Lichtmasten.« Am andern Tag kam sie hin, aber da hatten sie uns über Nacht schon weggebracht. Der Beamte, der ihr das gesagt hatte, das war wohl ein alter Sozialdemokrat; damals war ja noch Polizei mit im Wachdienst.

Das war später dann anders. Morgens ganz in der frühe hatten sie uns schon abgeholt. Erst nach der Weser hin, dann mit dem Kahn rübergefahren nach Moorlosen-Kirche. Da standen dann Bereitschaftswagen von der Polizei; die brachten uns nach Bremerhaven und von da nach Langlütjen.

Wie ging es weiter in Langlütjen?

Na, später hab ich von meiner Frau gehört, daß damals das Gerücht umlief: Alle, die nach Langlütjen gehen, die kommen nicht wieder. Das war ja nun ein Schock für meine Frau.

In Langlütjen wurde auch wieder schwer geschlagen. Langlütjen, das ist so ein altes Fort in der Wesermündung aus dem Ersten Weltkrieg. Schon in der ersten Nacht, haben sie gleich einen totgeschlagen. Am andern Tag hieß es dann, der »hätt' sich aufgehangen«. Wir lagen in dem Fort in solchen Kasematten. Die Wände fünf bis sechs Meter dick. Trotzdem hatten wir das gehört, das Schreien.

Sie schlugen mit Gummiknüppeln und Gewehrkolben.

Die Arbeit in Langlütjen war relativ leicht: Wir mußten die Kasematten saubermachen; das Fort stand ja schon lange leer. Danach mußten wir oben Land umgraben und für die Wachleute Gemüse anpflanzen.

Der Leiter, der hat sich da ein paar Schweine fett gemacht. Die mußten wir versorgen. Dann haben wir auch einen neuen Anleger gebaut, denn alle Woche kam ein Boot, das fuhr Lebensmittel rüber.

Das war so etwa alles. Verhört haben sie uns da nicht mehr.

Die Gefangenen kehren von der Arbeit zurück auf den Kahn

Hat Deine Frau noch einmal versucht, mit Dir Kontakt zu bekommen?
Na, das ging ja schlecht. Sie hat es wohl versucht, aber Besuchserlaubnis, das wurde abgelehnt. Angehörige sind nie gekommen. Wir konnten höchstens mal Briefe schreiben. Meine Frau kriegte damals 12 Mark Stütze – sogenannte Wohlfahrts-Unterstützung. Davon hat sie mir jeden Monat 'was abgezweigt, damit ich was zu rauchen hatte. Das Geld haben die von den Wachmannschaften teilweise aber auch noch unterschlagen. Ich hab' nur selten was bekommen.

Hattet Ihr Angst damals, als Ihr hörtet, sie haben Kameraden totgeschlagen?
Was heißt hier Angst? Wir konnten damit rechnen. Aber die Prügel waren nicht so schlimm wie bei »Mißler«. Da war es am schlimmsten. Auch Ochtum-Sand war nicht so schlimm wie bei »Mißler«. Angsthaben hätte auch nicht geholfen.
Aber jetzt mal was anderes: Wollen wir nicht mal so langsam heimfahren? Wir haben heute zu Mittag Linsensuppe: Willste da'n Teller mitessen?

Die neuen Herren richten sich ein

Musikzug des Reichsarbeitsdienstes in der Bahnhofsvorstadt

Oben: Die politische und militärische Führung nimmt eine Parade anläßlich der Überführung der Bremer Landespolizei in die Kommandogewalt des Reichsinnenministeriums ab. Von rechts nach links: H. Laue (Polizeipräsident), halbverdeckt General Caspari (Befehlshaber bei der Niederschlagung der Bremer Räterepublik im Februar 1919), Generalmajor Keitel (später Chef des Oberkommandos der Wehrmacht und als Kriegsverbrecher in Nürnberg gehenkt), Regierender Bürgermeister Heder (mit Parteiuniform, Hakenkreuz am Ärmel) und Oberst Wittke, sein Adjutant[8]

Rechts: Weihnachtsfeier einer SA-Gruppe

Friedenslügen und Kriegsvorbereitungen (1933–35)

Plakate an Bremer Anschlagsäulen

Auszüge aus der Bremen-Chronik

17. Juni 1933:
Kundgebung am Kolonialdenkmal (gemauerter Elefant aus Klinkersteinen gegenüber der Bürgerweide) – Werbung für eine Rückgewinnung der deutschen Kolonien.

2. September 1933:
Luftschutz-Kundgebung des Roten Kreuzes im Bürgerpark.

30. November 1933:
Am Herdentor haben zwei mannshohe Fliegerbomben Aufstellung gefunden als Mahnung an die Bevölkerung, dem Reichsluftschutzbund beizutreten.

27. Mai 1934:
Einweihung des ersten Luftschutzübungsplatzes in Bremen.

20. Juni 1934:
Große Luftschutzübung im Gaswerk.

2. August 1934:
Feier zur Erinnerung an den Beginn des Weltkrieges vor 20 Jahren: Gedächtnisfeier und Feldgottesdienst des 1. Hanseatischen Bataillons, der Landespolizei und starker Abordnungen der Frontkämpfer des Krieges 1914–18 auf dem Platz an der Gustav-Deetjen-Allee.

9. September 1934:
Der erste öffentliche Sammelschutzraum im Haus des Reichsluftschutzbundes ist fertiggestellt und zur Besichtigung freigegeben.

13. September 1934:
Erlaß einer Verordnung über die Lagerung von Gegenständen auf Dachböden und über das Amt des Luftschutzhauswartes.

Oben: Luftschutzübung 1934
Auch Kinder sollen das Anlegen der Gasmasken lernen
Rechts:
Geräte zur Selbstbefreiung und Brandbekämpfung

Plakat auf Bremer Anschlagsäule

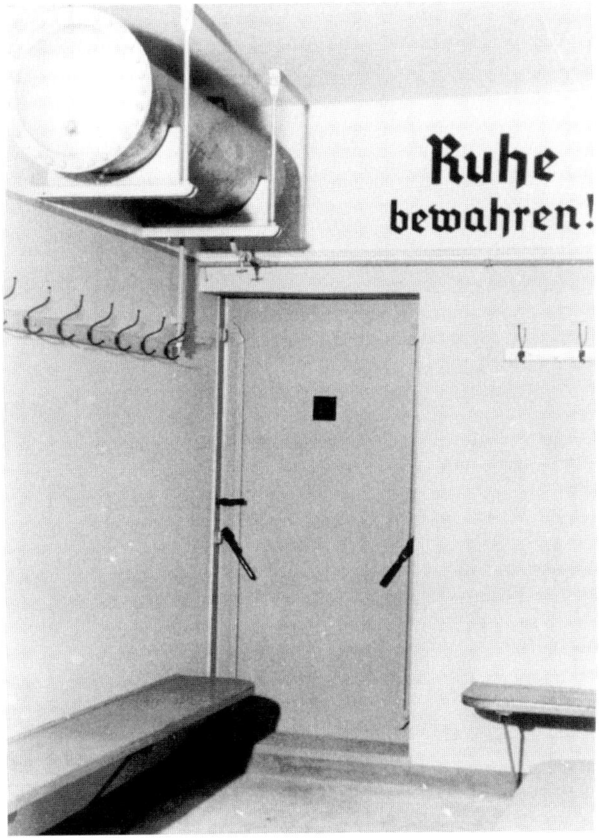

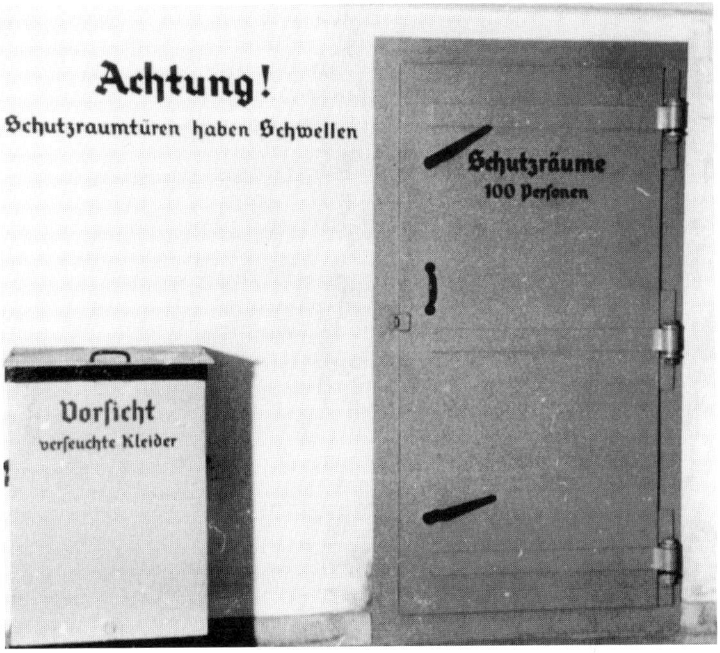

Öffentlicher Luftschutzraum in der Bremer Baumwollbörse, fertiggestellt 1935

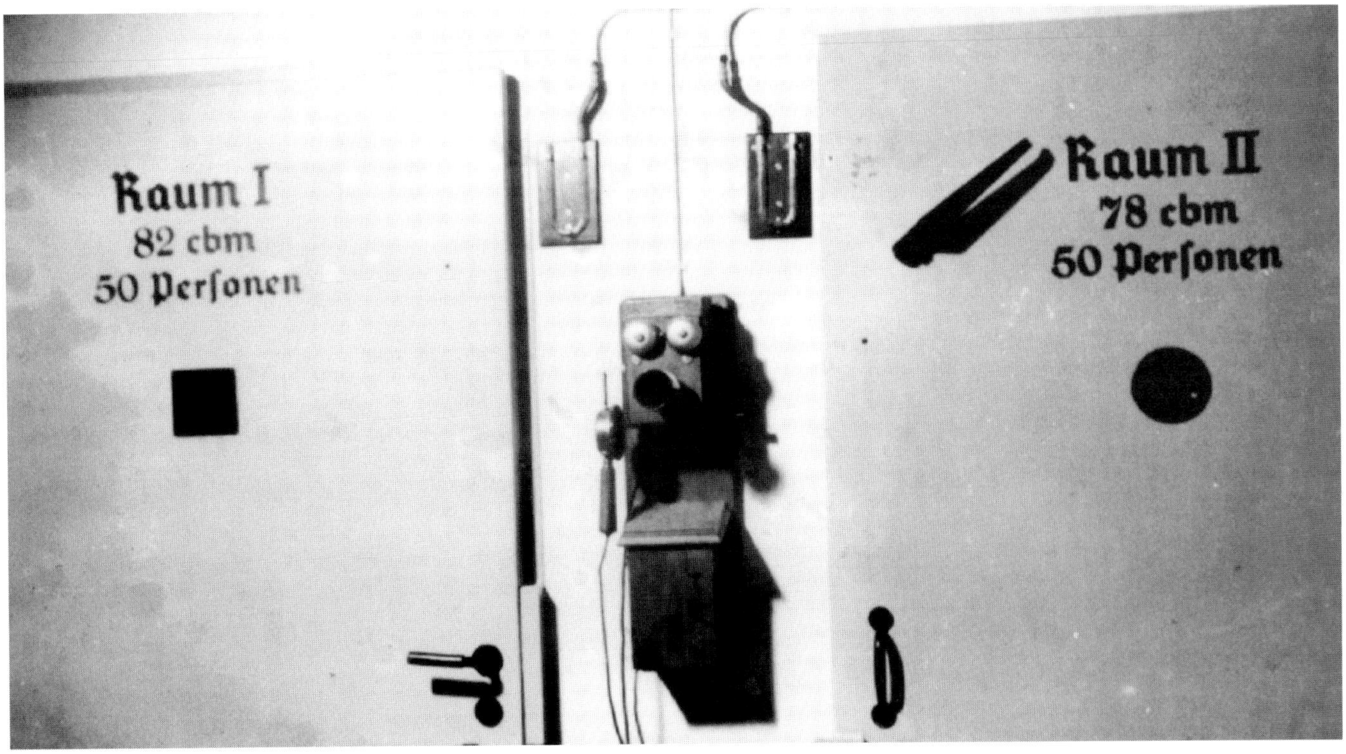

Das Kriegerdenkmal auf der Altmannshöhe

Auszüge aus der Bremen-Chronik

7. Oktober 1933:
Das Revolutionsdenkmal auf dem Waller Friedhof, ein Werk von Bernhard Hoetger, ist im Laufe der letzten Monate beseitigt worden.

5. November 1933:
Ausschreibung eines Ideenwettbewerbs für ein Ehrenmal der am 4. Februar 1919 im Kampf um Bremen (d. h. bei der Niederschlagung der Bremer Räterepublik) Gefallenen.

25. März 1934:
Aufruf an die bremische Bevölkerung zur Errichtung eines Ehrenmals für die gefallenen Bremer des Weltkrieges auf der Altmannshöhe.

22. Mai 1934:
Bei allen Polizeiwachen liegt bis zum 15. Juni für die Bevölkerung eine Liste der Gefallenen zur Einsichtnahme und Ergänzung aus. Mit dem Bau des Ehrenmals soll in absehbarer Zeit begonnen werden.

Die reinen Flammen brennen
Aktion wider den undeutschen Geist

Der Scheiterhaufen
mit der symbolischen Figur des Bolschewismus

Bücherverbrennung in Bremen – Bericht der Bremer Nationalsozialistischen Zeitung vom 11. Mai 1933

Treffen der 46. Reservistendivision im Juni 1936, Ehrenmal Altmannshöhe

23. Februar 1935:
Ehrenmal: Die Maurer haben begonnen, in die Felder an der Innenseite der großen Ringmauer die Steine einzusetzen, die die Namen der Gefallenen tragen.

16. März 1935:
Das Weser-Stadion wird in »Bremer Kampfbahn« umbenannt. Abends verkündet der Rundfunk den Beschluß des Reichskabinetts über die Wiedereinführung der allgemeinen Wehrpflicht in Deutschland.

17. März 1935:
Heldengedenktag. Auf Anordnung werden zu Ehren der Gefallenen des Weltkrieges die Flaggen bis zum Abschluß der Gedenkfeiern auf halbmast gesetzt. Sodann erfolgt die Vollmastbeflaggung aus Anlaß der wiedergewonnenen Wehrfreiheit. Feldgottesdienste auf der Bürgerweide. Der Standortälteste Generalmajor W. Keitel dekoriert die Fahnen.

21. Mai 1935:
Aufkündigung der Abrüstungsklausel des Versailler Vertrages.

29. Mai 1935:
Gründung einer »Kolonialen Schulungsstätte« für den kaufmännischen Nachwuchs in Bremen.

13. Oktober 1935:
Einweihung des Ehrenmals für die gefallenen Bremer auf der Altmannshöhe.

7. November 1935:
Tag der deutschen Wehrmacht. Rekrutenvereidigung in der Bremer Kampfbahn. Läuten der Kirchenglocken, Hissung der neuen Reichskriegsflagge auf den Kasernen.

10. Mai 1936:
Muttertag. Feierstunde zu Ehren der deutschen Mutter am Gefallenen-Ehrenmal auf der Altmannshöhe.

Lotti Grafe vor dem Denkmal auf der Altmannshöhe

»Richard ist nicht auf dem Felde der Ehre gefallen«

Ein Bericht von Lotti Grafe

Dies ist der Stein vom Kriegerdenkmal auf der Altmannshöhe mit dem Namen meines Bruders: Christoph Georg Richard Grafe. Er stand im 20. Lebensjahr, als er fiel. Das war am 17. Juli 1918. Wir Geschwister haben damals nicht nur unseren Bruder, sondern auch für Jahre unsere Mutter verloren: Sie hat den Tod ihres Sohnes niemals überwunden. Natürlich legte meine Mutter keinen Wert darauf, »in stolzer Trauer« den »Heldentod« ihres Sohnes in der Tageszeitung zu veröffentlichen. »Richard ist nicht auf dem Felde der Ehre gefallen«, sagte sie. Sie war eine der Besten und hatte sich Zeit ihres Lebens für die Erhaltung des Friedens eingesetzt.
Als nun das Ehrenmal auf der Altmannshöhe gebaut wurde, fiel mir, als ich in einem Lokal die Tageszeitung aufschlug, ein Foto ins Auge, auf dem man deutlich den Stein mit der Inschrift und dem Namen meines Bruders erkennen konnte. Ich dachte in diesem Moment gleich sorgenvoll an meine Mutter. Beim Nachhausekommen sprach sie mich auch tatsächlich sofort auf dieses Bild an: »Ist das Richards Name?« fragte sie. Nachdem ich das bestätigt hatte, sagte sie mir fast in befehlsmäßigem Ton: »Da gehst Du morgen früh hin und sagst, daß Richards Stein wieder herausgeschlagen wird.«
Ich bin aber nicht hingegangen. Kannst Du Dir vorstellen, was damals passiert wäre, wenn ich doch gegangen wäre?

Oben:
Heldengedenktag – Feldgottesdienst auf der Bürgerweide am 17. März 1935
Aus der Predigt des Standortgeistlichen: »Aber siehe da, die Opfersaat, obgleich ein halbes Menschenalter wie erstorben im Ackerfeld des Vaterlandes ruhend, ging auf … Deutschland hat sich … bekannt zu seinem Daseinsrecht, zu seinem Lebenswillen, zu seiner Kraft und seiner Ehre. Nun tönen die Glocken beides zugleich: ernstes Gedenken und freudiges Danken.« (Bremer Zeitung vom 18. März 1935)

Links:
»Reichsführer SS« Heinrich Himmler als Ehrengast beim Schaffermahl 1936

Gleichschaltung, Rassenwahn, Ausbürgerung

Auszüge aus der Bremen-Chronik

10. Mai 1933:
»Aktion wider den undeutschen Geist«, durchgeführt vom Nationalsozialistischen Studentenbund. Auf dem Spielplatz an der Nordstraße, dem traditionellen Versammlungsplatz der Bremer Arbeiterbewegung, findet in Anwesenheit von Abteilungen der SA, der Hitler-Jugend, des Stahlhelm und einer großen Menschenmenge eine Verbrennung »unsittlicher und undeutscher« Schriften statt.

20. Mai 1933:
Folgende Organisationen werden verboten und aufgelöst: Arbeiter-Radio-Bund, Arbeiter-Photo-Gilde, Bund der Kinderfreunde, Arbeiter-Radfahrer-Bund »Solidarität«, Bund »Freie Menschen«.

30. August 1934:
Bremisches Arbeitslager Teufelsmoor: »Um die Erziehung arbeitsscheuer und asozialer Männer nach eigenen Grundsätzen durchführen zu können, wurde das Arbeitslager Teufelsmoor gegründet.«

24. Oktober 1934:
Der Präsident der Bremischen Evangelischen Kirche, Senator Otto Heider, ordnet an, daß im sonntäglichen Gottesdienst der Gemeinden regelmäßig Fürbitte getan wird für den Führer und Reichskanzler Adolf Hitler.

29. November 1935:
Die Kreispropaganda-Leitung der NSDAP verteilt ein 16 Seiten umfassendes Heft: »... auch Dich geht es an!«, das die Namen der in Bremen ansässigen jüdischen Firmen, Rechtsanwälte und Ärzte enthält. Besonders an die Frauen ergeht die Mahnung: »Legt dieses Heft nicht beiseite, sondern führt es bei allen Einkäufen bei Euch! Dein Geld dem deutschen Geschäftsmann!«

Bremer Kirchentag in der »Glocke«

14. Februar 1936:
Schaffermahlzeit des »Hauses Seefahrt« nach 4jähriger Unterbrechung. Gäste u.a.: Reichsführer-SS Heinrich Himmler.

29. Februar 1936:
Gerichtshaus. Die 10 Gebote, die in goldenen Lettern in den Fensterbrüstungen des Schwurgerichtssaals an der Domsheide enthalten sind, werden auf höhere Anordnung entfernt.

»Die Stunde der evangelischen Kirche«
Aus einem Aufruf von 18 Bremer Pastoren, 27. April 1933

Gott hat uns als evangelische Christen in unser Volk hineingestellt und ihm zu Dienst und Opfer verpflichtet. Dazu haben wir uns bekannt zu einer Zeit, als die Bejahung unseres Volkstums der Kirche und ihren Dienern Verdächtigung und Anfeindung eintrug. Daß wir dieses Bekenntnis **heute** frei und ungehindert ablegen dürfen, erfüllt uns mit Freude und Dank. Wir danken dies der Regierung der nationalen Erhebung. Ihre Tatkraft hat Vaterland und Kirche vor dem Bolschewismus gerettet.

Aus dem großen Geschehen unserer Zeit hören wir den Ruf Gottes an unsere Kirche zu einer neuen Gestaltung.

Wir wollen die evangelische Kirche deutscher Nation (Reichskirche).

Menschentraube vor einem Schaukasten des »Stürmer«, der Hetz- und Propagandazeitschrift der NSDAP

Künstlerische Ausbildung im nationalsozialistischen Deutschland
Nordische Kunsthochschule Bremen

Die »Ahnentafel des Führers« – Ausstellung zur »Rassenkunde« in der Unteren Rathaushalle 1935

Die Bremer Kolonial-Kundgebung

„Wir brauchen Raum"

Ansprachen des Reichsstatthalters Pg. Röver und des Senatspräsidenten Pg. Dr. Markert

Ab 7 Uhr vollzog sich gestern abend der Anmarsch der Verbände zum Kolonialdenkmal. Mit klingendem Spiel rückte die SA. an, ihr folgten die Hitlerjugend, der BdM., der Kampfbund Niedersachsen und der Stahlhelm. Marinejugend, Pfadfinder und Vertreter unserer ehemaligen Kolonialtruppenteile belebten das bunte Bild.

An den Seiten des Denkmals, das mit frischen Kränzen geschmückt war, waren hohe Flaggenbäume errichtet worden, an denen das Hakenkreuzbanner, unsere ehemalige Reichskriegsflagge, die bremische Flagge und die schwarz-weiß-rote Fahne wehten.

Tausende von Menschen hatten sich an dem Denkmal versammelt und hinter den Verbänden Auf-

Kolonien nur ausbeuten, nur Gewinne erzielen, **ist** nicht richtig. Auch der imperialistische Gedanke **ist** falsch. Hier fehlt das, was der nationalsozialistische Staat in den Vordergrund stellt: Der Gedanke, **daß** das Volk niemals dem marxistischen Ratschlag **der** Geburteneinschränkung folgen wird. Nein,

das nationalsozialistische Deutschland will seine Geburten nicht einschränken, will seine Lebenskraft nicht eindämmen.

Die Erde hat soviel Raum, daß noch **zahllose Millionen** darauf leben können. Die **jetzige Verteilung** des Erdraumes entspricht nicht gesunden **Rechts**grundsätzen, deshalb muß Deutschland **dafür** kämpfen.

»Kolonial-Kundgebung«
Artikel in der Bremer Nationalsozialistischen Zeitung vom 18. Juni 1933

Gleichschaltung in den Betrieben
Versammlung der »Gefolgschaft« im Reichsbahnausbesserungswerk

Straßensammlung für den Volksbund »Deutschtum im Ausland«

Bürgermeister Heider nimmt am 1. April 1935 die Parade der Bremer Landespolizei anläßlich ihrer Unterstellung unter die Kommandogewalt des Reichsinnenministeriums ab; er hält aus diesem Anlaß folgende Rede:
»Liebe Kameraden von der Landespolizei! Mit dem heutigen Tage scheiden Sie aus dem bremischen Staatsdienst aus, um vom Reich übernommen zu werden. Die Bremer Regierung und Bevölkerung dankt Ihnen für die treuen Dienste, die Sie in den letzten Jahren der Stadt und dem Staat geleistet haben. Mit innerem Stolz gedenken wir der Kameradschaft, die Sie in den letzten Jahren des Kampfes mit dem Nationalsozialismus verband. Früher, als wir in schweren Stunden durch Bremens Straßen marschierten, haben Sie uns in vorbildlicher Weise geschützt. Mit dem Dank drücken wir unsere Überzeugung aus, daß Sie auch weiterhin dem Führer die Treue halten werden.« Anschließend sprach Oberst Wittke warme Abschiedsworte. Er ließ seine kurzen Ausführungen mit einem dreifachen »Sieg Heil« auf Bremen, seinen Bürgermeister, den Senat und die Bevölkerung ausklingen, in das die Truppe kraftvoll einstimmte.
(Bremer Zeitung vom 2. April 1935)

Aufmarsch der Hitler-Jugend vor dem Rathaus am 13. August 1937

»Machtergreifung« in der Schule

Auszüge aus dem Protokoll der Lehrerkonferenzen an der Schule Schmidtstraße (Steintor)[9]

19. April 1933:
Zum Schluß wies der Schulleiter darauf hin, daß mit der nationalen Revolution die bisher praktizierte kollegiale Schulleitung ein Ende gefunden habe. Die neue Zeit stelle den Lehrer vor die großen Aufgaben der Gegenwart, der sich niemand entziehen könne und dürfe. Nachdem er noch angeregt hatte, für die Schule ein Bild des Reichskanzlers Adolf Hitler zu beschaffen, schloß er die Konferenz mit einem Hoch auf das deutsche Vaterland. Das Kollegium sang den ersten Vers des Deutschland-Liedes. Schluß:11.45 Uhr.

24. August 1933:
Der Schulleiter verliest die Verfügung über den Deutschen Gruß. Hauptsache ist das Erheben des rechten Armes. Die Kinder betreten das Schulhaus mit stummem Gruß. In der Klasse grüßen die Kinder beim Beginn des Unterrichts erst, nachdem der Lehrer grüßte.

7. Dezember 1933:
Unsere Schule besucht am Dienstag den Film: »Sieg des Glaubens«.

23. Februar 1934:
Der Schulleiter geißelt in scharfen Worten das Hinaustragen von vertraulichen Beschlüssen und das Schreiben anonymer

Sammlung für das Winterhilfswerk

Briefe, die selbst an die politische Polizei gerichtet wurden. Er bittet um Mitarbeit gegen diese Ehrabschneiderei und das verwerfliche Denunziantentum.

27. April 1934:
Der Schulleiter gibt die Richtlinien zur Feier des 1. Mai bekannt. Herr P. wird mit dessen Vertretung bei der Schulfeier beauftragt, der Unterzeichnete mit der Anlage für die Radioübertragung. Die Teilnahme am Umzug ist für die männlichen Lehrkräfte verbindlich. Die weiblichen Lehrkräfte nehmen an der Schulfeier teil und sorgen für die Ausschmückung des Gebäudes.

20. Juni 1934:
Der Schulleiter macht Mitteilungen über den Reichsluftschutzbund und gibt die Liste der Schulgeldrestanten bekannt.

24. August 1934:
Der Schulleiter bemängelt, daß in einzelnen Klassen die Beiträge zur Anschaffung des Schul-Radio-Apparats für den Gemeinschaftsempfang sehr zurückgegangen sind und bittet, eine gründliche Werbung dafür in den Klassen durchzuführen. Für kommende Woche ist ein Luftschutzvortrag vorgesehen.

31. Januar 1935:
Die Schüler des 8. Schuljahres, die bei einer Sammlung für das Winterhilfswerk mindestens 20 Reichsmark aufbringen, sollen zur Belohnung einen Frei-Rundflug über Bremen erhalten… Herr M. bittet, die Versammlungen des NS-Lehrerbundes stets und zahlreich zu besuchen… Bezüglich der Luftschutzorganisation an unserer Schule wird eine andere Verteilung der Ämter vorgenommen… Der Schulleiter fordert, soweit noch nicht geschehen, zum Bezug der parteiamtlichen Presse auf.

24. Oktober 1935:
Auch Beamte, die vor 1914 fest angestellt worden sind, und Kriegsteilnehmer müssen ihre arische Abstammung nachweisen.

5. Dezember 1935:
Über seinen Unterricht in Vererbungslehre und Rassenkunde hat der Klassenlehrer jährlich einen Bericht abzuliefern… Für Schießübungen durch die Schüler ist ein Gewehr angeschafft worden. Bei den Übungen ist größte Vorsicht geboten. Mit dem Erwerb ist der Abschluß einer Haftpflichtversicherung verbunden… Es wird den Klassen die Anschaffung einer »Ehrenplakette des Führers« empfohlen.

»Hand in Hand fürs Vaterland«, Bremer Schulfibel 1935

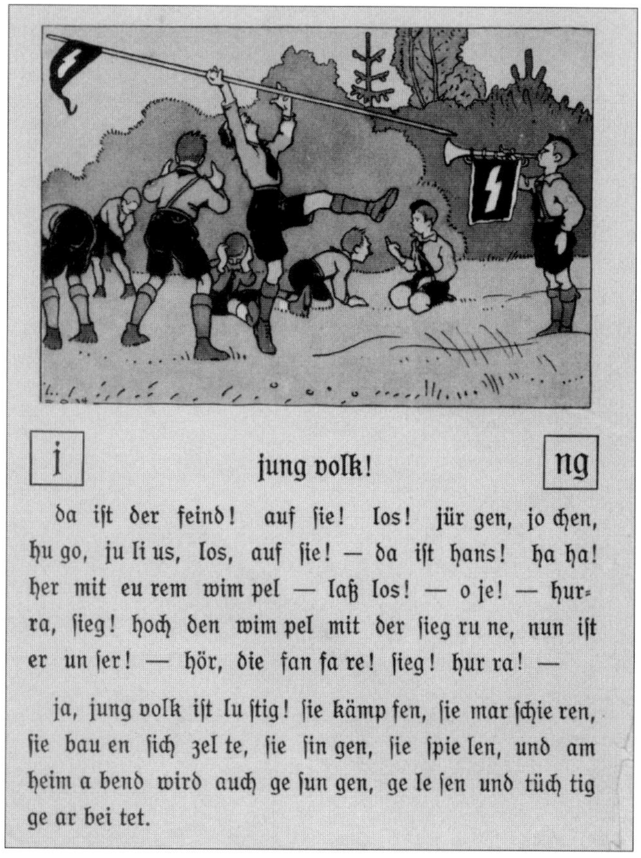
i — jung volk! — ng

da iſt der feind! auf ſie! los! jür gen, jo chen, hu go, ju li us, los, auf ſie! — da iſt hans! ha ha! her mit eu rem wim pel — laß los! — o je! — hur=ra, ſieg! hoch den wim pel mit der ſieg ru ne, nun iſt er un ſer! — hör, die fan fa re! ſieg! hur ra! —

ja, jung volk iſt lu ſtig! ſie kämp fen, ſie mar ſchie ren, ſie bau en ſich zel te, ſie ſin gen, ſie ſpie len, und am heim a bend wird auch ge ſun gen, ge le ſen und tüch tig ge ar bei tet.

7. Februar 1936:
Eine Denkschrift der deutschen Kriegsgräberfürsorge wird verlesen. Für den Heldengedenktag ist ein Opfer der Kinder von 10 Pfennig erwünscht… Der Schluß der Konferenz wird feierlich gestaltet, indem die Plakette des Führers im Beratungszimmer einen besonderen Platz neben dem großen Volkserzieher Pestalozzi erhält. Mit dem Führergruß schließt der Schulvorsteher die Konferenz.

25. März 1936:
Dem Jungvolk[10] gehören 88% unserer Schüler an… Der Eintritt in die SA ist für kurze Zeit wieder ermöglicht. Kollegen unter 35 Jahren können sich bei der Geschäftsstelle der SA melden, Kollegen über 35 Jahren bei der SA-Reserve.

17. Dezember 1936:
Der Vortrag des Herrn Senators: »Die religiöse Haltung der nordischen Rassen-Seele« wird am 13.1.1937 stattfinden. Der Besuch ist allen Kameraden zur Pflicht gemacht… Verschiedenes: … 4. Die Schulungsbriefe werden nunmehr von der ganzen Gefolgschaft gelesen.

29. Januar 1937:
Herr Schulvorsteher M. gibt das Programm der Feier zum Jahrestag der Machtergreifung bekannt:
1. Gemeinsames Lied: »Heilig Vaterland«
2. Hinweis auf die Bedeutung des Tages
3. Deklamation
4. Dreistimmiges Lied
5. Deklamation: SA zieht durchs Brandenburger Tor
6. Die Rundfunkrede des Reichsministers Dr. Goebbels
7. Das »Sieg Heil« auf den Führer. National-Lieder

und bestimmt:
1. Alle Klassen von 5a und 5b aufwärts nehmen an der Feier teil.
2. Kamerad H. wird die Herrichtung der Anlage besorgen.
3. Kamerad M. übernimmt das Aufstellen der Bänke, die Anbringung der Fahnen und die Ausschmückung der Turnhalle.
4. Zum Gemeinschaftsempfang um 13.00 Uhr versammelt sich die ganze Gefolgschaft um 12.50 Uhr im Beratungszimmer.

12. April 1937:
Hitlers Geburtstag soll jeder in seiner Klasse würdig feiern. Alle Kinder müssen um 8.00 Uhr in der Schule sein, damit sie nach

nk — hit ler ju gend! — ck

die kin der stan den an der hecke vor le nes gar ten. da auf ein mal, hör: zicke zacke — zicke zacke — hei hei hei! hit ler ju gend! hit ler ju gend! heil, heil, heil!

hur ra, hit ler ju gend! o laß uns hin lau fen! sie mar schie ren schon los: ruck zuck, ruck zuck, rech ten lin=ken, speck und schinken, ruck zuck ruck zuck… hur ra!

hör, was sie singen: wir sind die hit ler ju gend!

Mein Führer! (Das Kind spricht):

Ich kenne dich wohl und habe dich lieb
wie Vater und Mutter.
Ich will dir immer gehorsam sein
wie Vater und Mutter.
Und bin ich erst groß, dann helfe ich dir
wie Vater und Mutter,
und freuen sollst du dich an mir
wie Vater und Mutter!

Gebietsaufmarsch der Hitlerjugend »Nordsee«, 13.–15. August 1937

der Klassenfeier noch rechtzeitig zur Wehrparade kommen können... Die Namen aller jüdischen Kinder der Schule sind aufzugeben und auch, welche von ihnen zur jüdischen Schule kommen sollen.

22. November 1937:
Für den erweiterten Selbstschutz (Luftschutz) verliest der Schulleiter die einzelnen Ämter der Kameraden in der Schule im Kriegsfalle. Der Schulleiter macht auf die Erfassungsaktion für das Jungvolk aufmerksam. Sämtliche Jungen des Jahrgangs 1928 müssen zur Musterung.

18. Januar 1938:
1. Der Schulvorsteher bittet darum, in den einzelnen Klassen Ahnentafeln anzulegen. Die ersten Klassen sollen sie zum Abgang fertig haben, die Ahnentafel soll Vorarbeit sein für den Ahnen-Paß... . Herr Doktor G. berichtet über die richtige Anfertigung der Ahnentafeln, die vom NS-Lehrerbund gefordert werden: a) der Familienname ist in Druckschrift, alles andere in deutscher Schrift zu schreiben, b) Angaben, die nicht durch Urkunden belegt sind, müssen mit dem Bleistift eingetragen werden, c) ist über einen Vorfahren nichts bekannt, so ist das ganze Feld mit Hintenstrich diagonal zu streichen... k) die Ahnentafel muß eine lückenlose Darstellung vom 1.1.1800 ab enthalten, alles andere darüber hinaus ist ebenfalls erwünscht.

11. April 1938:
Der Schulvorsteher spricht den Wunsch aus, daß die Kameradschaft auch durch gemeinsamen Aufenthalt im Lehrer-Beratungszimmer während der Pausen zum Ausdruck komme.

13. April 1939:
Demnächst werden für die Kinder zwei neue Filme gezeigt. Sie heißen: »Wer will

Fackelaufmarsch der Hitler-Jugend

unter die Soldaten?« und »Sudetendeutschland kehrt heim«.

16. Mai 1939:
Der Schulvorsteher verliest eine amtliche Mitteilung über die Ausfertigung eines Geheimbogens über jede Lehrperson. Dieser ist sorgfältig mit Tinte geschrieben bis zum 22. Mai an den Schulvorsteher abzugeben. Bei dieser Gelegenheit verliest der Schulvorsteher die Ämter, die die Lehrpersonen im Luftschutz an unserer Schule einzunehmen haben.

Der Krieg rückt näher

Auszüge aus der Bremen-Chronik

7. März 1936:
Für die Erbauung von öffentlichen Sammelschutzräumen hat das Reich auch für Bremen entsprechende Mittel bewilligt. – Der Rundfunk überträgt die Rede des Führers und Reichskanzlers Adolf Hitler aus dem Reichstag, in der er die vollständige Wiederherstellung der Wehrhoheit (Besetzung der entmilitarisierten Rheinlandzone) und die Kündigung des Locarno-Paktes bekanntgibt.

8. März 1936:
Allgemeine Beflaggung aus Anlaß der Wiederbesetzung des Rheinlandes durch deutsche Truppen angeordnet.

16. März 1936:
Feiern der Wehrmacht anläßlich der vor einem Jahr erfolgten Wiedereinführung der allgemeinen Wehrpflicht. Zapfenstreich auf dem Domshof.

27. März 1936:
»Friedensappell« Adolf Hitlers. 15.45 Uhr Flaggenhissung. 16.00 bis 16.01 Uhr Verkehrsstille; anschließend überträgt der Rundfunk die Rede des Führers und Reichskanzlers aus der Lokomotiv-Halle der Krupp-Werke in Essen, in der er nochmals seine Friedensbereitschaft beteuert.

28. März 1936:
Letzte Kundgebung anläßlich der Reichstagswahl (»Volkstag für Ehre, Freiheit und Frieden«).

29. März 1936:
Reichstagswahl. Wahlbeteiligung in Bremen: 98%. Für die Liste der NSDAP abge-

»Tag der Wehrmacht« 1937

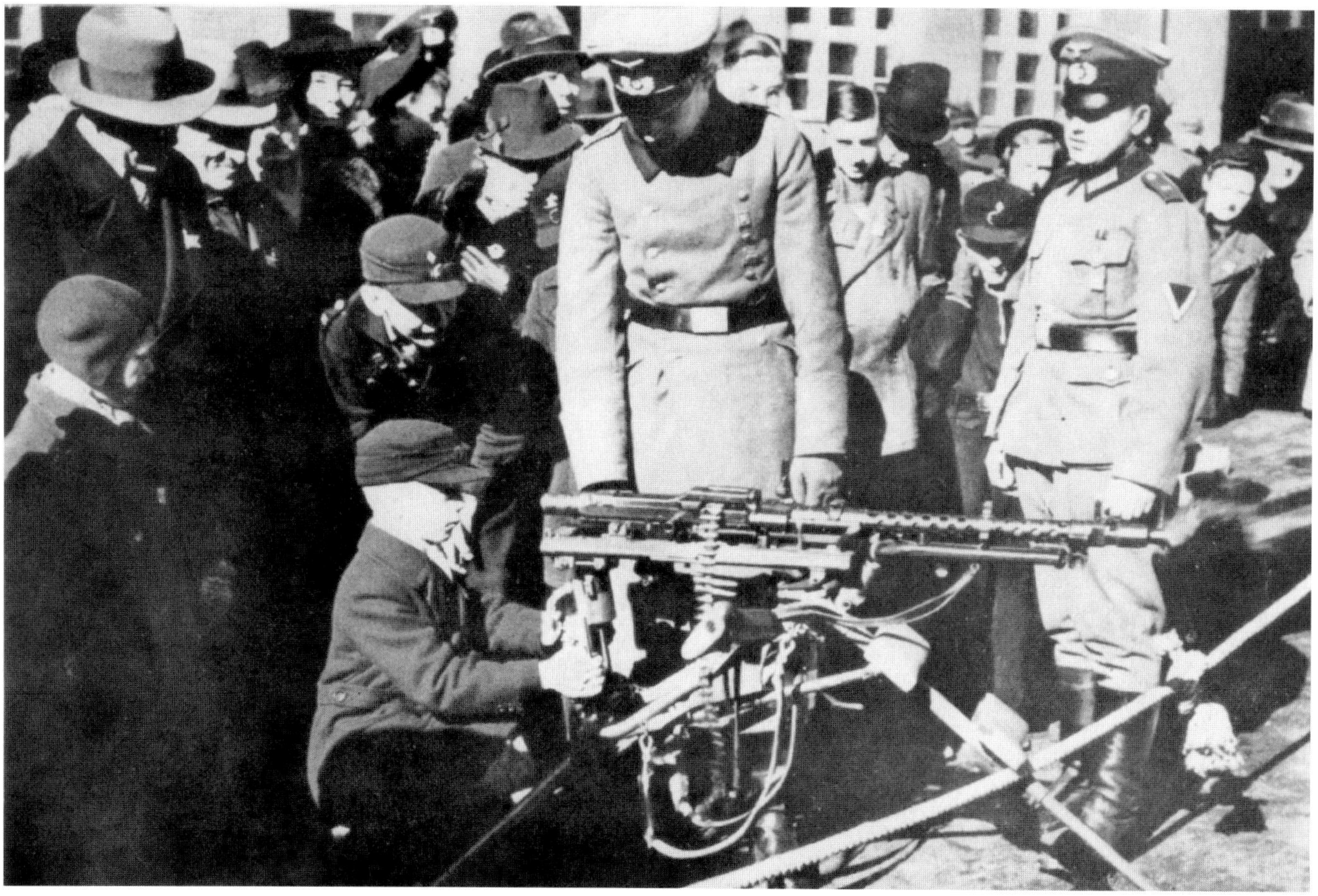

Wahlkundgebung der NSDAP auf dem Domshof, 23. März 1936

Plakat auf Bremer Anschlagsäulen

gebene Stimmen: 97,7%, ungültige Stimmen: 2,3% (dies entspricht in etwa den Wahlergebnissen im »Reich«).

30. Januar 1937:
Gedenkfeiern aus Anlaß der Wiederkehr des Tages der Machtergreifung. Allgemeine Beflaggung. Übertragung der Reichstagsrede des Führers: Zurückziehung der deutschen Unterschrift unter die Kriegsschulderklärung, Erneuerung der deutschen Kolonialforderung.

4.–25. April 1937:
Ausstellung: »Das wehrhafte Deutschland« in der Kunsthalle.

Oben:
Zuhörer auf dem Wochenmarkt »Spielplatz Nordstraße« während der Übertragung einer »Führerrede«

Links:
Wahlpropaganda im Hafen zur Reichstagswahl 1936: »Der Führer hat sein Wort gehalten! Wir alle danken ihm am 29. März!«

Rechte Seite oben:
Fahrzeugkonvoi zur Reichstagswahl 1936

Rechte Seite unten:
Private Wahlpropaganda für die NSDAP: »Wir wollen den Frieden! Und bewahren die Ehre!«

Der Führer
hat sein Wort gehalten.
Wir alle danken ihm
AM 29. MÄRZ
HB 6851
Das Ziel des Führers
Ein Frieden der Ehre
Der Weg dazu
Ein einiges Volk
HB-6861
Der Führer gab
Deutschland die Freiheit!
Und Deutschland
erfüllt seine Pflicht!
HB-8692
Zwietracht u. Verrat
machten uns rechtlos
Einigkeit u. Treue
führen uns Freiheit u. Recht
HB-8755

Friedrich Lützow
KLEIDERSTOFF-SPEZIALHAUS
VERKAUF
GEGENÜBER
Wir wollen den Frieden!
Und bewahren die Ehre!
EIN REICH
EIN VOLK
EIN FÜHRER

Guernica – Die Generalprobe

Im spanischen Bürgerkrieg griffen Bombengeschwader der deutschen »Legion Condor« zugunsten der Franco-Truppen ein. Die deutsche Waffenhilfe war ein wichtiger Beitrag für die Zerschlagung der spanischen Republik und die Errichtung der faschistischen Diktatur. Außerdem diente der Einsatz auf den spanischen Kriegsschauplätzen aber auch der Erprobung von neu entwickelten deutschen Waffen. Eine Episode aus diesem Krieg signalisiert eine neue Qualität in der »modernen« Luftkriegsführung und wurde dadurch zum Symbol: Am 26. April 1937 griffen deutsche Bombenflugzeuge die kleine unverteidigte baskische Stadt Guernica an und machten sie dem Erdboden gleich. Es war das erste Mal in der Geschichte des Luftkrieges, daß die Zivilbevölkerung bewußt zur Zielscheibe eines militärischen Vernichtungsschlages gemacht wurde.
Auch in der Bremer Flugzeugindustrie sind damals in großem Umfang Jagd- und Bombenflugzeuge hergestellt worden. Das von Focke-Wulf seinerzeit entwickelte Großflugzeug – die FW 200 – wurde wenig später auf den Namen »Condor« getauft.

Alberto de Onainda, ein baskischer Priester, berichtet über das Ende von Guernica

»Es war ein schöner Frühlingstag. Der Himmel war klar und sonnig. Genau ein Viertel vor fünf (nachmittags) kam ich mit meinem Wagen in Guernica am Viehmarkt an. Der Platz wimmelte von Menschen. Plötzlich wurden die Glocken geläutet (sie ersetzten die Sirenen). Ein Bomber zeigte sich am Himmel, kurz darauf sah ich weitere 18 Flugzeuge. Es entstand eine unbeschreibliche Panik.
Ich versteckte mich mit fünf Milizmännern unter einer kleinen Holzbrücke, wo ich alles sehen konnte, ohne selbst gesehen zu werden. Ich sah, wie Greise, Frauen und Kinder wie Fliegen getroffen niederstürzten. Über eine Stunde lang, ohne eine Minute Unterbrechung, fielen die Bomben zu tausenden auf die Häuser von Guernica. Systematisch und mit einer Brutalität, die ich mir trotz der bisherigen zehn Kriegsmonate niemals hätte vorstellen können, zielten die Piloten auf jedes einzelne Haus und ließen nicht davon ab, bevor es mit Sicherheit völlig zerstört war. Von dem Lärm der Explosionen und der einstürzenden Häuser macht man sich keinen Begriff. Später sahen wir die Krater; sie hatten einen Durchmesser von 16 m und waren 8 m tief. Gegen sieben Uhr flogen die Maschinen ab, und nun kam eine neue große Welle, die diesmal in sehr großer Höhe flog. Die zweite Welle warf Brandbomben auf unsere gemarterte Stadt und verwandelte in 35 Minuten den ganzen Ort in einen gewaltigen Feuerofen.
Bei Sonnenuntergang konnte man immer noch nicht weiter als 500 Meter sehen. Überall wüteten die Flammen, und dicker schwarzer Rauch stieg auf. Um mich herum beteten die Leute und streckten die Arme gegen den Himmel, um Gnade zu erflehen.«

Guernica in Trümmern

Aus der Bremen-Chronik:

6. Juni 1939:
Aus Anlaß der Rückkehr der »Legion Condor« aus Spanien werden die folgenden Straßen umbenannt: 1. Die Park-Allee vom Tunnel bis zum Stern in: »Franco-Allee«, 2. Die Parkstraße in: »Legion-Condor-Straße«, 3. Der Stern in: »Spanischer Platz«.

»Arbeitslosigkeit beseitigt«: Die letzten Kriegsvorbereitungen in Bremen

Auszüge aus der Bremen Chronik:

18. November 1937:
Richtfest der Kasernen-Neubauten in der Vahr. Kundgebung der NSDAP in den Centralhallen. Redner: SA-Obergruppenführer, Regierender Bürgermeister Böhmcker. Der Redner setzt sich scharf mit dem Plan der Bremischen Evangelischen Kirche auseinander, die eine neue Kirche mit dem Namen Horst Wessels (»Märtyrer der Bewegung«) belegen will.

24. November 1937:
Die ersten 60.000 Volksgasmasken sind in Bremen eingetroffen. Sie werden in 10 Ausgabestellen an die bremische Bevölkerung verteilt.

12. März 1938:
Der Rundfunk und die Morgenzeitungen bringen die sich überstürzenden Meldungen aus Österreich: Rücktritt Schuschniggs, Einmarsch deutscher Truppen. Im Laufe des Tages geben die Lautsprecher auf den öffentlichen Plätzen immer wieder die neuesten Nachrichten durch (Proklamation des Führers, Berichte über den triumphalen Empfang Hitlers in Österreich usw.). Allgemeine Beflaggung wird angeordnet. Abends findet eine Kundgebung der NSDAP auf dem Domshof statt.

15. März 1938:
Der Rundfunk überträgt die »Große Befreiungsfeier« vom Heldenplatz in Wien. Es wird Gemeinschaftsempfang für alle Betriebe angeordnet.

Reichsautobahnbau, Zubringerstraße bei Horn. Die Trassenführung ist so konzipiert, daß sie im Ernstfall Schwerbelastungen von Panzer- und Militärtransporten standzuhalten vermag

10. April 1938:
Volksabstimmung und Wahl zum Großdeutschen Reichstag. Allgemeine Beflaggung angeordnet. Amtliches Abstimmungsergebnis im bremischen Staatsgebiet:

Stimmberechtigte:	291.935	(100%)
Abgegeb. Stimmen:	288.342	(98,8%)
»Ja«-Stimmen:	283.823	(98,4%)
»Nein«-Stimmen:	3.689	(1,3%)
Ungültige:	830	(0,3%)

25. September 1938:
Im Stadtgebiet werden Vorbereitungen für die Aufstellung von Flak-Geschützen getroffen (Flak = Flugabwehrkanone).

5. November 1938:
Roland: Nach mehrmonatiger vollständiger Abtragung und Restaurierung des Standbilds wird in das Fundament der Rolandsäule eine Kassette mit verschiedenen Dokumenten eingemauert. Der feierliche Verschluß des Dokumentenkastens findet in der unteren Rathaushalle in Gegenwart des Senats, der Historiker, der Bauhandwerker, der Steinmetzen, der Kunst- und Bausachverständigen, unter deren Mitarbeit die Erneuerung ausgeführt wurde, statt.

Auszug aus der eingemauerten Erklärung des Regierenden Bürgermeisters, SA-Gruppenführer Böhmcker[11]

»Mögen er (Roland) und die Stadt nur glückliche Tage schauen! Wiedererstanden in dem Jahr, da unser Führer Adolf Hitler, Bremens Ehrenbürger, sein österreichisches Heimatland in das zu neuem Glanze erblühte Reich zurückführte und diesem dazu das von tschechischer Willkür unterdrückte Sudetendeutschland zurückgewann, soll der neue Roland Bremens Bürgern für immer auch eine Erinnerung an denkwürdige Großtaten deutscher Geschichte und ein Mahnmal zu wehrhafter Einsatzbereitschaft für Einigkeit und Freiheit, Recht und Frieden sein.«

U-Boot auf der Weser, im Hintergrund das Dock der AG »Weser«

10. November 1938:
Judenpogrom (»Reichskristallnacht«). Den Befehl zu dem Pogrom, dessen Träger die SA ist, hat der Regierende Bürgermeister selber gegeben: die Synagoge wird eingeäschert, 5 Menschen ermordet und jüdische Geschäfte verwüstet. In der Obernstraße, der Sögestraße, der Hutfilter- und der Faulenstraße werden die Schaufenster der Geschäfte zerschlagen und am folgenden Morgen handschriftliche Plakate befestigt: »Tod dem internationalen Juden- und Freimaurertum« usw. Die männlichen Juden werden am Vormittag von der SA durch die Straßen der Stadt geführt und sodann vom Lloydbahnhof aus ins Konzentrationslager Sachsenhausen-Oranienburg geschafft. Nachmittags wird noch die Kapelle auf dem israelitischen Friedhof an der Deichbruchstraße niedergebrannt, die bei den nächtlichen Brandstiftungen vergessen worden war. Jüdische Kinder werden nach einem Erlaß des Reichserziehungsministers von dem Besuch der öffentlichen Schulen ausgeschlossen.

11. November 1938:
Kundgebung der SA im »Casino«. Ansprache des Regierenden Bürgermeisters SA-Gruppenführer Böhmcker, in der er die Aktion gegen die jüdischen Mitbürger verteidigt; u.a. führt er aus: »Irgendwelche Jammertanten haben gemeint, wir wären zu rauh gewesen. Ich sage nur, es hätte noch viel schlimmer kommen können, und es kann noch viel schlimmer kommen. Was wir gemacht haben, war immer noch recht harmlos.«

13. Dezember 1938:
Bremer Arbeiter kehren von den Befestigungsarbeiten an der Westgrenze (»Westwall«) zurück.

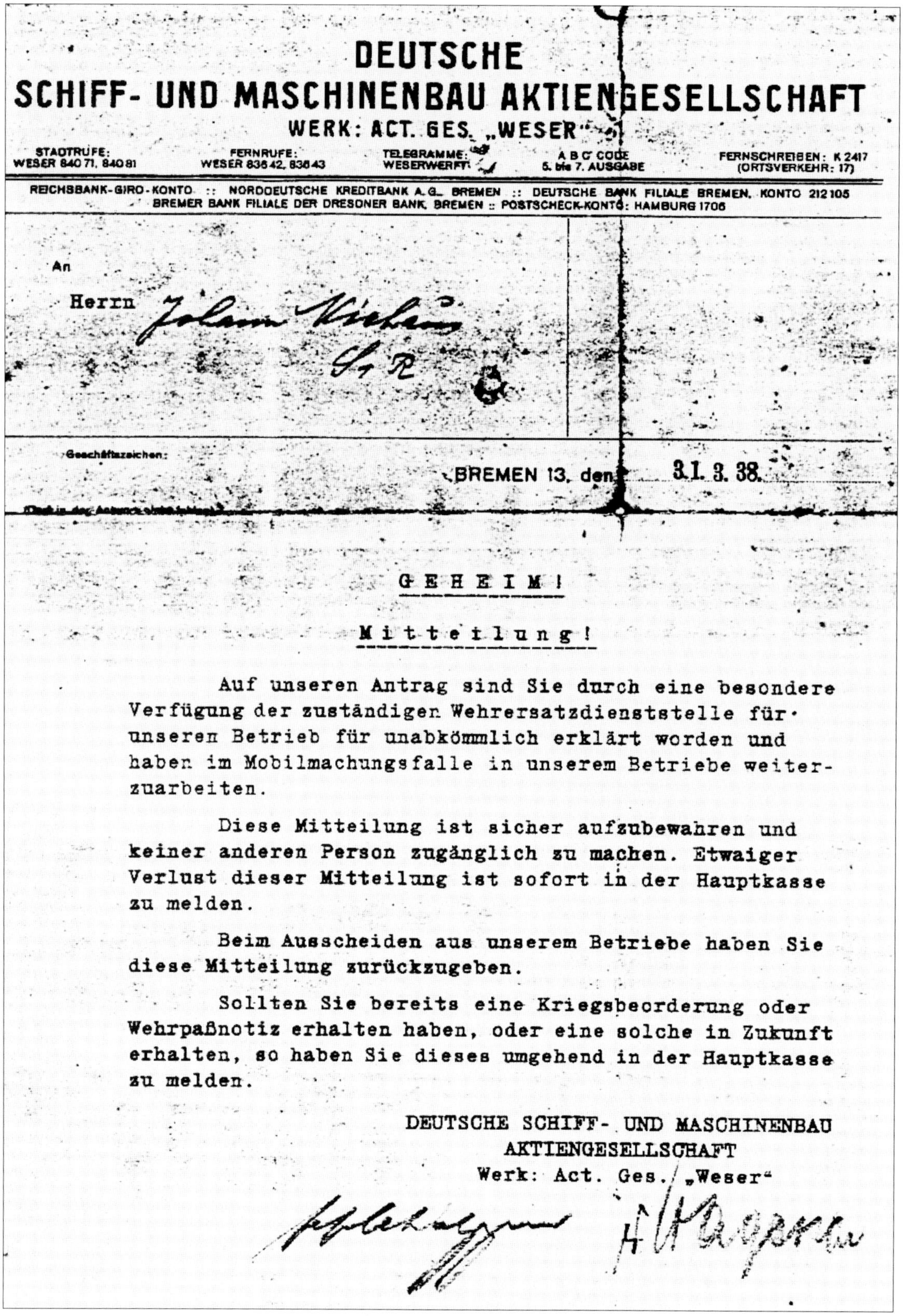

DEUTSCHE
SCHIFF- UND MASCHINENBAU AKTIENGESELLSCHAFT
WERK: ACT. GES. „WESER"

STADTRUFE: WESER 840 71, 840 81 · FERNRUFE: WESER 836 42, 836 43 · TELEGRAMME: WESERWERFT · A B C CODE 5. bis 7. AUSGABE · FERNSCHREIBEN: K 2417 (ORTSVERKEHR: 17)

REICHSBANK-GIRO-KONTO :: NORDDEUTSCHE KREDITBANK A.G. BREMEN :: DEUTSCHE BANK FILIALE BREMEN, KONTO 212105
BREMER BANK FILIALE DER DRESDNER BANK, BREMEN :: POSTSCHECK-KONTO: HAMBURG 1706

An

Herrn [illegible]

Geschäftszeichen:

BREMEN 13, den 31. 3. 38.

G E H E I M !

M i t t e i l u n g !

Auf unseren Antrag sind Sie durch eine besondere Verfügung der zuständigen Wehrersatzdienststelle für unseren Betrieb für unabkömmlich erklärt worden und haben im Mobilmachungsfalle in unserem Betriebe weiterzuarbeiten.

Diese Mitteilung ist sicher aufzubewahren und keiner anderen Person zugänglich zu machen. Etwaiger Verlust dieser Mitteilung ist sofort in der Hauptkasse zu melden.

Beim Ausscheiden aus unserem Betriebe haben Sie diese Mitteilung zurückzugeben.

Sollten Sie bereits eine Kriegsbeorderung oder Wehrpaßnotiz erhalten haben, oder eine solche in Zukunft erhalten, so haben Sie dieses umgehend in der Hauptkasse zu melden.

DEUTSCHE SCHIFF- UND MASCHINENBAU
AKTIENGESELLSCHAFT
Werk: Act. Ges. „Weser"

[illegible] [illegible]

Die Belegschaft der AG »Weser« wird auf die Mobilmachung vorbereitet

19. Januar 1939:
Stapellauf des Schweren Kreuzers K, der auf den Namen »Seydlitz« getauft wird, auf der AG Weser.

1. März 1939:
Tag der deutschen Luftwaffe.

1. April 1939:
Eröffnung der Ausstellung »Deutsche Heldenehrung« in der Börse, veranstaltet vom Volksbund Deutscher Kriegsgräberfürsorge.

1. Mai 1939:
Nationaler Feiertag des deutschen Volkes. Aufmarsch und Kundgebung auf der Bürgerweide. Übertragung des Staatsaktes aus Berlin mit Reden von Adolf Hitler, J. Goebbels und R. Ley. Nachmittags Sportfest in der Kampfbahn »Volk und Wehrmacht«. Abendveranstaltungen »Freut Euch des Lebens« in mehreren Sälen der Stadt.

6. Mai 1939:
Beginn der »planmäßigen Entgitterung« in Bremen (Beseitigung von Vorgartenzäunen zwecks Gewinnung von Altmetall für die Rüstungsproduktion).

8.–14. Mai 1939:
Woche des Luftschutz-Selbstschutzes unter der Parole »Jedes Haus luftschutzbereit.«

15. Juli 1939:
Luftschutzsirenen-Probealarm. In Zukunft wird die Überprüfung aller Sirenen laufend jeden Sonnabend um 13.00 Uhr stattfinden.

23. August 1939:
Seit Mitte des Monats werden zahlreiche Einberufungen zum Heer vorgenommen. Da die Reichspost das Austragen der Gestellungsbefehle am Tage nicht bewältigen kann, muß sie auch die Abend- und Nachtstunden hierfür in Anspruch nehmen.

24. August 1939:
Unaufhörliche Truppendurchzüge durch Bremen.

28. August 1939:
Die Truppendurchzüge durch Bremen halten unvermindert an. Besonderes Aufsehen erregen die von den Formationen mitgeführten großen Flak-Geschütze.

30. August 1939:
Verteilung von Luftschutzmerkblättern an die bremische Bevölkerung.

31. August 1939:
Im Gegensatz zu 1914, wo es bei Ausbruch des Krieges und unmittelbar vorher auch in Bremen vielfach zu »Patriotischen Kundgebungen« kam, herrscht in diesen Tagen in der Bevölkerung eine große Niedergeschlagenheit.

Der für die Zeit vom 2.–11. November 1939 geplante Parteitag wird am 30. August abgesagt

Umzugsgut jüdischer Auswanderer wird im Hafen verladen

Der Krieg beginnt (1939–1941)

Ausgebombt: Polnisches Kind auf den Trümmern eines Hauses

»Blitzkriege«

Auszüge aus der Bremen-Chronik:

1. September 1939:
Um 10.00 Uhr überträgt der Rundfunk die Rede des Führers und Reichskanzlers aus dem Reichstag... Für die Betriebe usw. wird ein Gemeinschaftsempfang angeordnet. Das Abhören ausländischer Sender wird unter Zuchthausstrafe verboten.
Die Bevölkerung wird aufgefordert, sich luftschutzmäßig zu verhalten, insbesondere sind die Verdunkelungsmaßnahmen sofort durchzuführen. Die Straßenbeleuchtung wird eingestellt. – Auf den öffentlichen Plätzen und in den öffentlichen Anlagen werden Deckungsgräben für Luftschutzzwecke ausgeworfen... Emil Theil (SPD) und Oskar Eichentopf (KPD) werden abermals festgenommen.

4. September 1939:
Nachts 1.30 Uhr: 1. Fliegeralarm. Das Auslösen der Sirenen ruft in der bremischen Bevölkerung eine große Verwirrung hervor. Nach den mehrfachen Erklärungen des Oberbefehlshabers der Luftwaffe (Göring), daß feindliche Flugzeuge in der an den Reichsgrenzen befindlichen »Luftverteidigungszone« restlos abgeschossen würden, ist sie auf einen möglichen Bombenangriff nicht eingestellt. Britische Flugzeuge überfliegen in großer Höhe unser Gebiet und werfen Flugblätter ab. Um 2.45 Uhr erfolgt Entwarnung.

5. September 1939:
Die Veranstaltung öffentlicher Tanzlustbarkeiten wird bis auf weiteres verboten... Erlaß einer Verordnung gegen »Volksschädlinge«.

8./9. September 1939:
Kriegsmäßiger Luftschutzsirenenalarm. Die Signale für »Fliegeralarm« (Heulton) und für »Entwarnung« (hoher Dauerton) werden ab sofort nur noch eine Minute lang gegeben... In der Stadt sind an verschiedenen Stellen, besonders auf den Dächern

130 deutsche Bomben- und 240 Sturzkampf-Flugzeuge hatten die mit Flüchtlingen überfüllte polnische Hauptstadt angegriffen

Bremen am 1. September 1939

Sonderausgaben der „Bremer Zeitung" verkündeten die Ereignisse — Schlagartige Verdunkelung am Abend und in der Na[cht]

Links: Vor einer der Geschäftsstellen der „Bremer Zeitung". Aller Blicke hängen an den Mitteilungen, die Danzigs Befreiung und des Führers Entsc[hluß] verkünden. — Rechts: Auf den Straßen zerrannen unseren Trägerinnen die BZ-Sonderausgaben mit dem Text der Führerrede vor dem Großdeuts[chen] Reichstag unter den Händen. Aufnahmen: Hartig

Die Bremer Zeitung kommentiert den Krieg gegen Polen

Bremer Zeitung

Parteiamtliche Tageszeitung der Nationalsozialisten Bremens

Das Amtsblatt des Regierenden Bürgermeisters der Freien Hansestadt Bremen — Amtliches Verkündungsblatt des Reichsstatthalters in Oldenburg und Breme[n]

Nr. 260 · 9. Jahrgang — Donnerstag, 21. September 1939 — Einzelpreis 15 Rpf.

Das polnische Heer ist vernichtet!

Operationen im Osten abgeschlossen

Historischer Tagesbefehl des Oberbefehlshabers des Heeres

Des Führers klares Weltecho

Die Einsicht in die Unhaltbarkeit der in Versailles geschaffenen Verhältnisse wächst

Eine bösartige Brunnenvergiftung

Über 100000 Gefangene an der Bzura

Eine der größten Vernichtungsschlachten aller Zeiten — Außerordentlich hohe Verluste der Polen

Danzig grüßt seinen Führer!

Unser Tagesspiegel

der höheren Gebäude (Wasserwerk, Überseemuseum usw.) Flak-Geschütze aufgestellt worden.

18. September 1939:
Der Rundfunk bringt die Meldung des Oberkommandos der Wehrmacht über die Beendigung des Feldzuges in Polen. Warschau ergibt sich erst am 27. September 1939.

4. bis 10. Oktober 1939:
Aus Anlaß des Einzuges der deutschen Truppen in Warschau wird eine allgemeine Beflaggung und das Läuten der Kirchenglocken von 12 bis 13 Uhr angeordnet. In verschiedenen Stadtteilen finden Platzkonzerte statt.

9. Februar 1940:
Im »Metropol«-Theater: Erstaufführung des Films »Feldzug in Polen«.

19. April 1940:
Im »Tivoli«-Theater: Erstaufführung des Films: »Feuertaufe« (Film vom Einsatz der deutschen Luftwaffe in Polen). Das Kinoplakat enthält folgenden Hinweis: »Die Aufnahmen entstanden während der Kampfhandlungen. Echt und schlicht sind die Bilder, ernst und hart wie der Krieg selbst. Als Beitrag für die Geschichte des großdeutschen Freiheitskampfes soll dieser Film lebenden und kommenden Geschlechtern ein Dokument sein.«

Der »Polenfeldzug« als Kinoereignis

Warschau, September 1939

Was nicht in den Bremer Zeitungen zu lesen stand[12]

Die deutsche Kriegsführung in Polen basierte vor allem auf zwei Prinzipien: dem Moment der Überraschung und dem Grundsatz, jeden Willen zum Widerstand mit gezielten Schlägen gegen die Zivilbevölkerung zu zermürben. Bei den Luftangriffen auf Warschau gab es so viele Tote, daß die Leichen provisorisch auf den Gehsteigen beerdigt werden mußten, weil die Friedhöfe die Toten so schnell nicht fassen konnten. Auch kam es in den vom deutschen Vormarsch überrollten westpolnischen Gebieten zu brutalen Vergeltungsaktionen. Um das »rückwärtige Operationsgebiet zu sichern«, wurden überall Zivilisten als Geiseln genommen: örtliche Honoratioren, Priester, Lehrer, Kaufleute, Intellektuelle. Bei den geringsten Anzeichen von Widerstand oder bei »feindseligen Handlungen« gegen die deutsche Truppe wurden die Geiseln umgebracht – »zur Warnung«, wie es hieß. Ihre Hinrichtung erfolgte teilweise auch öffentlich, und die Bevölkerung mußte hierzu antreten. Für die Tötung der »Sühnepersonen« – so wurden die Geiseln zynisch genannt – reichte es z.B. aus, wenn Unbekannte zu nächtlicher Stunde eine Hakenkreuzfahne abgerissen und stattdessen die polnischen Nationalflagge aufgezogen hatten oder wenn Waffen aus Wehrmachtsbeständen entwendet und die Täter nicht gefaßt worden waren und ähnliches mehr. Bis zum 26. Oktober 1939, d. h. in den acht Wochen, die seit Kriegsbeginn vergangen waren, sind nach Ermittlungen von polnischen Historikern bei insgesamt 764 Exekutionen etwa 20.000 polnische Zivilisten als Geiseln, Widerstandsverdächtige, Saboteure etc. hingerichtet worden.[13] Dies war der Auftakt zu einer sechsjährigen Besatzungspolitik von beispielloser Grausamkeit, unter der Polen wie kein anderes europäisches Land gelitten hat.[14] Nach den Vorstellungen der NS-Führung sollte dieses Land vor allem als Kornkammer und Arbeitskräftereservoir für das »Reich« dienen. »In Polen wollen wir vor allem Arbeitskräfte schöpfen«, hatte Hitler bei einer Besprechung im OKW, dem Oberkommando der Wehrmacht, verkündet. Dieses Ziel war nur durch die rücksichtslose Niederhaltung des Landes zu erreichen, durch die Errichtung eines deutschen »Gestapolen«, wie es später in britischen Flugblättern hieß. In Polen fand die deutsche Gewaltherrschaft ihren Höhepunkt in der 1942 begonnenen Ermordung der polnischen Judenheit.

In Bremen – wie auch anderswo – ist das Ausmaß dieser Schrecken erst nach dem Krieg einer breiten Öffentlichkeit bekannt geworden. Da die damaligen Greueltaten auch heute schon wieder als »übertrieben« oder gar als »Lügen« abgetan werden,[15] wird es nicht überflüssig sein, einige historische Aufnahmen aus der deutschen Besatzungszeit in Polen hier einzurücken.

Ausgebombt: Junge rettet seinen Vogel

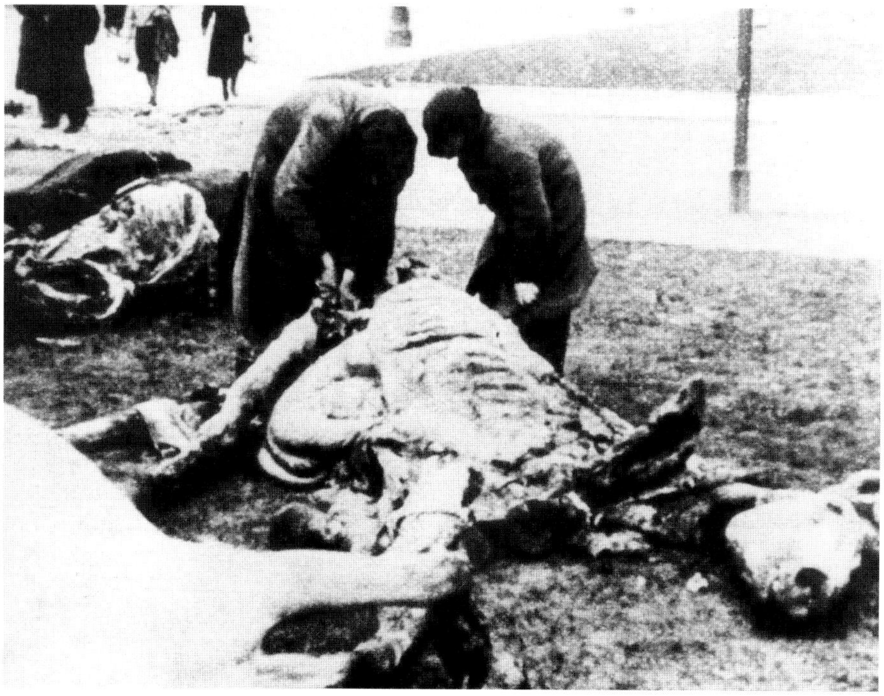

Oben:
Zwangsumsiedlungen, Vertreibungen und Jagd nach Arbeitskräften für die deutsche »Wehrwirtschaft«

Links:
Versorgungsnot und Hunger der Zivilbevölkerung im besetzten Polen

Rechte Seite oben:
Siegesparade der deutschen Wehrmacht in Warschau, 4. Oktober 1939

Rechte Seite unten:
Warschau während der Besatzungszeit

Geiselnahme und Ghettoisierung der polnischen Juden

Polnische Juden werden in ein Ghetto getrieben

Öffentliche Hinrichtung polnischer Juden

Polnische Frauen suchen unter dem Galgen nach Angehörigen

Bomben auf Posen

Aus den Erinnerungen von Julian Nowak, Zwangsarbeiter in der Wollkämmerei in Blumenthal[16]

Als der Krieg ausbrach, war ich noch ein Kind. Früh am Morgen jenes 1. September 1939 heulten alle Sirenen in der Stadt: Fliegeralarm. Ich hatte tief geschlafen – so tief, wie ein zwölfjähriger Junge eben schläft. Mein Vater schaltete das Radio ein, und so hörten wir, daß Krieg war. Wir wohnten damals noch in Posen, und mein Vater meldete sich bei seiner Dienststelle, wo er die Anweisung erhielt, sofort die Stadt zu verlassen und alle Unterlagen und Dokumente seiner Behörde vorsorglich in Sicherheit zu bringen. Der Rest unserer Familie, insgesamt vier Personen, machte sich wenige Tage später auf den Weg – so begann unsere Flucht.
Wir fuhren mit einem Güterzug Richtung Osten. Die Fahrt auf der Eisenbahn dauerte tagelang und wurde immer wieder von Fliegerangriffen unterbrochen; wir rannten dann so schnell wie möglich aus dem Zug und suchten Deckung. Schließlich wurde der Zug getroffen und wir mußten unser sämtliches Gepäck in den zertrümmerten Waggons zurücklassen. Nur Geld und Verpflegung hatten wir im Handgepäck gerettet. Es war tiefe Nacht bei diesem Angriff. Die Eisenbahnwaggons standen in Flammen. Ringsum detonierten Bomben, und die Fliehenden wurden von Tieffliegern mit Bordwaffen beschossen. So begann ein zielloses Umherirren auf der Flucht vor den anrückenden deutschen Verbänden. Wir zogen zwischen drei Städten im Dreieck hin und her und wußten nicht, wohin wir gehen sollten. Die Verpflegung ging zu Ende, aber polnische Soldaten, die unsere Kolonne begleiteten, gaben uns ab von ihren Vorräten.
Eines frühen Morgens wurde das Dorf, in dem wir die Nacht verbracht hatten, von deutschen Soldaten besetzt. Ich erinnere mich noch an meinen ersten Schrecken. Wir beobachteten den Einzug der Soldaten heimlich von einer Scheune aus, in der wir uns versteckt hielten: Die Eindringlinge waren bis an die Zähne bewaffnet. Sie fuhren auf Motorrädern. Die polnischen Soldaten, die in dem Dorf lagen, leisteten nur kurzen Widerstand und sind dann in östlicher Richtung zurückgewichen.
Nachdem wir so von der deutschen Wehrmacht überrollt worden waren, schafften wir es, uns heimlich zurück nach Posen durchzuschlagen. Dort wartete schon meine 70jährige Großmutter. Sie war zuvor wegen ihres Alters nicht mit uns geflohen. Sie hatte etwas zu essen besorgt. Einige Zeit später, im Oktober 1939, kam auch mein Vater wieder kurz nach Hause. Er mußte aber sofort wieder fliehen, denn schon vor seiner Rückkehr war die Gestapo im Haus gewesen und hatte viele Fragen nach ihm gestellt; sie hatten beim Weggehen noch gesagt, wenn er zurückkomme, habe er sich sofort bei der Gestapoleitstelle zu melden. Gleichzeitig erfuhren wir, daß der Sicherheitsdienst der SS damit begonnen hatte, alle Mitglieder des »Verbandes der großpolnischen Aufständischen« einzufangen. Da auch mein Vater diesem Verband angehörte, konnte er schon deshalb nicht länger bleiben. Er flüchtete über die grüne Grenze in das Generalgouvernement,[17] um sich dort zu verstecken.
Unterdessen mußte auch Posen seinen Blutzoll entrichten. Mehrmals wurden Geiseln hingerichtet: Lehrer, Priester, Intellektuelle, Angehörige der Pfadfinderorganisation und auch einige Mitglieder des »Verbandes der großpolnischen Aufständischen«. Damals entstanden aber auch bereits die ersten geheimen politischen Verbindungen, die den Widerstand organisierten. Auch in meiner Familie sind damals die ersten Opfer gefallen. Wegen seiner Tätigkeit im Untergrund – er war Mitglied des illegal weiterarbeitenden Pfadfinderverbandes – wurde zuerst ein jüngerer Bruder meines Vaters, mein Onkel Waldek,

Polnische Kinder als Zwangsarbeiter in der Blumenthaler Wollkämmerei
Beisammensein in einem Raum mit Luftschutzverdunklung

»P-Arbeiter« – Gruppe polnischer Jugendlicher auf dem Fabrikgelände der Bremer Wollkämmerei in Blumenthal 1941 (Julian Nowak steht in der obersten Reihe, Bildmitte, zweiter von links)
An der Oberbekleidung der Jugendlichen ist das »P«-Zeichen zu erkennen, das nach einer Himmler-Verordnung vom 8. März 1940 alle Polen tragen mußten

nach Dachau verschleppt und umgebracht. Ein zweiter Bruder, mein Onkel Stefan, kam ebenfalls ins KZ.

Bereits im Dezember 1939 wurde die Arbeitspflicht auch für vierzehnjährige Kinder öffentlich verkündet,[18] Es ging damals auch das Gerücht, daß alle Jugendlichen, die keine Arbeit vorweisen könnten, zwangsweise nach Deutschland verschickt würden.

Als ich 14 Jahre alt wurde, beschloß daher meine Familie, auch für mich Arbeit zu suchen und mich beim Arbeitsamt anzumelden. So fand ich meine erste Arbeit in einer Schlosserwerkstatt in der Jozefa-Straße. Der Arbeitgeber schrieb mir eine Bescheinigung, aus der sich ergab, daß ich in seinem Betrieb beschäftigt war. Mit diesem Schreiben ging ich am 13. November 1941 ins Arbeitsamt. Auf den Gängen drängten sich viele Menschen: Mädchen und Frauen, Jungen und Männer. Schließlich fand ich meinen Schalter und stellte mich in die Warteschlange, um mich registrieren zu lassen.

Während des Wartens wurde ständig geschrien. Wir wurden kommandiert und herumgestoßen. Dabei sprach alles nur Deutsch – eine Sprache, die die meisten der Wartenden überhaupt nicht verstanden. Kurz vor Mittag war es soweit, und ich wurde registriert. Ich mußte meinen Ausweis und die Bescheinigung meiner Schlosserwerkstatt abgeben.

Der Beamte sagte mir, ich solle warten, den Ausweis würde ich dann zusammen mit der Arbeitszuweisung zurückbekommen. So warteten wir wieder ein paar Stunden, erfuhren dann aber plötzlich am Nachmittag, keiner dürfe ohne schriftliche Erlaubnis das Amt verlassen.

Als das gesagt wurde, breitete sich sofort panische Unruhe aus. Jeder versuchte, irgendwie aus dem Arbeitsamt herauszukommen. Als die Beamten das merkten, drängten sie uns alle in einem Korridor und bewachten uns, damit sich niemand entfernen konnte. Schließlich kam ein Volksdeutscher[19] als Dolmetscher. Der erklärte uns, wir müßten abwarten, bis auch der letzte abgefertigt sei. Er kündigte auch gleich an, ein Teil von uns sei bereits für den Arbeitseinsatz im Reich vorgesehen und wir würden entweder als Hilfskräfte in der Landwirtschaft oder in Industriebetrieben eingesetzt.

Wer für den Transport ins »Großdeutsche Reich« ausgewählt wurde, bekam auch seinen Ausweis gar nicht mehr zurück. Statt dessen erhielten sie eine Überweisung zur ärztlichen Untersuchung. Mit dem Befund

sollte man sich dann nach zwei Tagen wieder beim Arbeitsamt melden. Der Dolmetscher erinnerte uns noch einmal daran, daß die Behörde sämtliche Ausweise der für den Transport Bestimmten einbehalten habe. Wer sich also nicht freiwillig melde, der müsse damit rechnen, so sagte er uns drohend, daß seine Angehörigen verhaftet würden. Zum Abschluß schilderte er uns dann noch das Leben im »Reich« in rosaroten Farben.
Nach weiterem Warten wurde ich schließlich vor einen deutschen Beamten geführt. Der musterte mich mit sachverständigem Blick und stellte mir Fragen über meine Familie, vor allem über meinen Vater. Schließlich eröffnete er mir, ich sei für den »Arbeitseinsatz im Reich« vorgesehen und solle in einer Faserverwertungsfabrik in Bremen arbeiten. Zum Schluß händigte er mir die Überweisung für die ärztliche Untersuchung sowie einen Passierschein aus, der die Erlaubnis enthielt, das Arbeitsamt zu verlassen.
Ich war wie erschlagen und ging sofort nach Hause. Wir waren damals im Stadtteil Winiary untergekommen. Aus unserer alten Wohnung waren wir schon im November 1939 vertrieben worden. Wir hatten dabei nur zehn Minuten Zeit gehabt, das Allernötigste zu packen. Wir durften auch nur Handgepäck aus unserer Wohnung mitnehmen. Dort sind dann Deutsche eingezogen. Als ich jetzt nach Hause kam, war der Schrecken groß. Niemand von uns hatte damit gerechnet, daß dies das Ergebnis meines Besuches auf dem Arbeitsamt sein würde. Wir berieten uns, und ich lief sofort mit meiner Mutter zu allen möglichen Verwandten und Bekannten, um sie zu fragen, ob es nicht doch irgendeine Möglichkeit zur Freistellung gebe. Natürlich wurde uns schnell klar, daß nichts zu machen war. So kamen wir erst kurz vor der Sperrstunde wieder nach Hause, erschöpft und niedergeschlagen.
Nach der ärztlichen Untersuchung erhielt ich einen verschlossenen Briefumschlag für das Arbeitsamt. Ich gab ihn dort ab und mir wurde mitgeteilt, ich sei gesund und »arbeitseinsatzfähig«. Danach bekam ich noch eine Reisebescheinigung für die Fahrt und ein paar Erklärungen, wann und wo und auf welchem Bahnsteig ich mich einzufinden habe. Ziel unserer Reise war die »Bremer Wollkämmerei« in Bremen-Blumenthal.
In Blumenthal angekommen wurden wir direkt vom Bahnhof in die Fabrik geführt. Dort mußte jeder ein Bad nehmen. Am nächsten Tag erhielten wir unsere Arbeitskarten. Auf meiner Karte stand zu lesen: »Arbeitskarte für polnische Arbeitskräfte Nr. VI/105/15847«. Die Karte war am 15. November 1941 ausgestellt. 14 Jahre war ich alt und hatte nun meinen ersten Beruf: »Spinnereiarbeiter in der Bremer Wollkämmerei«.

An die

polnische Bevölkerung!

Viele Zehntausende von Landarbeitern und mit Landarbeit vertraute Arbeitskräfte können im Deutschen Reich im freien Beschäftigungsverhältnis zu günstigen Bedingungen Arbeit finden. Bereits vor dem Kriege wurden alljährlich Hunderttausende von polnischen Landarbeitern in der deutschen Landwirtschaft beschäftigt.

Ich rufe daher alle arbeitsfähigen Personen, die mit Landarbeit vertraut sind, auf, sich zum Arbeitseinsatz in der Landwirtschaft in Deutschland zu melden. Alle arbeitsfähigen Personen, die von den Arbeitsämtern Unterstützung beziehen oder in öffentliche Fürsorge stehen, haben die **Verpflichtung** sich zu melden.

Es kommen in erster Linie Männer und Frauen zwischen dem 16. und 50. Lebensjahr in Frage. Kleinbauern, die genügend Hilfskräfte zur ausreichenden Weiterführung und Bewirtschaftung ihres Hofes haben, können sich ebenfalls für einen vorübergehenden Einsatz melden. Die Landarbeiter haben die **Möglichkeit,** von ihren **Lohnersparnissen** so viel zu überweisen, dass der Lebensunterhalt der zurückbleibenden Familienangehörigen gesichert ist. Die angeworbenen Arbeitskräfte werden kostenlos durch Sonderzüge ins Deutsche Reich befördert. Für gute Unterbringung und Verpflegung auf deutschen Bauernhöfen ist gesorgt. Familienangehörige werden möglichst gemeinsam untergebracht werden.

Meldungen müssen bei den Arbeitsämtern des Generalgouvernements und deren Nebenstellen **sofort** erfolgen.

Krakau, den 25. Januar 1940.

Der Generalgouverneur

gez. **Dr. Frank**

Die Besetzung von Dänemark und Norwegen

Auszüge aus der Bremen-Chronik

4. April 1940:
Kundgebungen in 36 Ortsgruppen der NSDAP Bremen unter dem Motto: »Warum wir siegen.«

9. April 1940:
Am Vormittag verbreiteten Rundfunk und Sonderausgaben der Tageszeitungen die Meldung über die Besetzung Dänemarks durch deutsche Truppen und die Landung deutscher Wehrmachtteile in Norwegen. Während Dänemark gegen diese Maßnahmen Protest erhebt, erklärt Norwegen Deutschland den Krieg.

6. April 1940:
Am Nachmittag durchziehen zahlreiche Truppenverbände Bremen. Sie werden drei Tage später bei der Besetzung Dänemarks und Norwegens eingesetzt. (Der Aufmarsch der deutschen Seekriegsflotte gegen Dänemark und Norwegen war als Manöver in der Wesermündung getarnt worden; zahlreiche Bremer Schiffe wurden hierbei als Transporter bei dem Flottenaufmarsch eingesetzt; der Tarnname des Angriffsplanes lautete: »Weserübung«).

24. April 1940:
Bekanntmachung des Senators für die Innere Verwaltung über die Erfassung und Ablieferung von Bronzeglocken und Kupfer von Gebäuden.

Einmarsch in Norwegen, Kapitulation der norwegischen Streitkräfte am 30. April 1940

Der »Westfeldzug« gegen Frankreich, Belgien, die Niederlande und Luxemburg

10. Mai 1940:
In den frühen Morgenstunden überfliegen zahlreiche Kampfverbände der deutschen Luftwaffe unsere Stadt. Sie kommen bei der im Westen beginnenden Offensive zum Einsatz. – Der Rundfunk sowie Sonderausgaben und Extrablätter der bremischen Zeitungen geben die ersten Meldungen über den Einmarsch der deutschen Truppen in die Niederlande, Belgien und Luxemburg wieder. Die Aktion »Gelb« wird ausgelöst. Deutsche Noten an die betreffenden Regierungen: Der Einmarsch sei erfolgt, weil England und Frankreich den Durchmarsch durch diese Länder und einen Angriff auf das Ruhrgebiet planten. Vor den Geschäftshäusern der Zeitungen und den Ladengeschäften der Stadt, wo die Meldungen aushängen, drängen sich den ganzen Tag über Scharen von Menschen, um von dem Inhalt der neuesten Nachrichten Kenntnis zu erhalten. Auch die öffentlichen Lautsprecheranlagen werden von Zuhörern umdrängt.

11. Mai 1940:
Tanzveranstaltungen werden vorerst wieder verboten.

14. Mai 1940:
Der Rundfunk verkündet die Meldung über die Waffenstreckung der gesamten holländischen Armee.

25. Mai 1940:
Aufruf an die bremische Bevölkerung über das Verhalten bei Fliegerangriffen.

28. Mai 1940:
Am Vormittag verbreitet der Rundfunk eine Sondermeldung über die bedingungslose Kapitulation der belgischen Armee.

4. Juni 1940:
Gegen Mitternacht bringt der Rundfunk die Meldung des Oberkommandos der Wehrmacht über den Ausgang des großen Kamp-

Die Propagandazeitschrift »Die Wehrmacht« mit dem Aufmacher zum »Westfeldzug«

fes in Flandern und im Artois. Dünkirchen wurde von deutschen Truppen erobert.

5. Juni 1940:
Aus Anlaß des Sieges im Westen wird eine achttägige Beflaggung angeordnet. – Beginn des deutschen Angriffs über die Somme in Richtung Paris.

10. Juni 1940:
Landesbischof Lic. Dr. H. Weidemann bittet den Vorsitzenden des Ministerrats für die Reichsverteidigung, Generalfeldmarschall Göring, den Reichsbund der evangelischen Pfarrvereine wegen gröbster Disziplinlosigkeit und vaterlandsloser Gesinnung aufzulösen. Der Reichsbund hatte bei Erfassung von Glocken aus Bronze (»Metallspende des deutschen Volkes«) die Bitte ausgesprochen, daß jeder Gemeinde vorläufig wenigstens eine Glocke bleibe.

14. Juni 1940:
Einmarsch der deutschen Truppen in Paris. Es wird eine dreitägige Beflaggung angeordnet.

Dünkirchen, Juni 1940 – Einmarsch der Wehrmacht in Frankreich

Die »Heimatfront«

»fertig«
Panzerproduktion bei Borgward

Auszüge aus der Bremen-Chronik

29. September 1939:
Der Roland erhält eine starke Holzverschalung, die mit Sand ausgefüllt wird, so daß dieses Denkmal einigermaßen gegen Bombenwirkung gesichert erscheint. Dem Rathaus wird eine verstärkte Abstützung gegeben. Die Säulen der Arkaden, die den Balkon tragen, werden mit Ziegelsteinen ummauert, und die Arkadenbögen selbst erhalten eine Untermauerung mit Ziegelsteinen. Diese Sicherungsmaßnahmen sollen dazu dienen, einem verstärkten Druck standzuhalten, dem das Gebäude durch platzende Bomben unter Umständen ausgesetzt sein kann.

30. September 1939:
Die Saumsteine werden mit weißer Farbe kenntlich gemacht, damit die Fußgänger bei Dunkelheit den Übergang vom Fußweg zur Fahrbahn wahrnehmen können.

7. Oktober 1939:
Sämtliche Leuchtreklame ist während der Verdunkelung verboten.

8. Oktober 1939:
Freimarkt. Da die Bürgerweide für Zwekke der Wehrmacht freigehalten werden muß, soll der Freimarkt in diesem Jahre wieder in die Altstadt zurückverlegt werden.

21.–31. Oktober 1939:
Freimarkt Domshof – Unser Lieben Frauen Kirchhof – Domsheide. Außer zahlreichen Verkaufsbuden ist nur ein Kinderkarussell aufgestellt. Die Vergnügungsunternehmen und die Orgeldreher fehlen. Der Freimarkt muß bei Dunkelwerden geschlossen werden.

6. November 1939:
Das in Bremen tagende Hanseatische Sondergericht verurteilt den Angeklagten Ewald Wieczorek wegen Straßenraubes, ausgeführt während der Verdunkelung, als Volksschädling zum Tode.

12. November 1939:
Landesbischof Lic. Dr. H. Weidemann ordnet Fürbitte und Dank in den Gottesdiensten »für Bewahrung des Führers beim Münchner Anschlag« an.

6. Dezember 1939:
Das Nikolaussingen ist wegen der Verdunkelungsmaßnahmen und der damit für die Kinder bestehenden Gefahren in diesem Jahr verboten.

5. Juli 1940:
Alle Kleingärtner werden verpflichtet, sofort für die Anlage von Schutzgräben in nächster Nähe ihrer Gärten Sorge zu tragen.

22. November 1940:
Mauerdurchbrüche: Um die Möglichkeit, aus den Luftschutzräumen in das Freie zu gelangen, weiter zu erhöhen und um die Hilfeleistungen von außen oder von Haus zu Haus zu erleichtern, werden zwischen unmittelbar benachbarten Gebäuden im Kellergeschoß Durchbrüche geschaffen.

Kriegsbeginn in der Schule

Auszüge aus den Protokollen der Lehrerkonferenzen an der Schule Schmidtstraße (Steintor)

8. September 1939:

Mit Ausnahme der zur Wehrmacht einberufenen Kameraden B., H. und K. waren sämtliche Lehrpersonen anwesend.

1. Nach der üblichen Begrüßung gab der Schulvorsteher ein amtliches Schreiben bekannt, nach dem er von sich aus für die sichere Unterbringung der Lehr- und Lernmittel zu sorgen hat. Er fordert daher alle Lehrpersonen auf, die wichtigsten Akten wie Klassenbuch, Zeugnisse, Gesundheitsbogen etc. mit nach Hause zu nehmen und ebenso für die sichere Unterbringung aller Schulsachen wie Hefte, Zeichensachen etc. zu sorgen. Jeder Klassenlehrer ist für die sichere Unterbringung der Sachen seiner Klasse verantwortlich.

2. Durch die Belegung unserer Schule durch die Militärbehörde sind nur noch 4 Räume freigeblieben. Der Schulvorsteher will versuchen, daß diese Räume beim Wiederbeginn der Schule den unteren Jahrgängen zur Verfügung gestellt werden...

4. Ein amtliches Schreiben verhängt über jeden Beamten die Urlaubssperre.

5. In einem anderen amtlichen Schreiben wird bekannt gegeben, wie man sich bei Spionage und Sabotage zu verhalten hat. Jede Lehrperson hat dieses Schreiben gewissenhaft durchzulesen und seine Kenntnisnahme dieses Schreibens mit seiner Unterschrift zu beglaubigen.

7. In einem Schreiben vom NSLB (Nationalsozialistischen Lehrerbund) wird jedes Mitglied aufgefordert, sich zur Mitarbeit bei der zuständigen Ortsgruppe der Partei zu melden.

30. September 1939:

3. Ein Schreiben von Gauleiter Röver weist auf die jetzige Erziehertätigkeit in der Schule hin. Man soll die Kinder auf die Größe unserer Zeit, auf den Glauben an die Heimat, auf die Schicksalsgemeinschaft etc.

Jungvolk, Aufmarsch auf der Bürgerweide

immer wieder hinweisen, um ihnen somit einen Gegenwartsunterricht zu geben.
4. Um möglichst bald mit dem Unterricht wieder beginnen zu können, hat der Schulvorsteher ein Schreiben an das hiesige Hochbauamt gerichtet und darin Vorschläge gemacht, nach denen in den leerstehenden 5 Räumen unterrichtet werden kann. Darauf haben 2 Beamte vom Hochbauamt unsere Schule besichtigt und festgestellt, daß z. Zt. nur für die Kinder von 2 Klassen in dem Mädchen-Ausgangs-Flur ein splitterfreier Luftschutzraum vorhanden sei… Der Unterricht beginnt wieder am Donnerstag, dem 5. Oktober. Die ganze Schule wird durch die Zeitung um 8 Uhr bestellt. Nach der Fahnenehrung erhalten die Kinder ihren Stundenplan.

18. März 1940:
Die Abschiedsfeier für die schulentlassenen Kinder ist am Mittwoch um 11 Uhr. Eine Feier am Abend kann nicht stattfinden, weil die Turnhalle nicht verdunkelt werden kann. Die Schüler des letzten Grundschuljahres nehmen an dieser Feier teil; das Programm ist:
1. Eingangslied: »Auf, hebt unsere Fahnen!«
2. Rede des Klassenlehrers Kamerad W.
3. Lied: »Nur der Freiheit gehört unser Leben«
4. Überreichung der Ahnenpässe durch den Schulvorsteher
5. Führerehrung

10. Mai 1940:
Infolge unseres Einmarsches in Holland, Belgien und Luxemburg ist höchste Alarmbereitschaft.

Überfüllte Friedhöfe in Warschau – Polnische Kinder an einem provisorischen Straßen-Grab, September 1939

Luftschutzbunker im Pausenhof der Schule Schmidtstraße errichtet

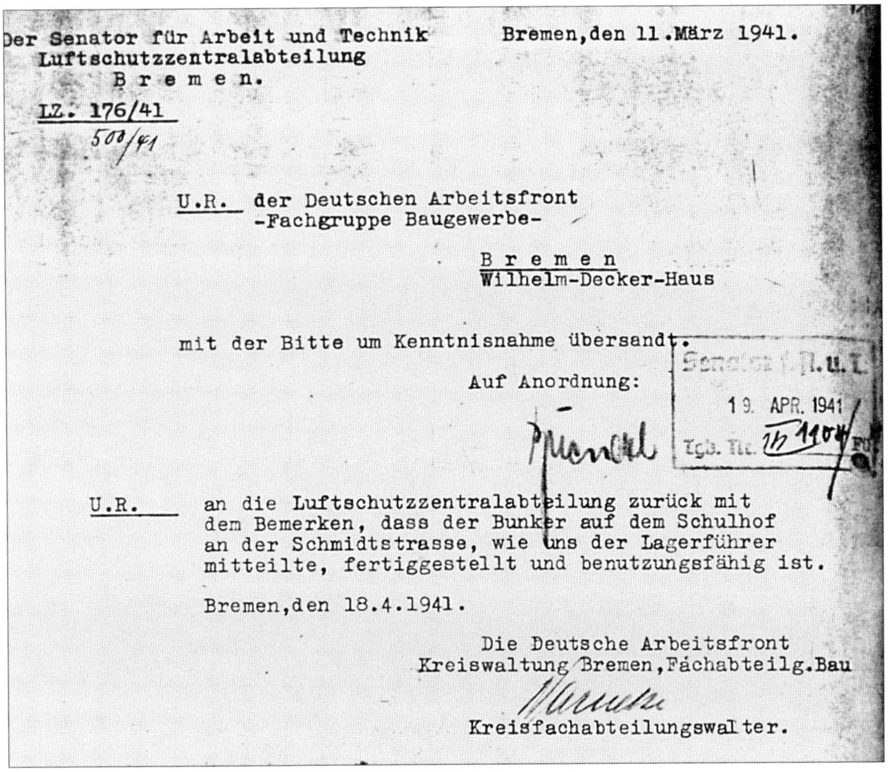

Der Senator für Arbeit und Technik   Bremen, den 11. März 1941.
Luftschutzzentralabteilung
B r e m e n.

LZ. 176/41
500/41

U.R. der Deutschen Arbeitsfront
-Fachgruppe Baugewerbe-

B r e m e n
Wilhelm-Decker-Haus

mit der Bitte um Kenntnisnahme übersandt.

Auf Anordnung:

19. APR. 1941

U.R. an die Luftschutzzentralabteilung zurück mit dem Bemerken, dass der Bunker auf dem Schulhof an der Schmidtstrasse, wie uns der Lagerführer mitteilte, fertiggestellt und benutzungsfähig ist.

Bremen, den 18.4.1941.

Die Deutsche Arbeitsfront
Kreiswaltung Bremen, Fachabteilg. Bau

Kreisfachabteilungswalter.

Die ersten Bomben auf Bremen

Vier Tage, bevor die erste Bombe auf Bremen fiel, zerstörten deutsche Kampfflugzeuge Rotterdam, um die Niederlande zur Kapitulation zu zwingen. 980 Menschen sind allein diesem einen Angriff zum Opfer gefallen.
Auf Bremen wurden während des Krieges insgesamt 173 Luftangriffe geflogen. Mehr als 1200 mal gab es Luftalarm mit Sirenengeheul. Gegen Kriegsende mußten die Menschen dann oft wochenlang jede Nacht in die Bunker und Luftschutzkeller. Die Bomber kamen schließlich nicht nur nachts, sondern, weil die Luftverteidigung völlig zusammengebrochen war, auch am hellichten Tage. Bremen war – wegen der vielen kriegswichtigen Industrien – eine der am häufigsten angegriffenen deutschen Städte. Die Werften, die Borgward-Werke und Focke-Wulf, die U-Boote, Militärtransporter und Flugzeuge herstellten, waren wichtige Angriffsziele. Weil Bremen außerdem auch noch in der Einflugschneise für die Luftangriffe auf das Ruhrgebiet und die »Reichshauptstadt« Berlin lag, war die Stadt besonders stark gefährdet. Bei den Luftangriffen auf Bremen sind insgesamt 3.852 Menschen umgekommen. Hierbei sind die Kriegsgefangenen und KZ-Häftlinge, die in Bremen während des Krieges bei Luftangriffen getötet wurden, nicht mitgezählt.

Glasschäden am Diakonissenkrankenhaus an der Nordstraße
1. Luftangriff vom 18. Mai 1940

Auszüge aus der Bremen-Chronik

18. Mai 1940:
Erster Luftangriff auf Bremen. Es handelt sich um einen überraschenden Angriff. Fliegeralarm wird nicht gegeben. Die Flakstellungen um Bremen sind nur schwach besetzt. Englische Flugzeuge werfen 124 Spreng- und 79 Brandbomben. Der erste Bombenwurf erfolgt um 0.36 Uhr. Getroffen werden u.a. Häuser in der Bucht-, Bürger- und Sandstraße, das Diakonissenhaus und Schuppen im Überseehafen. Verluste: 16 Gefallene, 3 Schwer- und 52 Leichtverletzte. Entwarnung 3.20 Uhr.

19. Mai 1940:
Muttertag. 2. Luftangriff auf Bremen. Fliegeralarm 0.36 Uhr. 11 Sprengbomben werden geworfen. Verluste: 1 Gefallener, 3 Leichtverletzte. Entwarnung 3.33 Uhr. – Im Staatstheater Aufführung der Oper: »Die Meistersinger von Nürnberg« von Richard Wagner.

19. Juni 1940:
3. Luftangriff auf Bremen. Fliegeralarm 1.07 Uhr. Abwurf von 34 Spreng- und 14 Brandbomben, vornehmlich auf das Hafengebiet. Personen wurden nicht verletzt. Entwarnung 2.22 Uhr.

21. Juni 1940:
4. Luftangriff auf Bremen (erster Tagesangriff). Fliegeralarm 10.21 Uhr. 8 Spreng- und 12 Brandbomben, die von englischen Flugzeugen geworfen werden, richten leichten Schaden im Industriehafen an. Entwarnung 11.45 Uhr. Nachmittags überträgt der Rundfunk den Akt der Übergabe der deutschen Waffenstillstandsbedingungen an die französischen Unterhändler im Wald von Compiègne.

22. Juni 1940:
5. Luftangriff auf Bremen. Fliegeralarm: 0.27 Uhr. Bremen wird von mehreren Wel-

Schwestern räumen einen Krankensaal in der St.-Jürgen-Klinik auf
91. Luftangriff vom 4. Juni 1942

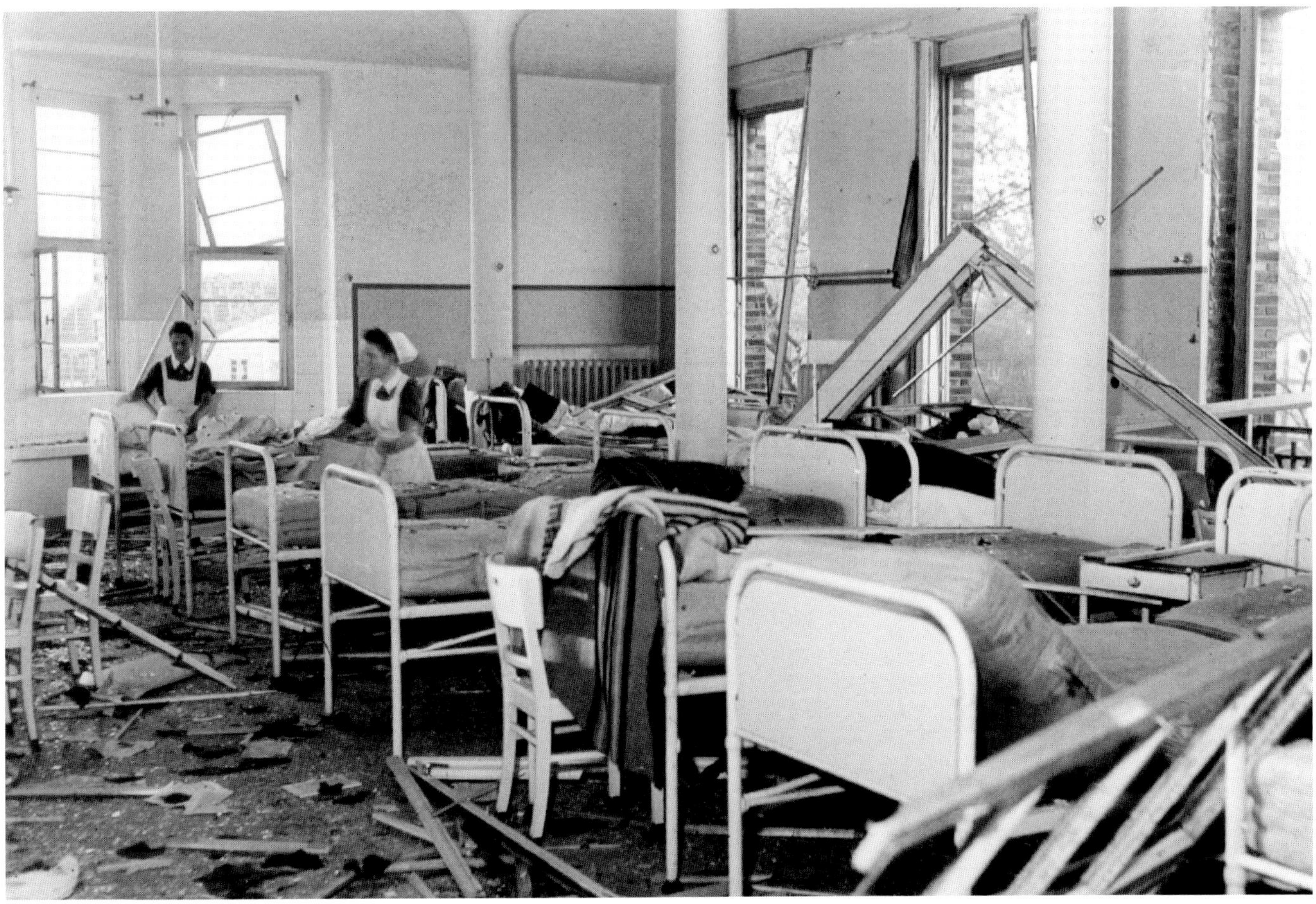

len englischer Flugzeuge mit insgesamt 24 Spreng- und 14 Brandbomben angegriffen. Zwei Zivilpersonen werden leicht verletzt. In der Südervorstadt entsteht geringer Sachschaden. Es herrscht heftige Flakabwehr und Scheinwerfertätigkeit. Entwarnung: 3.14 Uhr. – Um 18. 50 Uhr deutscher Sommerzeit wird im Wald von Compiègne der deutsch-französische Waffenstillstandsvertrag unterzeichnet.

25. Juni 1940:
6. Luftangriff auf Bremen. Fliegeralarm: 0.15 Uhr. Mehrere englische Flieger kreisen über der Stadt und werfen 7 Spreng- und 7 Brandbomben. Zwei Personen werden leicht verletzt. Entwarnung 2.44 Uhr. – Um 1.35 Uhr deutscher Sommerzeit tritt im Westen Waffenruhe ein. Der Rundfunk überträgt das alte militärische Signal »Das ganze Halt«, das Läuten der »Deutschen Glocke am Rhein« usw. Während dieser Zeit krachen unentwegt die Geschütze der bremischen Flak. Durch das Feuer sollen die über Bremen befindlichen englischen Flugzeuge vertrieben werden. Aus Anlaß der Beendigung des Krieges im Westen wird eine zehntägige Beflaggung und ein Läuten der Kirchenglocken für sieben Tage angeordnet.

Aufräumarbeiten nach dem 48. Luftangriff vom 12./13. März 1941

Rechts:
Nach der Sprengung eines Blindgängers
17. Luftangriff vom 22. Juli 1940, Außer der Schleifmühle

Unten:
Der Journalist der Bremer Nachrichten Wolfard spricht mit Ausgebombten
16. Luftangriff vom 20. Juli 1940

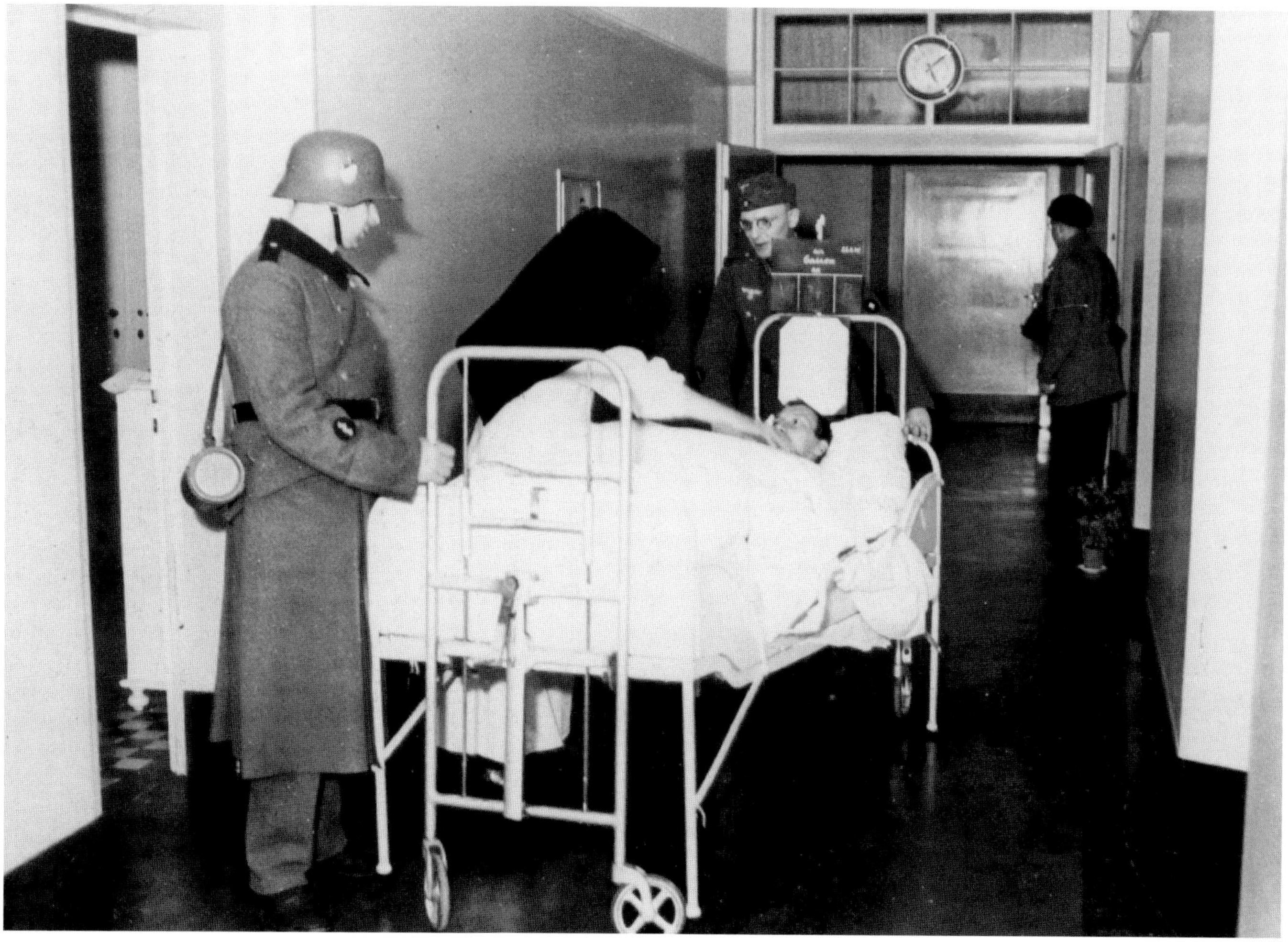

Rückführung von Patienten aus dem Luftschutzbunker, 61. Luftangriff vom 12. Mai 1941, St.-Joseph-Stift

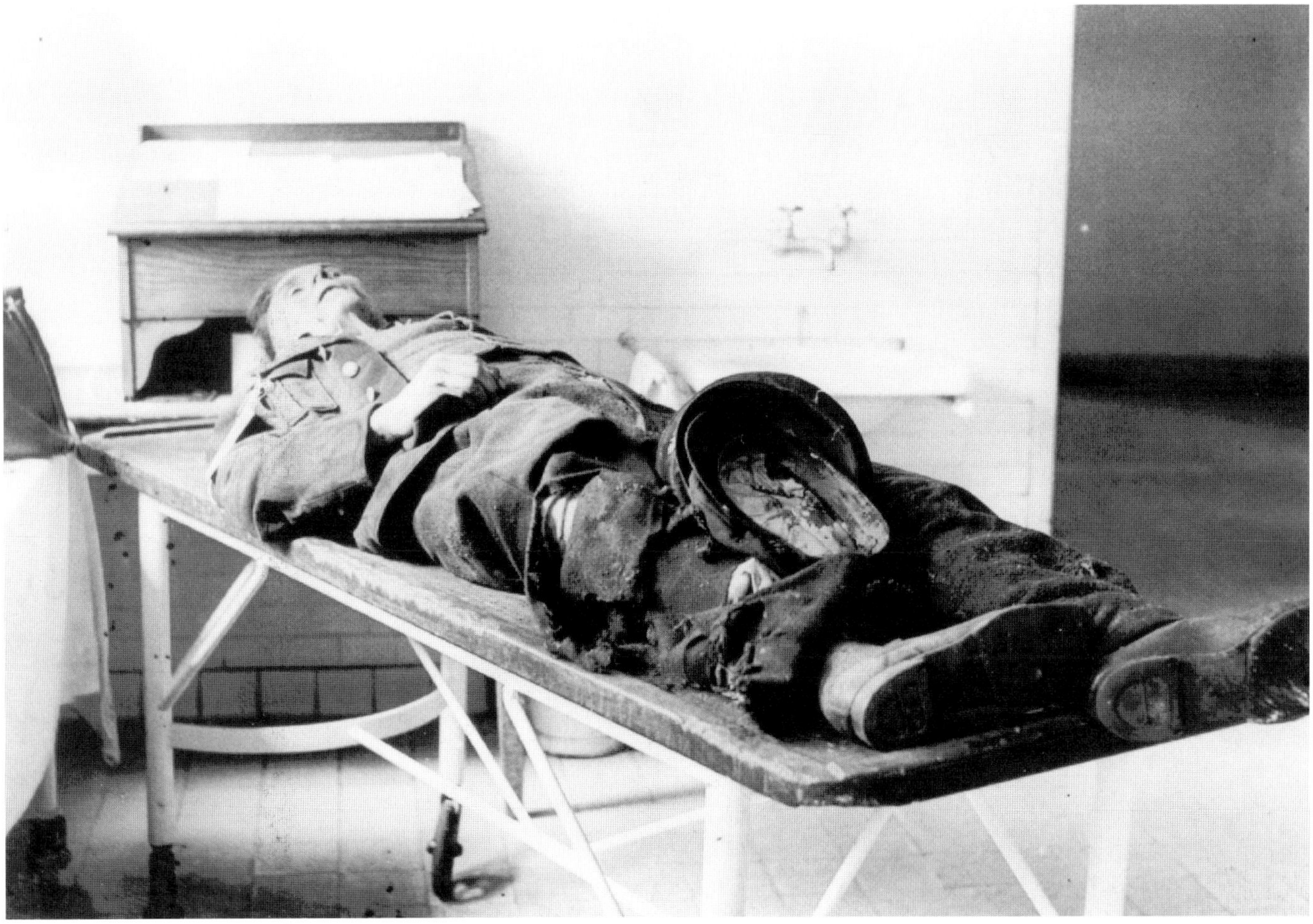

Leiche eines Reichsbahnbeamten in der Nähe der Klitzenburg, 1. Luftangriff auf Bremen vom 18. Mai 1940

Bau des Tiefbunkers am Domshof, Winter 1940/41

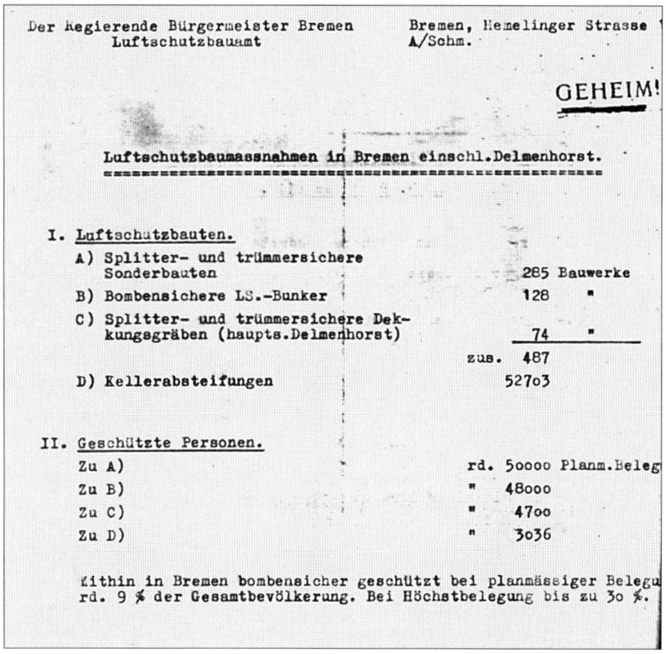

Der Regierende Bürgermeister Bremen
Luftschutzbauamt

Bremen, Hemelinger Strasse
A/Schm.

GEHEIM!

Luftschutzbaumassnahmen in Bremen einschl. Delmenhorst.

I. Luftschutzbauten.

A) Splitter- und trümmersichere Sonderbauten		285 Bauwerke
B) Bombensichere LS.-Bunker		128 "
C) Splitter- und trümmersichere Dekkungsgräben (haupts. Delmenhorst)		74 "
	zus.	487
D) Kellerabsteifungen		52703

II. Geschützte Personen.

Zu A)	rd.	50000 Planm.Beleg
Zu B)	"	48000
Zu C)	"	4700
Zu D)	"	3036

Mithin in Bremen bombensicher geschützt bei planmässiger Belegu
rd. 9 % der Gesamtbevölkerung. Bei Höchstbelegung bis zu 30 %.

Links:
Luftschutzbaumaßnahmen in Bremen
»Bei Höchstbelegung bis zu 30% geschützt«, Dezember 1942

Der Luftschutzleiter besichtigt die zerstörte Moorversuchsstation
42. Luftangriff vom 3. Januar 1941

PETER BÜSCHER & SOHN · MÜNSTER
HOCH- UND TIEFBAU- BETON- UND EISENBETONBAU
FERN-ANRUF: 403 54, STADT-ANRUF: 403 51 · GIROKONTO: REICHSBANK · POSTSCHECKKONTEN: HANNOVER 753 82, DORTMUND 372
DRAHTANSCHRIFT: BAUBÜSCHER
ZWEIGBÜROS: ESSEN-RUHR MARGARETENSTRASSE 6, FERNANRUF 219 77 — HANNOVER KÖNIGSTRASSE 31, FERNANRUF 250 33

Postanschrift des Absenders: PETER BÜSCHER & SOHN, MÜNSTER I. WESTF., AM HAVERKAMP 31

Baubüro: Bremen, Bleicherstr. 19/21
Ruf: 29060

Herrn
Baurat W o r t m a n n ,
B r e m e n

IHRE ZEICHEN: | IHRE NACHRICHT: | UNSER ZEICHEN: Ki./.- | TAG: den 21. August 1941

Aus Anlass der Fertigstellung verschiedener Bauwerke, die wir im Luftschutz-Sonderbau-Programm (Bunkerbau) für die Stadt Bremen bauten, beabsichtigen wir nunmehr ein

R i c h t f e s t

zu feiern.
Dasselbe findet

Donnerstag, am 28. August 1941, nachmittags 16,00 Uhr
P a r k h a u s (Bürgerpark)

statt, wozu wir Sie hirmit recht herzlich einladen.
Für die Ausschmückung des Festes ist durch die NS-Gemeinschaft "Kraft durch Freude" bestens gesorgt; auch soll es an musikalischer Unterhaltung nicht fehlen, denn diesen Teil hat eine F l a k - Kapelle übernommen, die es wohl fertig bringt, uns ein paar Stunden unsere Alltagssorgen vergessen zu lassen.
Da aber unsere Gäste und Gfm. nicht den ganzen Nachmittag mit leerem Magen den Darbietungen ect. folgen sollen, haben wir es ermöglicht, für etwas "Warmes" zu sorgen. Infolge der Rationierungen ist es uns allerdings nicht möglich, ganz auf die "Scheinchen" zu verzichten.
Wir bitten Sie daher heute schon, für den Donnerstag-Abend frdl.

50 gr. Fleisch- und 10 gr. Fettmarken

bereitzuhalten.
Damit wir bezl. des Essens disponieren können, erbitten wir Ihre gefl. Zusage bis zum 26.8.1941.
Für Ihr Erscheinen wären wir Ihnen verbunden und zeichnen mit

H e i l H i t l e r !
Peter Büscher & Sohn
Bremen

Einladung zum Bunker-Richtfest, August 1941

Oben:
Aufräumungsarbeiten in der Humboldtstraße 42. Luftangriff vom 3. Januar 1941
Links:
Zerstörter Luftschutzkeller Schopenhauerstraße 16. Luftangriff vom 20. Juli 1940

Ausgebombt – Umsiedlung ins Ausweichquartier, 39. Luftangriff vom 1./2. Januar 1941, Wilhelmstraße, Hemelingen

Luftschutzmaßnahmen in der Schule

Aus den Protokollen der Lehrerkonferenzen in der Schule Schmidtstraße

28. Juni 1940:
3. Luftschutz: Der Herr Schulvorsteher führt dazu aus, daß wir jetzt in den totalen Krieg eingetreten seien und deshalb der erweiterte Selbstschutz (Luftschutz-Maßnahmen für öffentliche Gebäude) voll in Tätigkeit träte. Herr F. ist stellvertretender Luftschutzwart. Bevor Herr M. zur Verteilung der Wachen kommt, gibt er eingehende Anweisungen über das Verhalten bei Fliegeralarm und dem Kollegium den dringenden Rat, sich die Gebäude genau anzusehen und sich mit dem Gebrauch der Luftschutzgeräte vertraut zu machen. Wenn geschossen wird (Flakgeschütze), ist Fliegeralarm. Herr F. macht dann Ausführungen über den Gebrauch und die Behandlung der Gasmasken, ferner über die Anwendung der Feuerspritzen, Löschapparate und der sonstigen Luftschutzgeräte. Im Anschluß verteilt Herr M. die (Brand-)Wachen.

3. Juli 1940:
1. Bevor der Brandmeister, Herr L., seinen Vortrag hält, gibt Herr F. bekannt, daß die Jungen der K 6 auch als Nachtwachen eingesetzt sind. Er bittet die wachhabenden Lehrer, das Verteilen der Wolldecken und Taschenlampen zu beaufsichtigen, für die Verdunkelung der Fenster zu sorgen sowie darauf zu achten, daß die Luftschutzgeräte nicht durcheinander gebracht werden. Zum Schluß weist Herr F. darauf hin, daß die Wache sich während des Alarms im Luftschutzkeller aufzuhalten hat; nach der Entwarnung muß sie einen Rundgang durch die Schule machen.
2. In seinem Vortrage zeigt der Herr Brandmeister L. englische Brandbomben und ihre Bekämpfung. Auf dem Spielhofe gibt Herr L. dann praktische Anleitungen zur Brandbekämpfung. Bei größeren Bränden gehen alle Meldungen über den Luftschutzabschnitt Ost (Tel. 21411). Kleinere Brandherde muß die Bevölkerung selbst bekämpfen.
3. Unter Anleitung von Herrn F. werden dann die Gasmasken ausprobiert und der Wintrich-Feuerlöschapparat gezeigt.

2. September 1940:
4. Alle Mitglieder des Kollegiums haben aufs neue dem Führer Treue zu geloben.

4. Oktober 1940:
2. Wenn zwischen 20 und 6 Uhr Fliegeralarm gewesen ist, fällt für die Klassen 1 bis 3 der Vormittagsunterricht aus, alle übrigen kommen um 10 Uhr. Es werden dann nur die wichtigsten Fächer durchgenommen.

11. Dezember 1940:
7. Anfragen von der Kirche sollen grundsätzlich nicht beantwortet werden. 8. Die Kinder sollen nochmals darauf aufmerksam gemacht werden, daß der Verkehr mit Kriegsgefangenen verboten ist. Ferner soll den Kindern gesagt werden, daß sie auf keinen Fall Blindgänger berühren. 10. Der

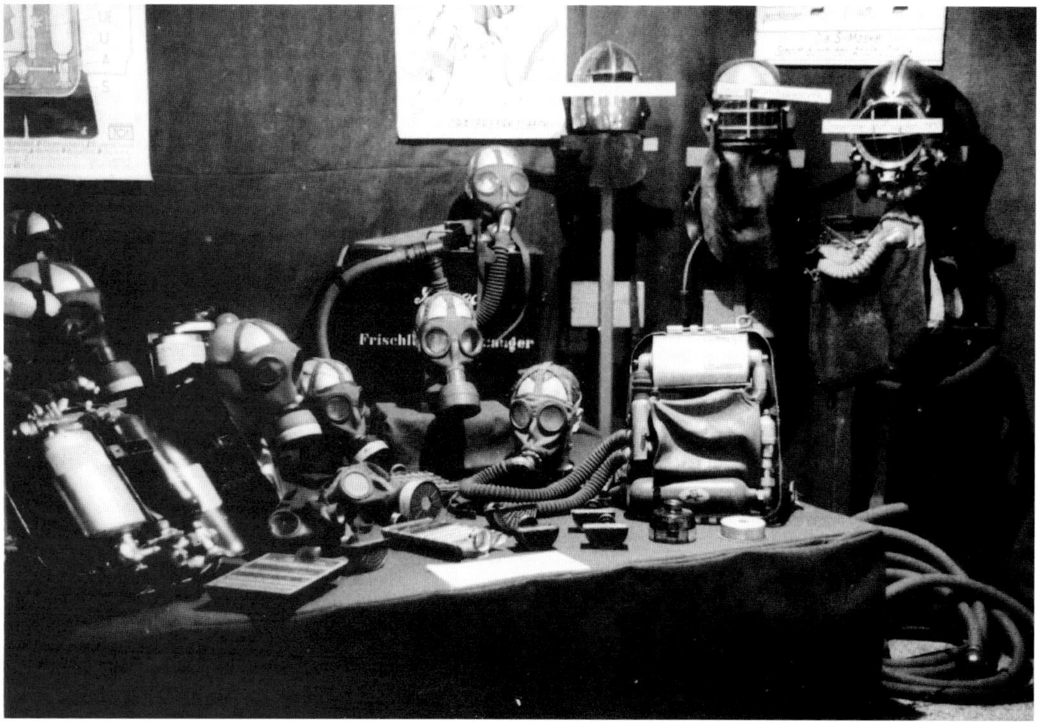

Ausstellung der Polizei zum Luftschutz in den Centralhallen 17.-29. April 1936

Führer hat großes Interesse daran, daß die Kinderlandverschickung der NSV (Nationalsozialistische Volkswohlfahrt) in diesem Jahre in viel größerem Umfange vor sich geht als sonst. Sie führt hauptsächlich nach Tirol, Kärnten und Steiermark, ist kostenlos und für die Dauer des Krieges in Aussicht genommen. Alle Mädchen und die Knaben bis zum 11. Jahre kommen in Familienpflege. Die Jungen vom 11. bis zum 14. Lebensjahre werden in Lagern untergebracht. Wenn Klassen geschlossen weggeschickt werden können, geht der Lehrer mit. HJ (Hitlerjugend), BDM (Bund deutscher Mädel) und NSV betreuen die Kinder. Ärzte und Pflegepersonal gehen auch mit. Für diese Verschickung sollen wir werben und Meldungen entgegennehmen. 11. Für Jugendliche, welche sich strafbar machen, gibt es jetzt Jugendarrest, der sich übers Wochenende, aber auch über Monate erstrecken kann. Außerdem können auch die Eltern zur Strafe herangezogen werden.

14. Oktober 1941:
Größte Sparsamkeit ist beim Heizen zu beachten. Bei Beginn des Unterrichts soll die Temperatur nicht mehr als 14 °C betragen, während des Unterrichts 16 °C. Um 11 Uhr sind die Luftklappen der Öfen zu öffnen, um ein Ausbrennen der Öfen bis 1 Uhr zu gewährleisten. Die Bedienung der Öfen durch die Schüler ist nicht gestattet… Die Altmaterialsammlung muß seitens der Klassen, die fast nichts geleistet haben, mit viel größerem Eifer betrieben werden. Die Schüler sollen nochmals zu erheblich gesteigerter Mitarbeit angeregt werden… In den einzelnen Klassen sollen Feststellungen gemacht werden, ob für die Schüler bei plötzlichem Alarm die Möglichkeit besteht, schnellstens nach Hause zu kommen. Ferner soll Nachfrage gehalten werden nach den in der Nähe wohnenden Schülern, die noch einen Kameraden mitbringen dürfen. Die Einwilligung der gastgebenden Eltern ist einzuholen.

9. Januar 1942:
Neu eintretende Kinder sind darüber zu belehren, was im Alarmfall zu geschehen hat. Die Brandwachen haben für genügende Abdunkelung zu sorgen. Im Alarmfall verlassen die Kinder nicht geschlossen das Schulgebäude. Ausreichende Aufsicht auf Fluren und Treppen hat für glatte Abwicklung zu sorgen.

Teile der Schulen werden als Ausländerlager eingerichtet; die dort Untergebrachten sind überwiegend beim Bunkerbau eingesetzt

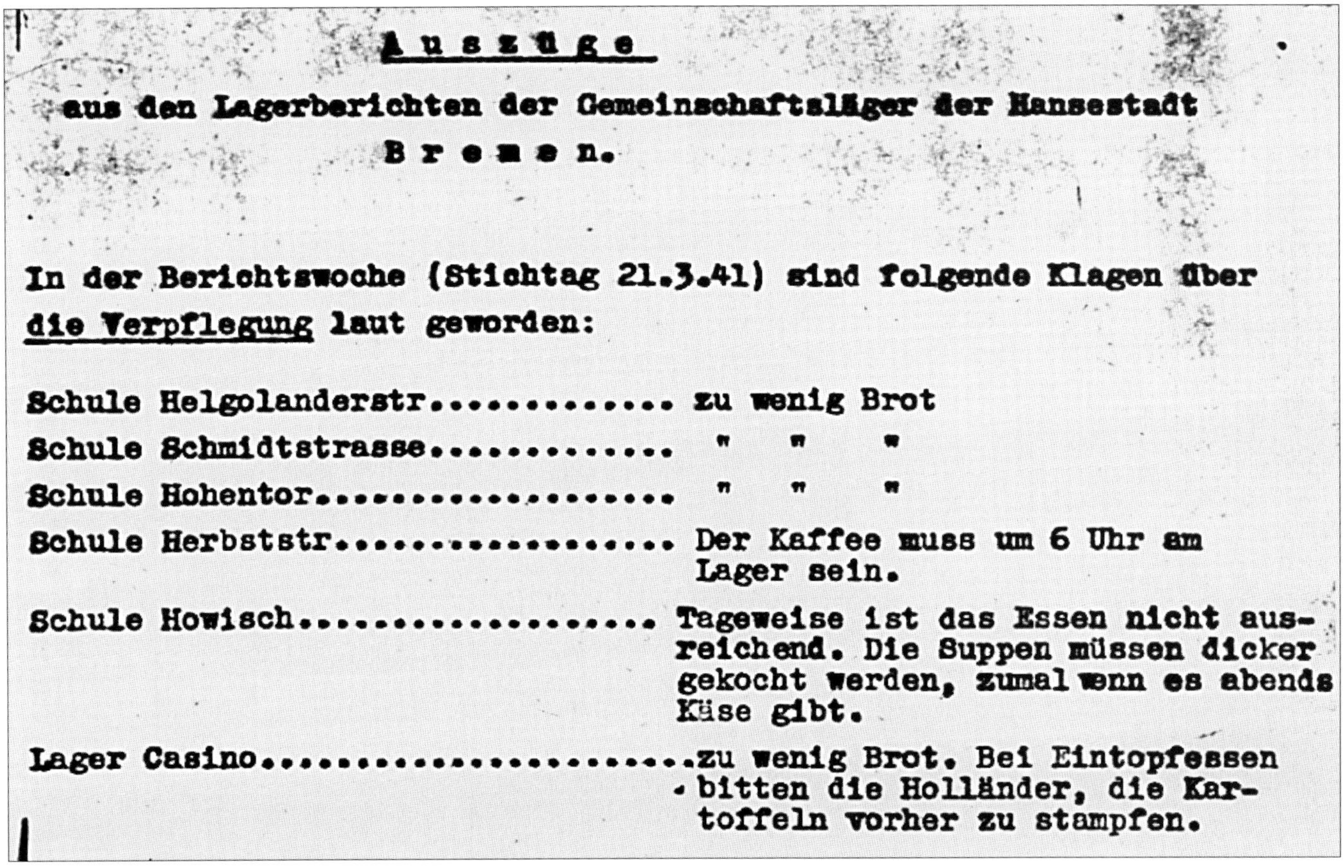

A u s z ü g e

aus den Lagerberichten der Gemeinschaftsläger der Hansestadt
B r e m e n.

In der Berichtswoche (Stichtag 21.3.41) sind folgende Klagen über die Verpflegung laut geworden:

Schule Helgolanderstr............. zu wenig Brot
Schule Schmidtstrasse............. " " "
Schule Hohentor................... " " "
Schule Herbststr.................. Der Kaffee muss um 6 Uhr am Lager sein.
Schule Howisch.................... Tageweise ist das Essen nicht ausreichend. Die Suppen müssen dicker gekocht werden, zumal wenn es abends Käse gibt.
Lager Casino......................zu wenig Brot. Bei Eintopfessen bitten die Holländer, die Kartoffeln vorher zu stampfen.

Verschärfter Luftkrieg: Bremen im zweiten Kriegsjahr (1940/41)

Auszüge aus der Bremen-Chronik

26. September 1940:
»Domshofbunker«: Die Vorarbeiten (Ausschachtungen usw.) werden in Angriff genommen.

29. September 1940:
Mehrere Tiefbunker sind in Bremen (in den Wallanlagen am Herdentor, am Ostertor, bei der Kunsthalle usw.) fertiggestellt worden.

4. Oktober 1940:
Zahlreiche Dienstverpflichtete, Arbeiter vom Westwall (Organisation Todt), Stamm- und Facharbeiter der verschiedenen Unternehmerfirmen und holländische Arbeiter sind zur Zeit mit der Herstellung der Luftschutzbunker in Bremen beschäftigt.

19. bis 27. Oktober 1940:
Kriegsbeute-Ausstellung zugunsten des Winterhilfswerks in der Börse.

2. Februar bis 2. März 1941:
Luftkriegsausstellung im »Museum« am Domshof.

8. März 1941:
Wunschkonzert für Bremens Soldatenfrauen in der »Glocke«.

16. April 1941:
56. Luftangriff: Fliegeralarm 23.07 Uhr. Abwurf von 37 Spreng- und 350 Brand-

Die verwüstete Klitzenburg, 56. Luftangriff vom 16./17. April 1941

Major Klatte besichtigt mit Stab die Einschlagstelle der Luftmine an der Klitzenburg

bomben. Entwarnung 4.10 Uhr. Anschließend wird ein Überraschungsangriff ausgeführt. Um 4.33 Uhr wird die erste Luftmine auf Bremen geworfen. Sie detoniert in der Straße Klitzenburg. Verluste: 20 Gefallene, 10 Schwer- und 83 Leichtverletzte.

Die erste Minenbombe auf Bremen

Während des Krieges sind ständig neue Arten von Bomben entwickelt worden: Splitterbomben, Brandbomben, Phosphorbomben, Stabbrandbomben, Flüssigkeitsbrandbomben, Kautschukbomben und andere. Die Wirkung dieser oft aus großer Höhe (ca. 10.000 m) abgeworfenen Bomben wurde durch die Massierung und Kombination unterschiedlicher Abwurfmittel immer verheerender. Während die Brandbomben nur die Dachgeschosse gefährdeten, schlugen die immer größeren Kaliber der Sprengbomben auch durch die oberen Stockwerke. Die seit 1941 geworfenen Luftminen, die beim Niedergehen einen heulenden Ton hervorriefen, ließen auch den in den Kellern sitzenden Menschen keine Chance zu überleben. Sie durchschlugen sämtliche Decken. Die Bremer Kinder, die nach den ersten Luftangriffen noch Bombensplitter gesucht hatten, um damit Tauschgeschäfte auszuführen, werden von diesen Bomben kaum noch Splitter gefunden haben. Die erste dieser Minenbomben ist am 16. April 1941 auf Bremen gefallen – zur gleichen Zeit also, als der letzte erfolgreiche »Blitzkrieg« – die Besetzung von Jugoslawien und Griechenland – im Gange war.

Nach dem Angriff.

Die Bevölkerung war trotz der gewaltigen Wirkung der an der Klitzenburg gefallenen Sprengbombe sehr gefaßt, verhielt sich ruhi und diszipliniert und leistete bei den Bergungsarbeiten, sowie bei Versorgung der Verletzten größtmöglichste Hilfe. Sie war auch spä als am Vormittag des 17.4.1941, bereits in einem großen Umfange an beschädigten ~~an den beschädigten~~ Häusern die Ausbesserungsarbeite sowie auch die Aufräumungsarbeiten an der Schadensstelle selbst i Angriff genommen wurden, äusserst zufrieden.

Anzahl und Art der abgeworfenen Bomben:
a) beim ersten Angriff:
23 Sprengbomben, davon 1 Blindgänger.
rd. loo Brandbomben.
b) beim zweiten Angriff:
1 Sprengbombe.

zu a) 3 Sprengbomben: Auf dem Grundstück des Bauern D.Gabade, Niederblockland Nr.25, geringer Gebäude-schaden.
3 Sprengbomben: Auf dem Grundstück des Bauern Bernhard Kö Niederblockland 24, leichter Gebäudeschade desgleichen am Hause Nr.23 .

Links:
Auszug aus den Luftschutzakten
Unten:
Auf der Suche nach Hausrat in den Trümmern der Klitzenburg

SHD-Leute (Sicherheits- und Hilfsdienst) bergen eine Leiche auf der Klitzenburg

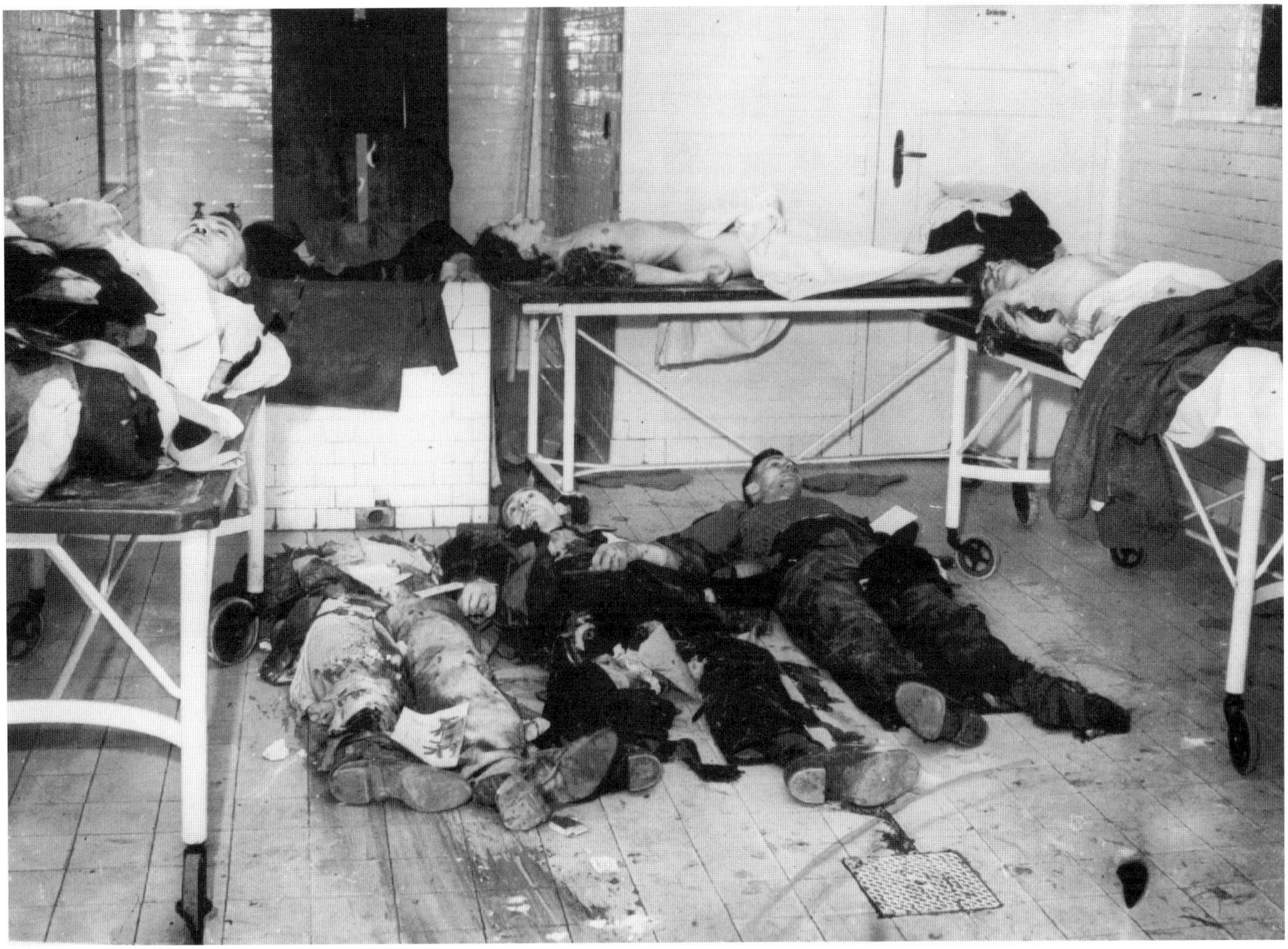

Sechs Tote in einer Leichensammelstelle, 39. Luftangriff vom 1./2. Januar 1941

Linke Seite oben:
Zerstörtes Bauernhaus in Gröpelingen, Wätjenstraße, 43. Luftangriff vom 4. Januar 1941
Linke Seite unten:
Siedlung Grolland nach dem 47. Luftangriff vom 11. Februar 1941

Kriegsalltag in Bremen

Marktstände vor dem eingemauerten Roland

Bremen im dritten Kriegsjahr

Auszüge aus der Bremen-Chronik:

22. Juni 1941:
In den frühen Morgenstunden verkündet der Rundfunk durch Reichsminister Dr. J. Goebbels eine Erklärung Adolf Hitlers über den Beginn des Krieges mit der Sowjetunion. Der Einmarsch erfolgt ohne Kriegserklärung. Italien, Finnland, Rumänien und Ungarn kämpfen auf deutscher Seite. Die Meldung wird von der bremischen Bevölkerung mit Bestürzung aufgenommen. Noch einige Tage vorher war in Bremen durch »Flüsterpropaganda« der NSDAP die Nachricht verbreitet worden, daß Generalissimus Stalin dem Dreimächtepakt beitreten und zur Unterzeichnung des Vertrages nach Berlin kommen würde.

6. Juli 1941:
Fußballspiel Schalke 04 – Werder Bremen vor über 20.000 Zuschauern in der Bremer Kampfbahn (Weser-Stadion). Das Spiel endet mit 4:2 für die Knappen.

13. Juli 1941:
Großveranstaltung der SA-Gruppe »Nordsee« unter dem Motto: »Wehrgeist gibt Wehrkraft«.

5. August 1941:
Kriegseinsatz der weiblichen Jugend. Die zum Reichsarbeitsdienst eingezogenen Mädchen werden nach Ableistung ihrer Arbeitsdienstpflicht auf weitere 6 Monate zum Kriegshilfsdienst verpflichtet.

9. September 1941:
Im Metropol-Theater Erstaufführung des Films »Stukas« (Sturzkampfflugzeuge).

19. September 1941:
Auf Anordnung der Geheimen Staatspolizei müssen Juden ab sofort an ihrer Kleidung auf der Brust deutlich sichtbar einen Davidstern tragen.

5. Oktober 1941:
Zur Tarnung des Hauptbahnhofsgebäudes gegen Luftangriffe wird in der Verlängerung der Bahnhofstraße eine große Holzkonstruktion aufgebaut, die eine Straße vortäuschen soll.

18. November 1941:
Rund 600 Juden aus Bremen werden von der Gestapo nach Minsk deportiert. Am 28. Juli 1942 werden 426 von ihnen dort ermordet.

Linke Seite: 126. Luftangriff vom 24. Juni 1944, Oslebshauser Landstraße
Unten: Tarnung des Hauptbahnhofs, 1942

Gestapo-Kurzbericht vom 28. März 1942 über die Stimmung in der Bevölkerung[20]

Geheim!
Die Stimmung in der Bevölkerung ist als ernst zu bezeichnen. Sie ist einmal bedingt durch die lange Kälteperiode und die fortschreitende Verknappung aller Lebensmittel und Bedarfsartikel, zum anderen durch die laufenden schweren Abwehrkämpfe im Osten und der damit verbundenen eigenen Verluste, die sich für die breite Masse in den täglichen Gefallenen-Anzeigen der Tagespresse am meisten auswirken. Hierdurch ist die Gesamtstimmung in allen Kreisen durch persönliche Sorgen völlig verdeckt, so daß die politischen und militärischen Ereignisse ohne besonderes Interesse hingenommen werden und selbst die gewaltigen Erfolge unserer U-Boote nur eine kurze und unbedeutende Auflockerung der Stimmung hervorrufen.

Rechts:
Bremer Zeitung vom 21. August 1942
Links unten:
Fotografierverbot 1941: Bombenschäden dürfen nicht mehr aufgenommen werden, um das Herausschmuggeln solcher Fotografien ins feindliche Ausland zu erschweren
Rechts unten:
Luftschutz-Notgepäck-Merkblatt von 1941: »Für evtl. längeren Aufenthalt Unterhaltungsspiele, Mundvorrat und Kinderspielzeug mitnehmen.«

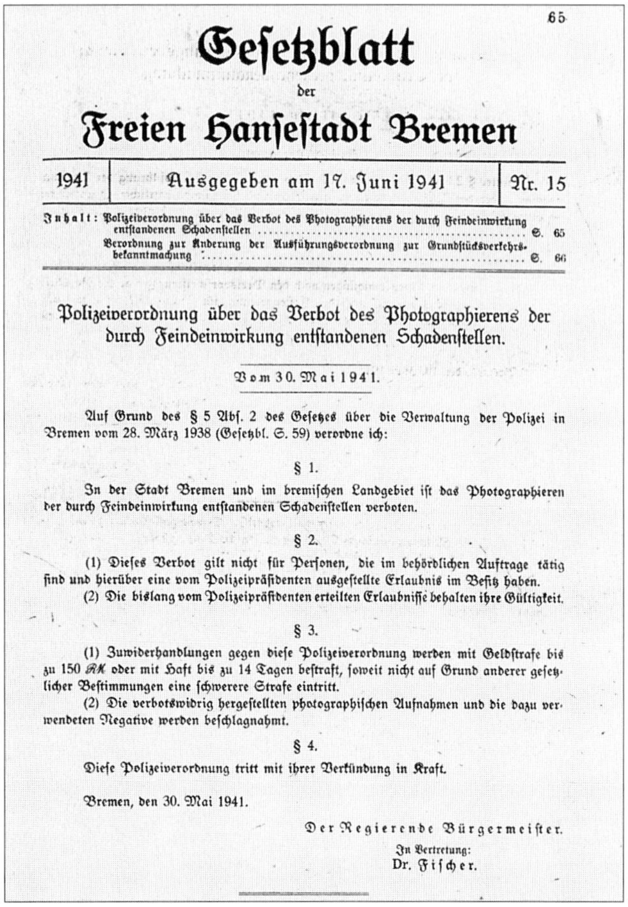

65

Gesetzblatt
der
Freien Hansestadt Bremen

1941 | Ausgegeben am 17. Juni 1941 | Nr. 15

Inhalt: Polizeiverordnung über das Verbot des Photographierens der durch Feindeinwirkung entstandenen Schadenstellen .... S. 65
Verordnung zur Änderung der Ausführungsverordnung zur Grundstücksverkehrsbekanntmachung .... S. 66

Polizeiverordnung über das Verbot des Photographierens der durch Feindeinwirkung entstandenen Schadenstellen.

Vom 30. Mai 1941.

Auf Grund des § 5 Abs. 2 des Gesetzes über die Verwaltung der Polizei in Bremen vom 28. März 1938 (Gesetzbl. S. 59) verordne ich:

§ 1.

In der Stadt Bremen und im bremischen Landgebiet ist das Photographieren der durch Feindeinwirkung entstandenen Schadenstellen verboten.

§ 2.

(1) Dieses Verbot gilt nicht für Personen, die im behördlichen Auftrage tätig sind und hierüber eine vom Polizeipräsidenten ausgestellte Erlaubnis im Besitz haben.
(2) Die bislang vom Polizeipräsidenten erteilten Erlaubnisse behalten ihre Gültigkeit.

§ 3.

(1) Zuwiderhandlungen gegen diese Polizeiverordnung werden mit Geldstrafe bis zu 150 RM oder mit Haft bis zu 14 Tagen bestraft, soweit nicht auf Grund anderer gesetzlicher Bestimmungen eine schwerere Strafe eintritt.
(2) Die verbotswidrig hergestellten photographischen Aufnahmen und die dazu verwendeten Negative werden beschlagnahmt.

§ 4.

Diese Polizeiverordnung tritt mit ihrer Verkündung in Kraft.

Bremen, den 30. Mai 1941.

Der Regierende Bürgermeister.
In Vertretung:
Dr. Fischer.

Begibst Du Dich bei Fliegeralarm in den Luftschutzraum?

Auf dem schnellsten Wege, das versteht sich ganz von selbst!
Aber auf keinen Fall in Pantoffeln oder gar im Nachthemd unterm Mantel!

Unterwäsche, Wäsche, Kleid, Anzug, Strümpfe, Schuhe, Mantel,

das alles ist vorsorglich bereitgelegt, und zwar immer die besten und solidesten Stücke. Da Du also nur hineinschlüpfen mußt, ist Zeit genug, Dich **vollständig** anzuziehen. Im Ernstfalle wirst Du erst den ungeheuren Wert dieser Maßnahme erkennen. Darum sorge auch sofort für Dein

Schutzraumgepäck.

In einem Handkoffer **mittlerer Größe** werden sachgemäß folgende Gegenstände verpackt:

Anzug, Kleid, Schuhe, Wäsche, Unterwäsche, Strümpfe,

Personalpapiere
Wertpapiere und Geld
Schmuckgegenstände
Lebensmittelkarten
Kleiderkarten
Streichhölzer
Kerzen

Thermosflasche mit warm. Getränk
Unzerbrechliches Eßgeschirr
Eßbesteck
Dreieckstuch
Verbandpäckchen
Hautentgiftungsmittel

Für Säuglinge und Kleinkinder:

Sauger
Trinkflasche mit Milch
Koch- und Eßgeschirr
Kocher mit Spiritus
Wäsche und Windeln

Für evtl. längeren Aufenthalt im Schutzraum:

Unterhaltungsspiele
Bücher und Zeitungen
Handarbeiten
Kinderspielzeug
Mundvorrat

Rechts:
In einer Schlachterei werden zerstörte Schaufenster mit Sperrholz gesichert
59. Luftangriff vom 9. Mai 1941
Unten:
Geretteter Hausrat in der Woltmershauser Straße
94. Luftangriff vom 30. Juni 1942

Das Ende des Vormarsches

Auszüge aus der Bremen-Chronik

11. Dezember 1941:
Deutsche Kriegserklärung an die USA. Der deutsche Angriff auf die Sowjetunion ist inzwischen zum Stehen gekommen. Die bis auf Sichtweite an Moskau herangerückten deutschen Verbände werden zum Rückzug gezwungen. Starke Kälteeinbrüche. Gegenangriffe der Roten Armee. Erste Wende des Kriegsgeschehens.

20. Dezember 1941:
Aufruf an die Bremer Bevölkerung: »Gebt warme Wintersachen für die Ostfront!« (Bis zum 12. Januar 300.000 Stück Wollsachen gesammelt.)

25. Januar 1942:
Vortrag des Generalintendanten des Weimarer Nationaltheaters, Reichskultursenator Dr. Ziegler in der »Glocke«. Thema: »Die Geniepersönlichkeit Adolf Hitlers«.

20. Februar 1942:
Trinkwasserversorgung. Für den Fall des Versagens der zentralen Wasserleitung infolge Kriegshandlungen sind Maßnahmen getroffen worden, um die Bevölkerung mit brauchbarem Not-Trinkwasser zu versorgen. In den verschiedenen Stadtvierteln stehen Kessel-, Röhren- oder Schlagbrunnen mit Pumpen zur Verfügung.

1. März 1942:
30. Aufführung der Wiener Ausstattungsrevue »Melodie der Liebe« in den Centralhallen.

Da der im Hochsommer begonnene »Spaziergang nach Moskau« höchstens drei bis vier Wochen dauern sollte, fehlte den Soldaten die Winterausrüstung

Sammlung von Woll- und Wintersachen für die Front
vom 27. Dezember 1941 bis 4. Januar 1942

Gebraucht werden:

Männer-Überschuhe: gefüttert oder mit Pelz ausgestattet.
Warme Wollsachen: Socken, Strümpfe, Westen, Unterjacken, Pullover.
Wollenes Unterzeug: Unterhemden, Unterhosen, Leibbinden, Brust- und Lungenschützer, jede Art von Kopfschützern, Ohrenschützern, Pulswärmer und Kniewärmer.
Pelze: Pelzjacken, Pelzwesten, Männer-Pelzstiefel jeder Art und Größe, Pelzmützen, Felle jeder Art.
Decken: Woll- und Pelzdecken, Wagendecken.
Handschuhe: dicke, warme, vor allem pelzgefütterte Lederhandschuhe, Strickhandschuhe, wollene Fäustlinge.
Gewünscht werden ferner: Gesteppte oder gefütterte Unterwesten, Wollschäle und überhaupt alles, was dazu dienen kann, den Kampf gegen die Winterkälte erfolgreich zu führen.

Alle Pelzsachen werden dringend benötigt und sind deshalb doppelt willkommen.
Die Sachen müssen gebrauchsfähig sein, da an der Front die Möglichkeiten zu Reparaturen nicht gegeben sind.
Haltet die Sachen bereit! Es wird gebeten, alle bis zum 4. Januar noch nicht abgeholten Sachen bei der nächsten Sammelstelle abzugeben. Sammelstelle: ....

26. April 1942:
Der Rundfunk überträgt aus dem Reichstag in Berlin eine Rede des Führers und Reichskanzlers Adolf Hitler. Nach einem ausführlichen Referat verlangt er vom Reichstag, ihm unbeschränkte Vollmachten in seiner Eigenschaft als Führer der Nation, als oberster Befehlshaber der Wehrmacht, als Regierungschef und oberster Inhaber der vollziehenden Gewalt, als oberster Gerichtsherr und als Führer der Partei zu erteilen. Ausgestattet mit dieser Befugnis, will Hitler in Zukunft nötigenfalls jeden Deutschen mit allen ihm geeignet erscheinenden Mitteln zur Erfüllung seiner Pflichten ohne Rücksicht auf sogenannte wohlerworbene Rechte mit der ihm gebührenden Sühne belegen, ihn im besonderen ohne Einleitung vorgeschriebener Verfahren aus seinem Amt, aus seinem Rang und seiner Stellung entfernen. Der Reichstag bestätigt durch Erheben von den Sitzen das vorgetragene Ersuchen.

7. Mai 1942:
Die Mindestarbeitszeit für die Beamten bei den bremischen Behörden wird auf 53 Stunden wöchentlich festgesetzt. (Für die Arbeiter gilt dies schon lange.)

18. Mai 1942:
Auch in Bremen werden die Bronzedenkmäler für die »Metallmobilmachung« angefordert.

26. Juni 1942:
92. Luftangriff auf Bremen. Das gesamte Parzellengelände auf dem Stadtwerder wird gesperrt, da dort an zahlreichen Stellen Phosphor-Kautschuk-Brandbomben geworfen worden sind. (Nach »Entgiftung« am 30. Juni 1942 wieder freigegeben.)

3. Juli 1942:
95. Luftangriff: Durch Volltreffer einer 1000-Pfund-Bombe wird die Decke des sog. »bombensicheren« Hochbunkers an der Wilhelm-Wolters-Straße durchschlagen. Verluste: 5 Gefallene, 9 Schwer- und 39 Leichtverletzte. – Aufklärungsaktion der Deutschen Reichsbahn unter dem Motto »Räder müssen rollen für den Sieg!«

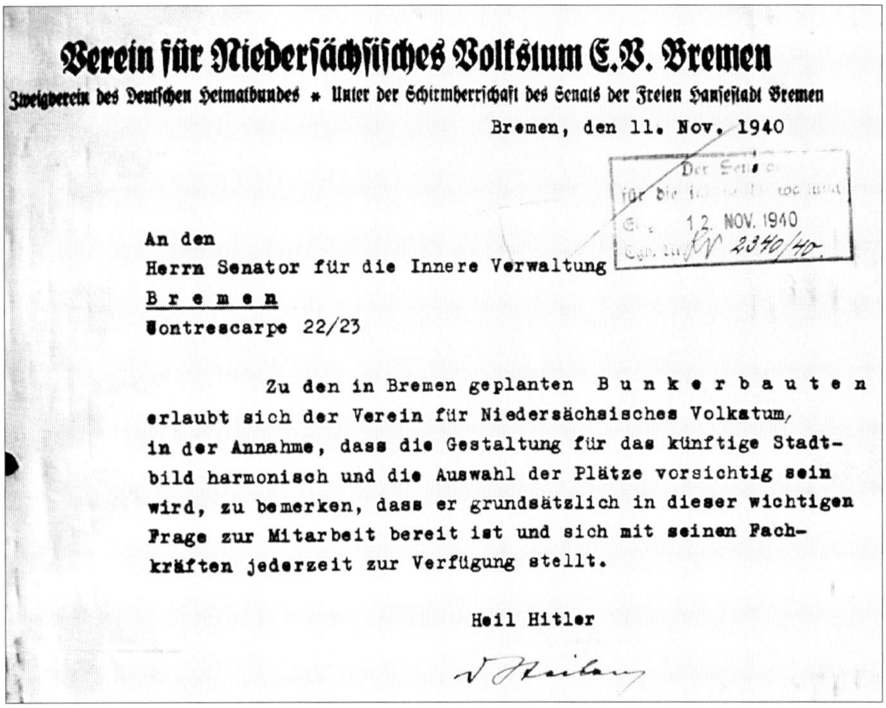

Verein für Niedersächsisches Volkstum E.V. Bremen

Zweigverein des Deutschen Heimatbundes • Unter der Schirmherrschaft des Senats der Freien Hansestadt Bremen

Bremen, den 11. Nov. 1940

12. NOV. 1940
2340/40

An den
Herrn Senator für die Innere Verwaltung
B r e m e n
Contrescarpe 22/23

Zu den in Bremen geplanten B u n k e r b a u t e n erlaubt sich der Verein für Niedersächsisches Volkstum, in der Annahme, dass die Gestaltung für das künftige Stadtbild harmonisch und die Auswahl der Plätze vorsichtig sein wird, zu bemerken, dass er grundsätzlich in dieser wichtigen Frage zur Mitarbeit bereit ist und sich mit seinen Fachkräften jederzeit zur Verfügung stellt.

Heil Hitler

Der Verein »Niedersächsisches Volkstum« fordert eine »harmonische Einfügung der Bunker in das Stadtbild«, November 1940

Warnschild in der Admiralstraße, September 1942

Blindgänger werden beseitigt, Gröpelingen

12. Juli 1942:
Die Bevölkerung wird abermals darauf hingewiesen, daß Flugblätter, die von feindlichen Flugzeugen abgeworfen werden, sofort bei der nächsten Polizeidienststelle abgeliefert werden müssen. – In Zukunft ist jeder private Fernsprechverkehr bei einem Fliegeralarm in der Zeit vom Ertönen des Warnsignals »Fliegeralarm« oder bei Flakbeschuß bis 2 Stunden nach der Entwarnung untersagt.

16. Juli 1942:
Die Kriegssachschäden an Wohn- und Geschäftshäusern werden in Zukunft durch Instandsetzung beseitigt, d. h. es wird kein Schadensersatz in Geld geleistet.

22. Juli 1942:
Roland: Da die bisherige Holzverkleidung zu wenig Schutz gegen Fliegerbomben bietet, wird eine bombensichere Ummauerung des Standbilds in Oldenburger Klinkern ausgeführt.

31. August 1942:
Etwa 200 weitere Juden werden von der Gestapo aus Bremen nach Theresienstadt deportiert.

2. September 1942:
Besuch des »Reichsführers SS« H. Himmler in Bremen.

15. Oktober 1942:
An der Stirnseite des Hauptbahnhofs in Bremen ist folgender Satz in großen Buchstaben angebracht worden: »Erst siegen, dann reisen!«

21. Oktober 1942:
Der Freimarkt muß wegen des Krieges auch in diesem Jahre ausfallen.

21. November 1942:
Erlaß einer Polizeiverordnung über den Feuerschutz der Treppenhäuser. Zur Verhütung von Brandschäden sind während des Krieges die Läufer, Gardinen und andere leicht brennbare Gegenstände aus den Treppenhäusern zu entfernen.

3. Dezember 1942:
Das Luftgaukommando hat angeordnet, daß bei öffentlicher Luftwarnung oder Fliegeralarm auch außerhalb der gesetzlichen Verdunkelungszeit in der Dämmerung sofort zu verdunkeln oder die Beleuchtung abzuschalten ist.

6. Dezember 1942:
Das Nikolaussingen ist auch in diesem Jahre verboten.

29. Dezember 1942:
Während der Weihnachtszeit wurden in Bremen mindestens 30.000 Kaninchen geschlachtet.

Rund um den Roland

Reichsführer SS Himmler in Bremen

Der Reichsführer SS und Chef der Deutschen Polizei Himmler traf gestern um 15.30 Uhr, von Osnabrück kommend, in Bremen ein, nachdem er am Vortage Düsseldorf einen Besuch abgestattet hatte. Der Reichsführer wurde im Rathaus von Polizeipräsident Generalmajor Schroers begrüßt; bei seinem Empfang waren anwesend Gauleiter Reichsstatthalter Wegener, SS-Obergruppenführer Gauleiter Lauterbacher, SS-Obergruppenführer Querner, General der Polizei Lyschen und selbstverständlich der Regierende Bürgermeister SA.-Obergruppenführer Böhmcker sowie der Hoheitsträger des Kreises Bremen, Kreisleiter Blanke. Generalmajor Schroers erstattete dem Reichsführer eingehend Bericht über Bombenschäden und Luftschutz in Bremen. Anschließend besichtigte Reichsführer SS Himmler, in dessen Begleitung sich SS-Obergruppenführer Wolff und der Kommandierende General unseres Luftgaues, Wolf, befanden, eine Befehlsstelle der Flak. Um 19 Uhr verließ der Reichsführer wieder unsere Stadt.

Produktion umgestellt

Im Ratskeller wird gefeiert, Juni 1943

Nachrichten vom Feindsender

Aus einer Rundfunkansprache von Thomas Mann, ausgestrahlt von der BBC am 27. September 1942

»Deutsche Hörer!
Man wüßte gern, wie ihr im stillen von der Aufführung derer denkt, die in der Welt für euch handeln. Die Juden-Greuel in Europa zum Beispiel – wie euch dabei als Menschen zumute ist, das möchte man euch wohl fragen. Ihr steht immer weiter zu Hitlers Krieg und ertragt das Äußerste aus Furcht vor dem, was die Niederlage bringen würde: vor der Rache der mißhandelten Nationen Europas an allem, was deutsch ist. ...

Was sind das für Menschen, für Ungeheuer, die des Schändens nie satt werden, denen jedes Elend, das sie den Juden zufügten, nur immer ein Anreiz war, sie in noch erbarmungloseres Elend zu stoßen. ... Auf keiner Stufe machte die Quälsucht halt. Jetzt ist man bei der Vernichtung, dem maniakalischen Entschluß zur völligen Austilgung der europäischen Judenschaft angelangt. ›Es ist unser Ziel‹, hat Goebbels in einer Radio-Rede gesagt, ›die Juden auszurotten. Ob wir siegen oder geschlagen werden, wir müssen und werden dieses Ziel erreichen. Sollten die deutschen Heere zum Rückzug gezwungen werden, so werden sie auf ihrem Wege den letzten Juden von der Erde vertilgen.‹

Kein vernunftbegabtes Wesen kann sich in den Gedankengang dieser verjauchten Gehirne versetzen. Wozu? fragt man sich. Warum? Wem ist damit gedient? Wird irgend jemand es besser haben, wenn die Juden vernichtet sind? Hat der unselige Lügenbold sich am Ende selber eingeredet, der Krieg sei vom ›Weltjudentum‹ angezettelt worden, es sei ein Judenkrieg und werde für und gegen die Juden geführt? Glaubt er, das ›Weltjudentum‹ werde vor Schrecken den Krieg gegen die Nazis untersagen, wenn es erfährt, daß deren Untergang den Untergang des letzten Juden in Europa bedeuten würde? ...

Ich glaube ja freilich, daß die zurückflutenden deutschen Heere an anderes zu denken haben werden als an Pogrome. Aber bis sie geschlagen sind, ist es irrsinniger Ernst mit der Ausrottung der Juden. Das Ghetto von Warschau, wo fünfhunderttausend Juden aus Polen, Österreich, Tschechoslowakien und Deutschland in zwei Dutzend elende Straßen zusammengepfercht worden sind, ist nichts als eine Hunger-, Pest- und Todesgrube, aus der Leichengeruch steigt. Fünfundsechzigtausend Menschen sind dort in *einem* Jahr, dem vorigen, gestorben. Nach den Informationen der polnischen Exil-Regierung sind alles in allem bereits siebenhunderttausend Juden von der Gestapo ermordet oder zu Tode gequält worden, wovon siebzigtausend allein auf die Region von Minsk in Polen entfallen.

Wißt ihr Deutsche das? Und wie findet ihr es? Im unbesetzten Frankreich wurden kürzlich dreitausendsechshundert Juden den unterschiedlichen Konzentrationslagern entnommen und nach dem Osten verfrachtet. Bevor sich der Todeszug in Bewegung setzte, begingen dreihundert Menschen Selbstmord. Nur Kinder von fünf Jahren und aufwärts durften bei ihren Eltern bleiben; die kleineren überließ man ihrem Schicksal. Im französischen Volk hat das viel böses Blut gemacht. Und wie steht es, Deutsche, mit euerem Blut?

In Paris wurden binnen weniger Tage sechzehntausend Juden zusammengetrieben, in Viehwagen verladen und abtransportiert. Wohin? Das weiß der deutsche Lokomotivführer, von dem man sich in der Schweiz erzählt. Er ist dorthin entflohen, weil er mehrmals Züge voller Juden zu fahren hatte, die auf offener Strecke hielten, hermetisch verschlossen und dann durchgast wurden. Der Mann hatte es nicht mehr ausgestanden.

Aber seine Erfahrungen sind keineswegs außerordentlich. Ein genauer und authentischer Bericht liegt vor über die Tötung von nicht weniger als elftausend polnischen Juden mit Giftgas. Sie wurden auf ein besonderes Exekutionsfeld bei Konin im Distrikt Warschau gebracht, in luftdicht verschlossene Wagen gesteckt und binnen einer Viertelstunde in Leichen verwandelt. Man hat die eingehende Beschreibung des ganzen Vorgangs, der Schreie und Gebete der Opfer und des gutmütigen Gelächters der SS-Hottentotten, die den Spaß zur Aufführung brachten.

Und da wundert ihr Deutschen euch, entrüstet euch sogar darüber, daß die zivilisierte Welt beratschlagt, mit welchen Erziehungsmethoden aus den deutschen Generationen, deren Gehirne vom Nationalsozialismus geformt sind, aus moralisch völlig begriffslosen und mißgebildeten Killern also, Menschen zu machen sind?«

aus: Thomas Mann, Reden und Aufsätze, Bd. II (Stockholmer Gesamtausgabe) 1965, S. 236ff.

EIN DEUTSCHES FLUGBLATT

DIES ist der Text eines deutschen Flugblatts, von dem ein Exemplar nach England gelangt ist. Studenten der Universität München haben es im Februar dieses Jahres verfasst und in der Universität verteilt. Sechs von ihnen sind dafür hingerichtet worden, andere wurden eingesperrt, andere strafweise an die Front geschickt. Seither werden auch an allen anderen deutschen Universitäten die Studenten „ausgesiebt". Das Flugblatt drückt also offenbar die Gesinnungen eines beträchtlichen Teils der deutschen Studenten aus.

Aber es sind nicht nur die Studenten. In allen Schichten gibt es Deutsche, die Deutschlands wirkliche Lage erkannt haben ; Goebbels schimpft sie „die Objektiven". Ob Deutschland noch selber sein Schicksal wenden kann, hängt davon ab, dass diese Menschen sich zusammenfinden und handeln. Das weiss Goebbels, und deswegen beteuert er krampfhaft, „dass diese Sorte Mensch zahlenmässig nicht ins Gewicht fällt". Sie sollen nicht wissen, wie viele sie sind.

Wir werden den Krieg sowieso gewinnen. Aber wir sehen nicht ein, warum die Vernünftigen und Anständigen in Deutschland nicht zu Worte kommen sollen. Deswegen werfen die Flieger der RAF zugleich mit ihren Bomben jetzt dieses Flugblatt, für das sechs junge Deutsche gestorben sind, und das die Gestapo natürlich sofort konfisziert hat, in Millionen von Exemplaren über Deutschland ab.

Manifest der Münchner Studenten

Erschüttert steht unser Volk vor dem Untergang der Männer von Stalingrad. 330.000 deutsche Männer hat die geniale Strategie des Weltkriegsgefreiten sinn- und verantwortungslos in Tod und Verderben gehetzt. Führer, wir danken Dir !

Es gärt im deutschen Volk. Wollen wir weiter einem Dilettanten das Schicksal unserer Armeen anvertrauen ? Wollen wir den niedrigsten Machtinstinkten einer Parteiclique den Rest der deutschen Jugend opfern ? Nimmermehr!

Der Tag der Abrechnung ist gekommen, der Abrechnung unserer deutschen Jugend mit der verabscheuungswürdigsten Tyrannei, die unser Volk je erduldet hat. Im Namen des ganzen deutschen Volkes fordern wir von dem Staat Adolf Hitlers die persönliche Freiheit, das kostbarste Gut der Deutschen zurück, um das er uns in der erbärmlichsten Weise betrogen hat.

In einem Staat rücksichtsloser Knebelung jeder freien Meinungsäußerung sind wir aufgewachsen.

Manifest der Münchner Studenten

Fortsetzung

HJ, SA und SS haben uns in den fruchtbarsten Bildungsjahren unseres Lebens zu uniformieren, zu revolutionieren, zu narkotisieren versucht. Weltanschauliche Schulung hieß die verächtliche Methode, das aufkeimende Selbstdenken und Selbstwerten in einem Nebel leerer Phrasen zu ersticken. Eine Führerauslese, wie sie teuflischer und zugleich bornierter nicht gedacht werden kann, zieht ihre künftigen Parteibonzen auf Ordensburgen zu gottlosen, schamlosen und gewissenlosen Ausbeutern und Mordbuben heran, zur blinden, stupiden Führergefolgschaft. Wir „Arbeiter des Geistes" wären gerade recht, dieser neuen Herrenschicht den Knüppel zu machen.

Frontkämpfer werden von Studentenführern und Gauleiteraspiranten wie Schulbuben gemaßregelt, Gauleiter greifen mit geilen Späßen den Studentinnen an ihre Ehre. Deutsche Studentinnen haben an der Münchner Hochschule auf die Besudelung ihrer Ehre eine würdige Antwort gegeben, deutsche Studenten haben sich für ihre Kameradinnen eingesetzt und standgehalten. Das ist ein Anfang zur Erkämpfung unserer freien Selbstbestimmung, ohne die geistige Werte nicht geschaffen werden können. Unser Dank gilt den tapferen Kameradinnen und Kameraden, die mit leuchtendem Beispiel vorangegangen sind.

Es gibt für uns nur eine Parole: **Kampf gegen die Partei ! Heraus aus den Parteigliederungen,** in denen man uns politisch weiter mundtot machen will ! Heraus aus den Hörsälen der SS-Unter- und Oberführer und Parteikriecher ! Es geht uns um wahre Wissenschaft und echte Geistesfreiheit ! Kein Drohmittel kann uns schrecken, auch nicht die Schließung unserer Hochschulen. Es gilt den Kampf jedes einzelnen von uns um unsere Zukunft, unsere Freiheit und Ehre in einem seiner sittlichen Verantwortung bewußten Staatswesen.

Freiheit und Ehre ! Zehn Jahre lang haben Hitler und seine Genossen die beiden herrlichen deutschen Worte bis zum Ekel ausgequetscht, abgedroschen, verdreht, wie es nur Dilettanten vermögen, die die höchsten Werte einer Nation vor die Säue werfen. Was ihnen Freiheit und Ehre gilt, das haben sie in zehn Jahren der Zerstörung aller materiellen und geistigen Freiheit, aller sittlichen Substanz im deutschen Volk genugsam gezeigt. Auch dem dümmsten Deutschen hat das furchtbare Blutbad die Augen geöffnet, das sie im Namen von Freiheit und Ehre der deutschen Nation in ganz Europa angerichtet haben und täglich neu anrichten. Der deutsche Name bleibt für immer geschändet, wenn nicht die deutsche Jugend endlich aufsteht, rächt und sühnt zugleich, seine Peiniger zerschmettert und ein neues, geistiges Europa aufrichtet.

Studentinnen! Studenten! Auf uns sieht das deutsche Volk. Von uns erwartet es, so wie in 1813 die Brechung des napoleonischen, so 1943 des nationalsozialistischen Terrors aus der Macht des Geistes. Beresina und Stalingrad flammen im Osten auf, die Toten von Stalingrad beschwören uns : Frisch auf, mein Volk, die Flammenzeichen rauchen!

Unser Volk steht im Aufbruch gegen die Verknechtung Europas durch den Nationalsozialismus, im neuen gläubigen Durchbruch von Freiheit und Ehre!

Von den Alliierten reproduziertes Flugblatt der »Weißen Rose«, über Bremen abgeworfen

Oben links:
Ein abgefangener britischer Störballon
Oben rechts:
Deichschäden an der kleinen Weser, 62. Luftangriff vom 19. Juni 1941
Rechte Seite:
Aufräumarbeiten auf der Humboldtstraße, 42. Luftangriff vom 3. Januar 1941

Phosphorbomben, Vorläufer von Napalm 92. Luftangriff vom 26. Juni 1942

Phosphor-Reste an den Schuhen können sich selbst entzünden. An öffentlichen Reinigungsstellen wird der Phosphor entfernt

Kinder in der Bleicherstraße, Mai 1941

Bewohner in der zerstörten Delmenhorster Straße 94. Luftangriff vom 30. Juni 1942

Die ehemalige »Straße der SA« in Aumund 82. Luftangriff vom 21. Oktober 1941

Rechts:
»Büro bis auf weiteres umgezogen«
September 1942
Unten:
Geretteter Hausrat auf der Neuenlander Straße, Heimaturlauber
103. Luftangriff vom 14. September 1942

Bergung einer Leiche in der Hamburger Straße
64. Luftangriff vom 28. Juni 1941

Auf der Germania Brauerei bergen Arbeiter Gerste
42. Luftangriff vom 3. Januar 1941
Rechte Seite:
Blick auf die ausgebrannte Johannis-Kirche im Schnoor
92. Luftangriff vom 26. Juni 1942

Spielzeug

Auszug aus einem Bericht der Luftschutzpolizei vom 26. Juni 1942[21]

Es ist typisch, daß bei Schadensstellen in der Nähe von Bunkern und öffentlichen Luftschutzräumen – eben weil die Anwohner die Schutzräume aufgesucht hatten – die heftigsten Schäden entstanden. Ein großer Teil der Totalverluste hätte vermieden werden können, wenn die Einschläge der Brandbomben rechtzeitig erkannt worden wären … Es ist daher dringend erforderlich, in dem Aufsuchen von Luftschutzräumen Einschränkungen auf Frauen, Kinder und gebrechliche Personen durchzuführen. Es ist nicht angängig, daß bei derartigen Notständen einsatzfähige Männer die Luftschutzräume aufsuchen.

Auszug aus einem Bericht der Luftschutzpolizei Bremen, Abschnitt Nord, vom 6. September 1942[22]

Verhalten der Bevölkerung während des Angriffs: Die Bevölkerung wurde zunächst durch die Wucht des Angriffs, der rund eine halbe Stunde (von 2.52 bis 3.23) dauerte, stark erschüttert, faßte sich aber schnell wieder und ging nach Überwindung des ersten Schreckens, trotz des Flak-Beschusses und weiterer Bombenabwürfe, überall sofort an die Bekämpfung der aufkommenden Brände.
Nach dem Angriff: Die Schutzräume entleerten sich in Ruhe und Ordnung. Die Bevölkerung verhielt sich sehr diszipliniert und zeigte eine gefaßte Haltung. Ein Klagen und Jammern ist nirgends bemerkt worden… Neugierige, die sich bei Großschadensstellen immer noch ansammeln, wurden rücksichtslos entfernt bzw. mit zu den Aufräumungsarbeiten u.a. eingesetzt. Weigerungsfälle sind hierbei nicht eingetreten.

»Sicherheits- und Hilfsdienst« SHD baut einen Splittergraben

Rechts:
General Wolff besichtigt einen getroffenen Luftschutzbunker in der Hermannstraße. 66 Tote, 33 Verletzte und 15 Vermißte
112. Luftangriff vom 13. Juni 1943
Unten:
Volltreffer im »bombensicheren« Hochbunker in der Wilhelm-Wolters-Straße
67. Luftangriff vom 3. Juli 1941

Strafgefangene beseitigen mit bloßen Händen Schutt in den Städtischen Krankenanstalten St. Jürgen

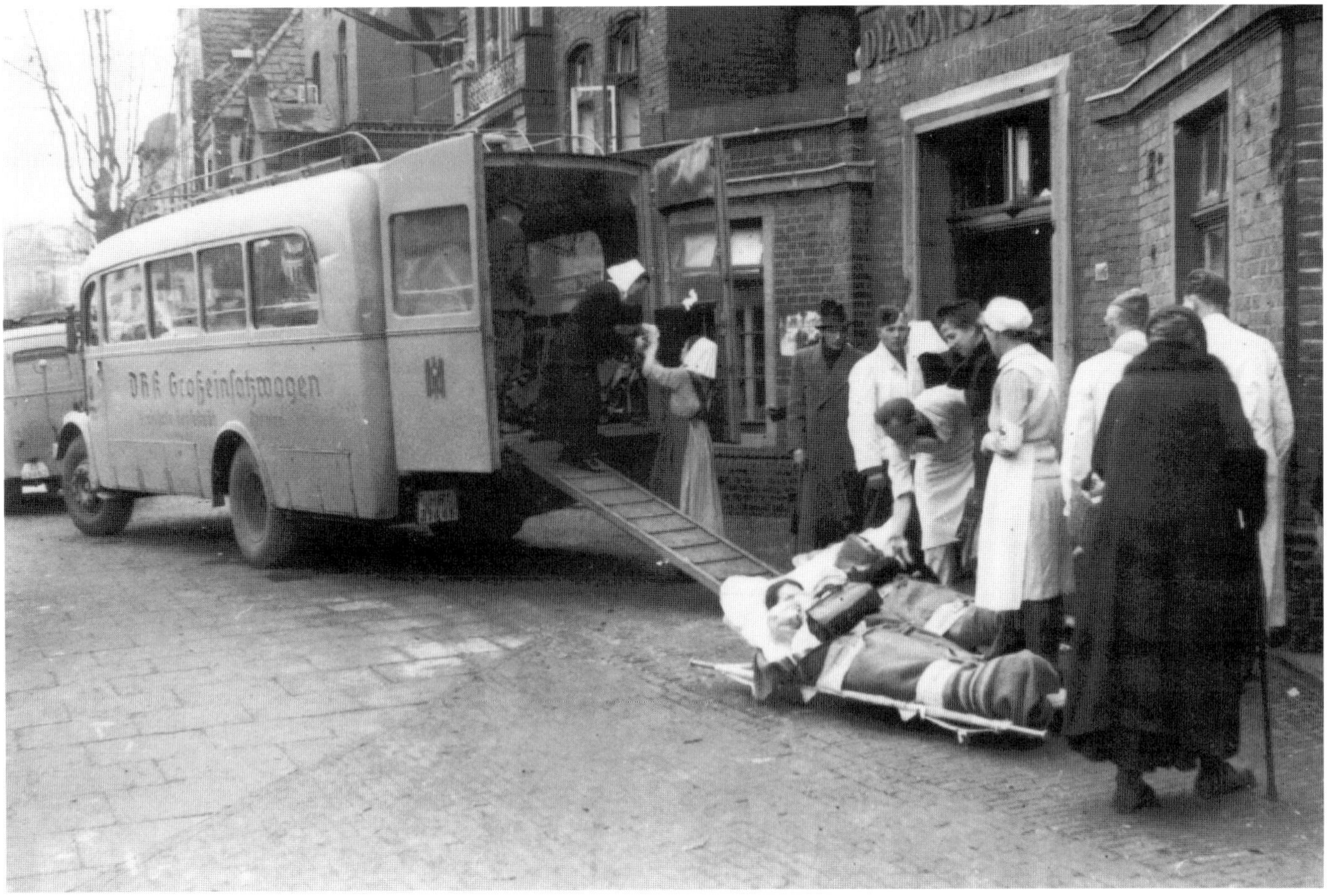

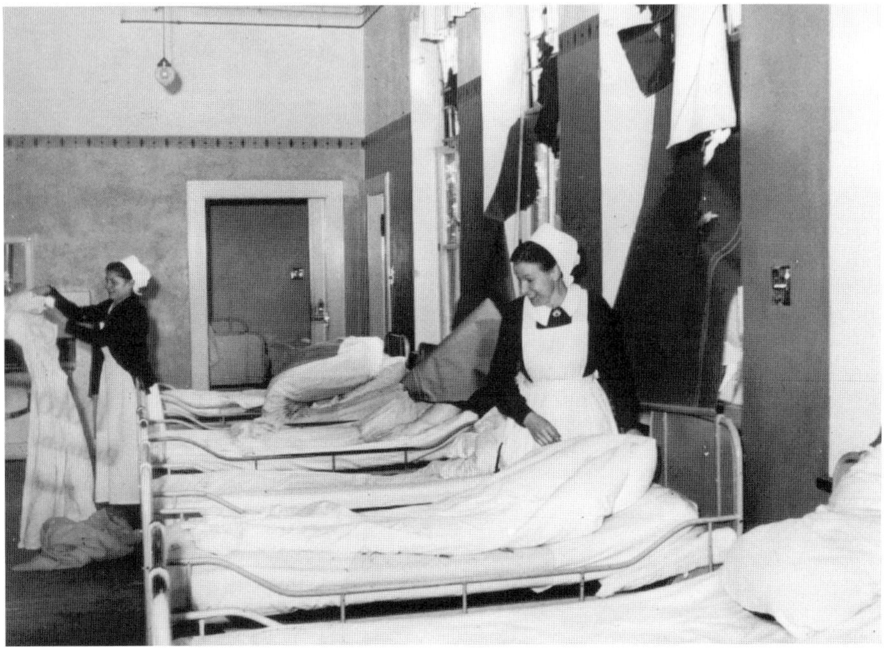

Oben:
Nach einem Angriff werden Kranke aus dem evangelischen Diakonissenhaus mit DRK-Großwagen abtransportiert
117. Luftangriff vom 26. November 1943
Rechts:
In der psychiatrischen Klinik Ellen machen sich Schwestern nach einem Angriff ans Aufräumen
19. Luftangriff vom 10. Oktober 1940

Oben:
Bombentreffer auf dem Osterdeich, im Hintergrund Flakstellungen
117. Luftangriff vom 26. November 1943
Links:
Beobachtungsstand auf einem Wohnhaus Stubbener Straße/Togostraße, November 1940

Flakscheinwerferstellung bei Gröpelingen; Scheinwerferhelferinnen mit Kommandant

Flak-Kommandostab »Höpkens Ruh«, Oberneulander Straße im August 1944

Links:
Auf den Häfen nach dem 132. Luftangriff vom 18./19. August 1944
Unten:
Neue Anschriften ausgebombter Büros und Geschäfte in der Wachtstraße
137. Luftangriff vom 6. Oktober 1944
Rechte Seite:
Molkenstraße, links die Jacobihallen, im Hintergrund die Ansgarii-Kirche
65. Luftangriff vom 30. Juni 1941

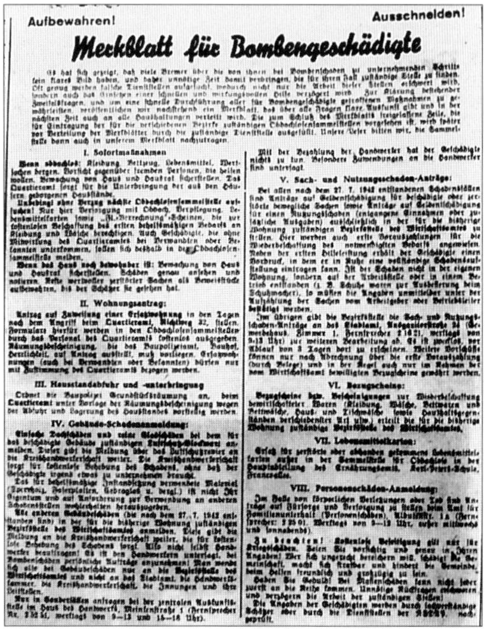

Aufbewahren! Ausschneiden!

Merkblatt für Bombengeschädigte

Es hat sich gezeigt, daß viele Bremer über die von ihnen bei Bombenschaden zu unternehmenden Schritte kein klares Bild haben, und daher unnötige Zeit damit verbringen, die für ihren Fall zuständige Stelle zu finden. Oft genug werden falsche Dienststellen aufgesucht, wodurch nicht nur die Arbeit dieser Stellen erschwert wird, sondern auch das Einsetzen einer schnellen und wirkungsvollen Hilfe verzögert wird. Zur Klärung bestehender Zweifelsfragen, und um eine schnelle Durchführung aller für Bombengeschädigte getroffenen Maßnahmen zu gewährleisten, veröffentlichen wir nachstehend ein Merkblatt, das über alle Fragen klare Auskunft gibt und in der nächsten Zeit auch an alle Haushaltungen verteilt wird. Die zum Schluß des Merkblatts freigelassene Zeile, die für Eintragung der für die verschiedenen Bezirke zuständigen Obdachlosensammelstellen vorgesehen ist, wird später vor Verteilung der Merkblätter durch die zuständige Dienststelle ausgefüllt. Unsere Leser bitten wir, die Sammelstelle dann auch in unserem Merkblatt nachzutragen.

I. Sofortmaßnahmen

Wenn obdachlos: Kleidung, Bettzeug, Lebensmittel, Wertsachen bergen. Vorsicht gegenüber fremden Personen, die helfen wollen. Bewachung von Haus und Hausrat sicherstellen. Das Quartieramt sorgt für die Unterbringung der aus den Häusern geborgenen Hausstände.

Unbedingt ohne Verzug nächste Obdachlosensammelstelle aufsuchen! Nur hier Versorgung mit Obdach, Verpflegung, Lebensmittelkarten sowie „R.-Verrechnung"-Scheinen, die zur kostenlosen Beschaffung des ersten behelfsmäßigen Bedarfs an Kleidung und Wäsche berechtigen. Auch Geschädigte, die ohne Mitwirkung des Quartieramtes bei Verwandten oder Bekannten unterkommen, sollen sich deshalb in der Obdachlosensammelstelle melden.

Wenn das Haus noch bewohnbar ist: Bewachung von Haus und Hausrat sicherstellen. Schäden genau ansehen und [illegible]

II. Wohnungsantrag:

[illegible]

III. Hausstandabfuhr und -unterbringung

[illegible]

IV. Gebäude-Schadenanmeldung:

[illegible]

Mit der Bezahlung der Handwerker hat der Geschädigte nichts zu tun. Besondere Zuwendungen an die Handwerker sind untersagt.

V. Sach- und Nutzungsschaden-Anträge:

Bei allen nach dem 27. 7. 1942 entstandenen Schadensfällen sind Anträge auf Geldentschädigung für beschädigte oder zerstörte bewegliche Sachen sowie Anträge auf Geldentschädigung für einen Nutzungsschaden (entgangene Einnahmen oder zusätzliche Ausgaben) ausschließlich in der für die bisherige Wohnung zuständigen Bezirksstelle des Wirtschaftsamtes zu stellen. Hier werden auch erste Vorauszahlungen für die Wiederbeschaffung des notwendigsten Bedarfs angewiesen. Neben der ersten Hilfeleistung erhält der Geschädigte einen Vordruck, in dem er in Ruhe eine vollständige Schadensaufstellung eintragen kann. [illegible]

VI. Bezugscheine:

[illegible]

VII. Lebensmittelkarten:

[illegible]

VIII. Personenschäden-Anmeldung:

[illegible]

Oben:
Bewohner planieren einen Bombentrichter auf dem Sielwall, Hitler-Junge schaut zu
59. Luftangriff vom 9. Mai 1941
Links: Merkblatt für Bombengeschädigte

Oben:
In Rickmers Reismühle rettete die Belegschaft das Ehrenabzeichen als NS-Musterbetrieb aus den Trümmern – an der Wand der Ruine hängt noch die Ehrentafel für die »Helden« des 1. Weltkrieges, September 1942
Rechts:
Notausgang eines Luftschutzbunkers

R
N K
Bestell-Nr. 975

„Mein Hab und Gut"

Besitznachweis des Haushaltes: Franz Weidemann
Berlin NO 18, Höchstestrasse 30 v.

Sorgfältig und gewissenhaft ausfüllen! Belege für den Anschaffungspreis, wie Rechnungen und Quittungen in einem Umschlag hier anfügen, möglichst auch einige Fotos der Wohnung oder der wertvollsten Einrichtungsgegenstände. Für größere Bestände Sonderaufstellungen beifügen. Die Richtigkeit des Bestandes durch zwei Zeugen bescheinigen lassen. Die Bestandsliste doppelt ausfertigen, eine Ausfertigung im Luftschutzkoffer bei Fliegeralarm mit in den Keller nehmen, das zweite Stück an anderer Stelle niederlegen.

A. Möbel und Einrichtungsgegenstände

I. Schlafzimmer, Art: Kaukasisch-Nussbaum gekauft: 30/3.37

	RM		RM		RM
1 Kleiderschrank 30/3.37	—	Bettvorleger		1 Deckenlampe 3/5.41	43.-
2 Bettstellen "	—	3 Brücken 1/12.29	52.-	2 Nachttischlampe 30/7.37	13.6[illegible]
2 Nachttische "	—	1 Gardinen Stores 20/10.37	51.80	Stehlampe	
2 Stühle "	455.-	2 Federbetten	104.-	1 Frisiergarnitur 5/4.41	41.75
1 Frisiertoilette 22/3.41	140.-	7 Kopfkissen	126.-	Waschtischgarnitur	
Waschtisch		2 Unterbetten	83.-	1 Wäschetruhe 3/2.39	14.50
Kommode		2 Daunenbetten	134.-	1 Ankleideschrank 27/4.25	225.-
1 Sofa — Couch 20.11.30	82.-	2 Steppdecken 10.4.37	68.50	6 Stühle 1/7.26	52.80
1 Ruhebettdecke	55.-	1 Plumeaux	42.-	1 Schränkchen 20/4.36	116.55
Teppich		2 Matratzen 3.4g 3/10.40	300.50	1 Schrank weiß 13 27/12.[illegible]	106.00
	732.-		934.20		683.10

II. Wohn-, ~~Herrenzimmer~~, Art: gekauft:

1 Schreibtisch und Sessel	186.-	1 Stand- — ~~Wand~~ — Uhr 12.3.28	145.-	Bücher zus.	
1 Bücherschrank	78.-	Spiegel		1 Lexikon Klassiker	68.-
Bücherregale		1 Teppich 1/8.29	268.-	3 Weltgeschichte	75.-
1 Tisch, groß 22/3.41	120.-	1 Brücken	60.-	111 Prachtbände	333.-
1 Tisch, klein	21.-	1 Schreibgarnitur 1/9.40	72.-	Atlanten	
4 Stühle 28/4.41	104.-	Schreibtischuhr		Globus	
Sofa — Couch		Schreibplatte		1 Geschirrschrank 7.11.37	188.-
3 Sessel 15/3.28	130.-	1 Schreibmaschine 1926	290.-	2 Gardinenstangen 20/6.[illegible]	24.10
1 Krone — Lampe 1/10.38	78.75	1 Papierkorb	1.20	1 Tischdecke Klöppel	67.10
1 Schreibtischlampe	21.-	1 Gardinen + Stores	136.90	4 Bilderrahmen 22.12.40	17.[illegible]
1 Stehlampe 13/2.31	23.85	1 Ölgemälde [illegible]	42.-		
Wandleuchter					

Oben:
Bewohner bergen Einmachgläser aus dem Luftschutzkeller, 137. Luftangriff vom 6. Oktober 1944
Linke Seite:
»Nach dem Endsieg werden die Feinde alle Schäden ersetzen«

Gestapo-Beamte retten Akten aus dem brennenden Gestapo-Gebäude Am Wall

Vernebelung Am Wall, 112. Luftangriff vom 13. Juni 1943

Links:
Ostertorwache – Polizei rückt aus, um Straßensperren aufzustellen, Juni 1941
Unten:
Luftschutzpolizei und gerettete Bewohner Molkenstraße/Obernstraße
65. Luftangriff vom 30. Juni 1941

Die brennende Remberti-Kirche 91. Luftangriff vom 4. Juni 1941

Oben:
Brand auf dem Altenwall, Selbstschutz birgt Hausrat
103. Luftangriff vom 14. September 1942
Rechte Seite oben:
Großbrand Am Brill, starker Funkenflug
103. Luftangriff vom 14. September 1942
Rechte Seite unten:
Brandbombe in einer Hauswand
39. Luftangriff vom 1./2. Januar 1941

Brand auf der Vahrer Straße, 39. Luftangriff vom 1./2. Januar 1941

Die »Neue Börse« am Marktplatz brennt aus, 122. Luftangriff vom 20. Dezember 1943

Großbrand in der Langenstraße, 102. Luftangriff vom 5. September 1942

Flakscheinwerfer über Bremen, 5. Luftangriff vom 22. Juni 1940

Sie starben für Deutschlands Größe und Freiheit!

Dem Terrorangriff auf die Hansestadt Bremen am 13. Juni 1943 fielen zum Opfer:

Friedrich Aldag
Margrit Aldag
Christian Amelung
Dietrich Amelung
Alfred App
Louise App
Margarethe App
Anton Aull
Senta Aull
Louise Aust
Johannes Avermann
Wilja Avermann
Sophie Behning
Ida Behrens
Ruth Behrens
Johanne Bethke
Johann Blasius
Johanna Böhme
Martha Böhme
Johann Bölen
Adolf Bönning
Sophie Brinkmann
Marie Brockmeier
Elisabeth Brüggemann
Julius Buch
Eduard Busch
Meta Butt
Anneliese Cremer
Hermann Dahlke
Joh. Heinr. Deck
Anna Dehnkamp
Hans-Wilhelm Dehnkamp
August Dellbrügge
Marie Dellbrügge
Anneliese Dierks
Ruth Dierks
Johanne Dörr
Louis Dörr
Johanne Dreitmann
Pieter Dyt
Hans-Wolfgang Eschen
Ursula Feurich
Paul Fischer
Hermann Forthmann
Hermann Forthmann
Meta Forthmann
Martha Frerks
Diedrich Frese
Ervine Gravenhorst
Luise Grüttemeier
Auguste Hahn, gen. Koch
Dietrich Hahn
Paul Hannibal
Philippine Hannibal
Karl Heinze
Florenz Henin
Erna von der Heyde
Johann Hink
Leo Holweg
Pauline Horstmann
Elisabeth Hoyer
Karl Hoyer
Reuk Hoyer
Marie Jagels
Berta Janssen
Hans-Jürgen Janssen
Helga Janssen
Anna Jürgens
Johann Jürgens
Henny Kähler
Heinrich Karstens
Frieda Kastens
Georg Kastens
Hermann Kastens
Walter Kastens
Gesine Klügl
Marie Koch
Leo Kohlwey
Heinrich Kracke
Carl Kriegel
Friedrich Krone
Ernst Kruse
Hedwig Kruse
Christoph Krützfeld
Louise Kühne
Wilhelmine Kühne
Karl-Heinz Kursawe
Sophie Kurz
Else Lämmer
Marika Lämmer
Arthur Landwehr
Wilhelm Langner
Auguste Lauruhn
Karl Lauruhn
Anna Lilischkies
Klaus Dieter Lindemann
Mimi Lohrengel
Gerda Luppatsch
Rudolf Lutterer
Helmut Maaß
Meta Madenstedt
Anna Mahlstede
Bernhard Mahlstede
Heinrich Mahlstede
Sophie Mahlstede
Herbert Marks
Bertha Markschat
Heinrich Markschat
Helga Markschat
Pauline Markschat
August Martens
Hilde Maul
Ilse Maul
Wilhelm Maul
Georg Meise
Henni Meise
August Meister
Auguste Meister
Theodor Menz
Conrad Metzger
Marie Metzger
Anna Meyer
Frieda Meyer
Harry Meyer
Karl Meyer
Karl Meyer
Mathilde Meyer
Wilhelm Meyer
Wilhelmine Meyer
Caroline Michael
Dorothee Michael
Rosalie Mock
Dorothee Mohrmann
Johann Mohrmann
Walter Mohrmann
Dorothee Müller
Ella Müller
Frieda Müller
Heinrich Müller
Helga Müller
Robert Müller
Louise Neesemann
Heinrich Niestedt
Gesine Nobel
Dora Oesselmann
Marie Ordemann
Hermine Osterberg
Ella Pabst
Berta Pauser
Catharina Pauser
Renate Pawlowski
Wilhelmine Peter
Diedrich Petersen
Caroline Pietsch
Maria Piotrowsky
Ilse Rehmstedt
Henny Rehmstedt
Heinrich Reinker
Fritz Reinker
Frieda Rekate
Maria Richert
Irmgard Rieseler
Manfred Roth
Willfriede Roth
Willi Roth
Klara Rüttjerott
Luise Rzanny
Franz Sachs
Karl Sapp
Anna Schadendorf
Ursula Schellhaß
Erika Scherer
Gesine Scherer
Johann Scherer
Renate Scherer
Friedrich Schoppenhorst
Erna Schürmann
Otti Schürmann
Renate Schwarz
Auguste Schweers
Heinrich Schweers
Hermann Schwier
Anna Seegers
Dora Seemann
Irmgard Seemann
Gertrud Siemers
Erna Steenken
Ingrid Steenken
Walter Steenken
Walter Steinbacher
Dorothea Streckfuß
Gertrud Streckfuß
Hermann Streckfuß
Charlotte Tanke
Johann Tannich
Wilhelmine Tesch
Amanda Thiele
Friedrich Thiele
Robert Thomas
Gesine Tiedemann
Gisela Tiedemann
August Treis
Johanne Trutzenberger
Gisela Uhlhorn, gen. Eickmann
Wilhelmine Viet
Emma Vogelsang
Nicolaus Vollmers
Minna Vorderbrück
Johanna van der Vreken
Frieda Wahlers
Johann Wahlers
Johanne Warns
Sophie Weinert
Willi Weishoff
Berta Weißmeyer
Paul Wellmann
Hermann Wendelken
Hermann Wendelken
Reinh. Wichmann
Anna Wilkening
Wilma Winkening
Antje Witzel
Erna Witzel
Julie Wrede
Hermann Wülfers

Bei einem früheren Angriff fielen:

Gertrud Erbel
Ilse Müller
Käthe Paust

Auch sie starben für Deutschlands Freiheit. Ihr Opfer soll uns allen eine ewige Mahnung sein, weiterhin unsere Pflicht für Führer und Volk bis zum letzten zu erfüllen. Den Hinterbliebenen aber wendet sich unsere tiefste Teilnahme zu.

Gauleiter und Reichsstatthalter.

Todesanzeige für Opfer eines Luftangriffs

Hemelingen 1944

Kriegswende Januar 1943
Der Zusammenbruch beginnt

Deutsches Miserere
(Lied vom Erbarmen)

von Bert Brecht

Eines schönen Tages befahlen uns unsre Obern,
Die kleine Stadt Danzig für sie zu erobern.
Wir sind mit Tanks und Bombern in Polen eingebrochen,
Wir haben es erobert in drei Wochen.
Gott bewahr uns.

Eines schönen Tages befahlen uns unsere Obern,
Norwegen und Frankreich für sie zu erobern.
Wir sind in Norwegen und Frankreich eingebrochen.
Wir haben alles erobert im zweiten Jahr in fünf Wochen.
Gott bewahr uns.

Eines schönen Tages befahlen uns unsere Obern,
Serbien, Griechenland und Rußland für sie zu erobern.
Wir sind in Serbien, Griechenland, Rußland eingefahren
Und kämpfen jetzt um unser nacktes Leben seit zwei langen Jahren.
Gott bewahr uns.

Eines schönen Tages befehlen uns noch unsere Obern,
Den Boden der Tiefsee und die Gebirge des Mondes zu erobern.
Und es ist schwer schon hier in diesem Russenland
Und der Feind ist stark und der Winter kalt und der Heimweg unbekannt.
Gott bewahr uns und führ' uns wieder nach Haus.

Deutsche Soldaten vor Moskau

»Feldpost zurück – Empfänger gefallen für Großdeutschland«

Die Angehörigen von gefallenen deutschen Soldaten erhielten nicht selten als erste Todesnachricht einen von der betreffenden Einheit zurückgesandten Feldpostbrief, der den Empfänger nicht mehr erreicht hatte. Der Brief mit dem Rotstift-Vermerk »Zurück!« kam damals auch in Bremen bei manchen Eltern, Ehefrauen und Verlobten an, noch bevor sie die offizielle Benachrichtigung durch den von der Partei entsandten »Beileidsbesuch« erhalten hatten.

Drei letzte Briefe von der Ostfront

Heinz Herrgut, am 17.7.1942 mit 18 Jahren gefallen, schreibt an seine Eltern und seinen jüngeren Bruder Friedo in Bremen.

F.P.No. 08561
Rußland, den 21.6.1942
Liebe Mutti, lieber Friedo!
»Heute ist Sonntag, und ich möchte Euch deshalb ein paar Sonntagsgrüße übermitteln. Es geht mir sehr gut, und ich hoffe natürlich von Euch dasselbe. Den letzten Brief schrieb ich Euch von Stawaja Russa. Wir sind jetzt aber schon wieder wo anders in der Nähe des Ilmen-Sees. Das Wetter ist hier in Rußland fast immer dasselbe. Es regnet jeden zweiten Tag. Die Verpflegung ist hier vorn auch gut. Dafür sind die Mücken wieder schlimmer, die piesaken uns den ganzen Tag. Ich hoffe, daß wir noch Moskitonetze bekommen.
Vorläufig sind wir hier noch Höhlenbewohner in einem Wald. Die Pioniere sind aber schon dabei und bauen für uns Bunker aus dicken Kiefern, die tief in die Erde eingebaut werden. Ich habe jetzt schon einen kleinen Vorgeschmack bekommen. Wir

»Empfänger gefallen«

sind hier alle so bescheiden geworden wie nie zuvor. Jetzt kann man erst merken, wie gut wir es zu Hause gehabt haben und wie gut Ihr es auch noch habt trotz Eurer Luftangriffe. Ich habe hier in dieser kurzen Zeit schon ganz andere Sachen erlebt.
Liebe Mutti, Du brauchst nun natürlich keine Angst zu haben, daß mir etwa 'was passieren könnte. Ich werde so gut aufpassen, wie es irgend geht und werde hier im Osten meinen Mann stehen. Liebe Mutti, je öfter ich nun von Euch Post bekomme, je mehr freut man sich. Nun, liebe Mutti, wünsche ich Dir zu Deinem Geburtstag alles Gute für Dein weiteres Leben, und wir wollen hoffen, daß wir uns alle gesund wiedersehen.
Es grüßt herzlichst Dein Heinz«

Schütze Heinz Herrgut vor seiner Verlegung an die Front

Rußland, den 10.7.1942
Lieber Vati!
»Möchte Dir auch heute wieder ein paar Zeilen schreiben. Es geht mir gut, und ich hoffe von Dir dasselbe. Nun ist es genau einen Monat her, wo wir uns zum letzten Mal gesehen haben. Ich bin jetzt direkt vorn an der Front eingesetzt worden. Der Iwan liegt etwa 60 Meter vor uns. Es ist hier aber ganz ruhig. Gestern abend kam die »Kaffeemühle« – das ist ein russisches gepanzertes Flugzeug – und warf zwei Meter vor unserem Bunker eine Bombe ab. Unser Bunker ist aber nur leicht beschädigt worden. Der Schaden ist schon wieder behoben. Der Trichter hat einen Durchmesser von sechs bis acht Metern, und tief ist er drei Meter.
Lieber Vati, sei froh, daß Du nicht hier in Rußland bist. Hier ist nichts mehr zu kriegen, alles ist zerschossen. Wir wollen hoffen, daß dieser Krieg bald ein Ende nehmen wird und wir dann zurückkehren können. Lieber Vati, ich würde Dir gern meine Zigaretten schicken, aber ich tausche diese gegen Brot und Schokolade um. Was macht meine Uhr? Ist sie schon wieder heil? Dann schicke sie mir doch her. Du mußt sie aber gut verpacken. Nun möchte ich schließen und hoffe auf ein baldiges Wiederhören.
Es grüßt herzlichst Dein Heinz«

Im Osten, den 16.7.1942
Liebe Mutti, lieber Friedo!
»Euren Brief habe ich letzte Nacht erhalten. Ich hatte schon geschlafen, als der Uffz. mit dem Postsack kam. Riesig habe ich mich gefreut, als er mir den ersten Brief aus der Heimat überreichte. Wie ich daraus ersehen habe, geht es Euch allen noch sehr gut, was ich von mir auch sagen kann. Erst jetzt sind wir zu unserer richtigen Einheit zugeteilt worden. Es sind meist Hamburger und Bremer, die hier schon von Anfang des Krieges an sind und die schweren Kämpfe mitgemacht haben. Sind alles sehr gute Kameraden. Der Bunker, in dem wir jetzt sind, ist auch besser eingerichtet. Ich hatte mir schon große Sorgen um Euch gemacht, daß Ihr vielleicht was von den Bomben abgekriegt habt, aber dies war ja nicht der Fall. Weshalb hat Friedo denn keine Lust, nach Hildesheim zu fahren, da ist es doch viel schöner. Ich wollte, ich könnte jetzt da sein.
Das Päckchen, das Du abgeschickt hast, werde ich wohl demnächst erhalten. Sie dauern immer etwas länger als die Briefpost. Liebe Mutti, schick mir bitte noch einfache Feldpostbriefe, sonst kann ich Euch nicht mehr viel schreiben. Und dann sieh mal zu, ob Du für mich irgendwelche Suppenwürfel oder Grütze oder Trockengemüse bekommen kannst, was man nur mit Wasser kochen braucht, und man hat eine schöne Suppe. Wir haben hier immer Kohldampf, denn die dünne Suppe, die wir bekommen, hält nicht lange vor, und Brot gibt es sehr wenig. Ich würde mich sehr freuen, wenn Du was bekommen kannst. Du kannst ja mehrere Päckchen machen. Ich denke jeden Tag an Euch und an unseren schönen Garten. Den vermisse ich hier sehr. Wenn ich jetzt an das schöne Gemüse und Obst denke, dann läuft mir das Wasser im Mund zusammen. Ihr wißt ja gar nicht, wie es hier ist ohne Kartoffeln und Gemüse und Obst. Alles, was wir bekommen, sind Konserven. Aber wir wollen hoffen, daß dieser Kessel, in dem wir eingeschlossen sind, bald gesprengt wird und wir dann besseren Zeiten entgegengehen.

Das Grab von Heinz Herrgut

Seid für heute recht herzlich gegrüßt und geküßt von Eurem Heinz
P.S. Denkt immer daran, daß es für mich keinen schöneren Augenblick geben kann, als wenn ich von Euch Post bekomme.«

Einen Tag, nachdem dieser Brief geschrieben wurde, erhielt der mit Kiefernstämmen befestigte Erdbunker, in dem Heinz Herrgut saß, einen Volltreffer. Alle Insassen wurden getötet. Die Familie bekam eine Woche später einen handschriftlichen Brief des Kompaniechefs mit folgendem – vermutlich vorformulierten – Wortlaut:

Rußland 25. Juli 1942
Sehr geehrter Herr Herrgut!
»Hiermit erfülle ich eine harte Pflicht und mache Ihnen die traurige Mitteilung, daß Ihr Sohn, der Schütze Heinz Herrgut, am 17. Juli 42 um 14 Uhr den Heldentod gefunden hat. Trotz der Kürze der Zugehörigkeit zur Kompanie hat Heinz sich als tapferer Soldat und guter Kamerad bewährt. Getreu seinem Fahneneid hat er seine Pflicht bis zum letzten erfüllt. So war er uns noch im Tode Vorbild und wir werden ihn nie vergessen.
Auf unserem Ehrenfriedhof fand er seine letzte Ruhe, ein Birkenkreuz ziert sein frühes Grab. Im Namen der ganzen Kompanie versichere ich Ihnen unsere aufrichtige Teilnahme.
Heil Hitler! Jos. Nenes, Oberleutnant und Kompanieführer«

»Feindflugblätter«

Rechts:
»Feindflugblatt«: »Dritter Kriegswinter unter der Erde … Das verdankt Ihr Eurem Führer«
Unten:
Anweisungen zur Formulierung von Todesanzeigen

Reichspropagandaamt
Weser-Ems

Oldenburg, den 14.10.1941 (W)
Meinardusstr. 4

Akt.Zch.: DP 4027-B-01
Rdschr.Nr. 39/41

17. Okt. 1941

An die
Herren Hauptschriftleiter
der Tageszeitungen
im Gau Weser-Ems

Herrn Sen. f. d. innere Verwalt.

Der Senator für die innere Verwaltung
20. OKT. 1941 III

Betrifft: Todesanzeigen.

Auf der Gaupressetagung am 21.9.1941 in Oldenburg wurde angeregt, einige Musterbeispiele von Todesanzeigen zu übersenden. Dem nationalsozialistischem Grundprinzip entsprechend

"Uns kann nichts erschüttern"

muss sich auch diese feste Haltung in den Todesanzeigen wiederspiegeln, denn der Gegner sieht zu einem nicht geringen Teil aus der Abfassung der Todesanzeigen die Stimmung in der Bevölkerung. Sie empfangen deshalb in der Anlage mehrere gute und mustergültig abgefaßte Anzeigen mit der Bitte, soweit es Ihnen möglich ist, in schonender und taktvoller Weise darauf hinzuwirken, dass sich in den Todesanzeigen besonders jetzt nach der letzten Führerrede und den gewaltigen Erfolgen siegesgewisse Zuversicht in der gesamten Bevölkerung wiederspiegelt.

Im Auftrage:

(Jens Müller)

Anlage!

Zur Kenntnis ausserdem an:

Gaupresseamt Oldenburg
Gauamtsleiter
Kreisleiter
Führer der Gliederungen

Zu den Akten.
22/10 41.

- 2 -

Bei den Kämpfen im Osten fiel für Führer und Vaterland am 24. Juli mein geliebter Mann und Vater, sonniger Sohn und Bruder, guter Schwiegersohn, Schwager und Onkel

....

Hauptmann und Komp.-Chef e. P.A.K. i. e. Inf.-Regt. (mot.)
Inhaber des E.K.II.

....
....

. - -

Am 29. Juli 1941 fiel an der Spitze seines Zuges unser geliebter Sohn und treuer Bruder der

Landwirt und Leutnant der Res.

....

im Alter von 27. Jahren. Er gab sein Leben für Deutschland wie sein Vater am 15. Oktober 1918.

....
....

. - ,

Am 25. Juli 1941 fiel bei einem Spähtruppunternehmen im Osten unser hoffnungsvoller lieber Sohn und Bruder

....
....

in einer Aufklärungsabteilung Träger des Goldenen HJ-Abzeichens im blühenden Alter von 22. Jahren

....
....

. - .

In Erfüllung seines Soldatenlebens fiel am 15. Juli 1941 im Osten mein lieber Mann, unser bester Vater, mein einziger Bruder

....
....

. - .

Für Deutschlands Freiheit gab am 18. Juli bei den Kämpfen im Osten sein junges Leben

....
....

Für Führer und Vaterland starb am 22.8. fern der Heimat mein geliebter Mann nunmehr auch unser ältester Sohn und Bruder

Dr. med.

....

Unterarzt der Luftwaffe im Alter von 25 Jahren.

....
....

. - .

Assistenzarzt

....

22. September 1906 - 22. Juni

gefallen im Osten als Bataillonsarzt eines Motorpionierbataillons bei selbstlosem Einsatz im vordersten Kampf.

....
....

- . -

Fast 22 Jahre alt, gab am 13. Juli 1941 in den Kämpfen im Osten sein Leben für Deutschland mein geliebter jüngster Sohn, unser treuer Bruder und Schwager

....

in einem Artillerie-Regim. Dankbar für alle Freude, die uns seine sonnige Kindheit und ernsthafte Jugend schenkte

....
....

. - .

Mein einziger Sohn, mein herzensguter, froher Junge, unser lieber Bruder

....

Unteroffizier in einem Gebirgsjäger-Regiment

ist am 17. Juli im Osten im Alter von 27 Jahren gefallen.
Ein Leben voll Lauterkeit und Reife fand seine Vollendung.

Bremen im vierten Kriegsjahr

Auszüge aus der Bremen-Chronik

9. Januar 1943:
Die Führung der 6. Armee bei Stalingrad lehnt eine russische Aufforderung zur Übergabe ab. Sie folgt Hitlers Anweisung, niemals zu kapitulieren. Die Folge ist: fast vollkommene Vernichtung. 240.000 deutsche Soldaten sterben.

20. Januar 1943:
Die außerordentliche Treibstoffknappheit und die noch unzureichende Umstellung der Fahrzeuge auf Generatorgas führen dazu, daß die Abfuhr von Schutt aus Bombenschäden nur langsam ausgeführt werden kann.

25. Januar 1943:
Der seit Mai 1940 bis Januar 1943 ermittelte Umfang der Fliegerschäden ist folgender: Totalschäden: 2842 Gebäude mit 4028 fortgefallenen Wohnungen. Baukonstruktive Teilschäden (ohne Glasschäden): 8392 Gebäude mit 5741 fortgefallenen Wohnungen. Summe der Gesamtschäden: 11.234 Gebäude mit 9769 Wohnungen. Nach den Meldungen in Rundfunk und Presse geht der Kampf um Stalingrad dem Ende entgegen. Der Rundfunk überträgt vornehmlich Marschmusik. Die im Volke herrschende Niedergeschlagenheit hofft man, durch solche Weisen aufzurütteln.

»Feindflugblatt«

4. Februar 1943:
Nach Bekanntgabe der Verlautbarung des Oberkommandos der Wehrmacht über das Ende des Kampfes der 6. Armee in Stalingrad wird auch für Bremen die Schließung aller Theater, Filmtheater, Varietés und ähnlicher Unterhaltungsstätten für 3 Tage angeordnet.

18. Februar 1943:
Rundfunkübertragung einer Kundgebung aus dem Berliner Sportpalast. »Reichspropagandaminister« Goebbels appelliert an das deutsche Volk und verkündet das »Programm des Sieges«: »Wollt ihr den totalen Krieg? Wollt ihr ihn, wenn nötig, totaler und radikaler, als wir ihn uns heute überhaupt noch vorstellen können?«

20. Juni 1943:
Die schweren Luftangriffe der letzten Zeit verursachen einen vermehrten Zustrom zu den Bunkern. Nicht selten tritt daher eine Überfüllung der Bunker ein.

25. Juli 1943:
In der Nacht führt ein starker Verband britischer Bomber einen Luftangriff gegen die Stadt Hamburg aus, durch die schwere Verluste unter der Bevölkerung (ca. 30.000 Tote) und starke Verwüstungen an Wohnvierteln, Kulturstätten und öffentlichen Gebäuden entstehen. Rauchschwaden ziehen bis in die Umgebung Bremens.

»Feindflugblätter«

USA GEGEN HITLER

Vom Anbeginn des Krieges hat Amerika an England in immer steigendem Masse Kriegsmaterial aller Art geliefert. Nun hat es den entscheidenden Schritt getan: Hitlers Niederlage ist das amtlich erklärte Ziel der amerikanischen Politik.

Amerika ist nicht mehr neutral,
sondern „nichtkriegführend“!

Das hat Roosevelt in seinen letzten Reden klar und deutlich aller Welt kundgetan und die freigewählte Vertretung des amerikanischen Volkes hat ihre volle Zustimmung erteilt.

JETZT

wird sich das volle Gewicht der überlegenen Wirtschaftsmacht und der unübertrefflichen Industrie der Vereinigten Staaten in vollem Umfange auf Englands Seite geltend machen und Euch am Ende erdrücken.

GENAU SO WIE 1917—

werdet Ihr sagen, und das denken sich auch Eure Führer. Grade deshalb versuchen sie Euch zum weiteren aussichtslosen Durchhalten anzutreiben. Sie machen Euch weis, dass die Hilfe Amerikas

ZU SPÄT

für England kommen wird. „Bis dahin haben wir England längst erledigt“, so prahlen sie. Lasst Euch nichts vormachen. Unsere eigenen Kräfte, vereint mit denen unseres riesigen Weltreiches, machen einen Hitlersieg unmöglich. Amerikas Hilfe aber verbürgt unseren Endsieg. Die letzte Chance, uns zu besiegen, ging im Herbst 1940 verloren. Jetzt ist es zu spät.

Es kommt der Tag!

Amerika fordert:
SCHLUSS DAMIT!

GREUELPROPAGANDA würde man dieses Bild nennen, wenn es nicht die nackte, bittere Wahrheit erzählen würde. Es stammt aus Eurem offiziellen Propagandafilm „Feuertaufe“, dem widerlichsten Musterstück blutrünstiger Protzerei, das die Welt jemals gesehen hat. Goebbels war dumm genug, diesen Film in Amerika zeigen zu lassen und versprach sich davon weiss Gott was. Aber der Erfolg sah anders aus: Amerika wurde nicht eingeschüchtert, sondern wütend und — „nichtkriegführend“. Ihr werdet zu spüren bekommen, was das bedeutet:

Wendell Willkie, der Führer der republikanischen Opposition in USA, der mit wichtigen Botschaften seines früheren Gegners Roosevelt nach England gekommen ist, erklärte:

„... 90% unseres Volkes fordern Hilfe bis zum Äussersten für Grossbritannien! Was Ihr von uns bekommt, wird einfach unerhört sein!“

Schon jetzt werden amerikanische Fernbomber und Flugboote über den Atlantik nach England geflogen.

Schon jetzt baut Amerika 200 Handelsschiffe für England und vermehrt seine regelmässigen Grosslieferungen an Flugzeugen, Tanks, Geschützen usw.

Schon jetzt wurde die gesamte amerikanische Industrie kriegsmobil gemacht.

Und das ist nur der Anfang.

Hitler sagte am 11. Oktober 1939: „*Was die Zukunft bringt, das wissen wir nicht.*“ Roosevelt weiss es. Er sagte am 29. Dezember 1940:

„Die Achsenmächte werden diesen Krieg nicht gewinnen.“

Oben:
Blick in die zerstörte Nordstraße vom Decker-Haus (Volkshaus) in Richtung »Danziger Freiheit« (Spielplatz Nordstraße)
122. Luftangriff vom 20. Dezember 1943
Rechts:
Passanten diskutieren
91. Luftangriff vom 4. Juni 1942

Terror!

Terror war Hitlers Waffe, als er das deutsche Volk und Reich seiner Partei dienstbar machte.

Terror war Hitlers Waffe gegen Österreich, die Tschechoslowakei, Polen, Norwegen — Terror gegen Wehrlose, Mord an Waffenlosen, Brandstiftung an unverteidigten Städten.

Terror, brutaler, vorbedachter Terror zwang Holland, Belgien und das uneinige Frankreich auf die Kniee.

Jetzt legen wir erst richtig los!
Unsere Antwort an Hitler:
Bomben, immer größere Bomben!

In diesen Orkan führt Euch Adolf Hitler. Was Ihr diese Nacht erlebt habt, waren nur die ersten Tropfen, die den kommenden Sturm ankündigen. Noch waren sie klein. Aber immer wuchtiger, immer vernichtender wird es auf Euch herabprasseln, bis Ihr der Urgewalt des Orkans nicht mehr standhalten könnt.

Nehmt Euch in acht!

488

»Feindflugblatt«, über Bremen abgeworfen

15. August 1943:
Mit der Einrichtung von Auffangplätzen und Durchgangslagern für obdachlose Volksgenossen wurde in der Nähe Bremens begonnen.

8. November 1943:
Der Rundfunk überträgt eine Rede Adolf Hitlers aus dem Löwenbräusaal in München: »Was auch kommen mag, am Ende steht der Sieg! Die Herren mögen es glauben oder nicht, aber die Stunde der Vergeltung wird kommen. …
(In bezug auf den Luftkrieg:) Demgegenüber sind die Schäden in unserer Industrie bedeutend belangloser. In knapp 2, 3 Jahren nach dem Kriegsende sind die Wohnungen restlos wieder da, mögen sie zerstören, soviel sie wollen.«

Oben:
Zerstörtes Haus auf der Horner Straße, im Keller befinden sich zehn Tote
105. Luftangriff vom 9. November 1942
Rechts:
Brennende Häuser in der Obernstraße
102. Luftangriff vom 5. September 1942

Zivilisten bergen Hausrat an der Nordstraße, 122. Luftangriff vom 20. Dezember 1943

Vernebelung: Die Bordsteinkanten sind weiß nachgezeichnet, um die Orientierung während der Vernebelung zu erleichtern
112. Luftangriff vom 13. Juni 1943

Oben:
Admiralstraße/Herbststraße
132. Luftangriff vom 18./19. August 1944
Links:
Die Deutsche Vacuum Oel AG in Flammen, der Kommandeur der Luftschutzpolizei Oberst Paetsch inspiziert den Betrieb
159. Luftangriff vom 21. April 1945

Oben:
Bischofsnadel
133. Luftangriff vom 30. August 1944
Rechts:
Nach der Explosion einer Luftmine werden Verletzte aus den Trümmern eines Wohnhauses der Zwinglistraße geborgen
91. Luftangriff vom 4. Juni 1942

Oben:
Hitler-Junge als Laufmelder, Kleiststraße
Rechte Seite: Bewohner der Kleiststraße löschen ihre Häuser, 118. Luftangriff vom 29. November 1943

Tresor gerettet – Inhalt verkohlt
122. Luftangriff vom 20. Dezember 1943

Provisorische Wasserstelle
117. Luftangriff vom 26. November 1943

Oben:
Auch Schwerkriegsversehrte, die für den Frontdienst untauglich geworden sind, behalten das Recht, Uniform zu tragen.
117. Luftangriff vom 26. November 1943, Stephanstraße
Rechts:
Hausrat wird geborgen
53. Luftangriff vom 31. März 1941, Am Ruten

Oben:
Römerstraße/Ritterstraße vom Fehrfeld aus gesehen, 103. Luftangriff vom 14. September 1942
Rechts: Seebergerstraße durch Minen und Sprengbomben zerstört
Linke Seite:
Alte Frau sucht Brennholz

Auszug aus einem Lagebericht des Polizeipräsidenten nach dem 120. Luftangriff auf Bremen (13. Dezember 1943)[23]

Links:
Gauleiter Röver besichtigt Bombenschäden im Hafen
Unten:
SA-Standarte 75 rückt zu Aufräumarbeiten aus 126. Luftangriff vom 24. Juni 1944

Die Zivilbevölkerung war wieder verbissen in der Selbsthilfe tätig. Es wurde sehr viel Hausrat aus brennenden Häusern gerettet und sichergestellt… Wo eine völlige Rettung der getroffenen Wohnhäuser nicht mehr möglich war, setzte sich der SHD (Sicherheits- und Hilfsdienst) tatkräftig für die Bergung und Sicherstellung des gefährdeten Hausrats ein. Mehrfach wurde nach der deutschen Vergeltung gefragt, jedoch auch ausdrücklich betont, daß die Regierung in dieser Sache nichts übereilen und damit erst beginnen möge, wenn ein sicherer Erfolg erwartet werden könne. Man ist in Bremen, das diesen Angriff wieder diszipliniert ertragen hat, der Ansicht, daß nach der Vergeltung die schweren Terrorangriffe der britisch- amerikanischen Bomber endgültig aufhören würden. Die Haltung der Bevölkerung gab während der Feindaktion und nach dem Angriff zu keinerlei Tadel Anlaß.

Auszüge aus Gestapo-Stimmungsberichten[24]

21. April 1943:

Viele Volksgenossen geben durch Äußerungen und ihr Verhalten zu erkennen, daß sie an einen Endsieg kaum noch zu glauben vermögen… Die militärischen Möglichkeiten Rußlands in Bezug auf Menschenmassen und Kriegsmaterial werden häufig als unbegrenzt angesehen. Man weiß nicht, wie der Kampf überhaupt erfolgreich zu Ende geführt werden kann. Zu der Auffassung, daß unsere Gegner allmählich die militärische Überlegenheit gewonnen haben, tragen auch die sich häufenden feindlichen Luftangriffe bei. Vor allen Dingen haben die Tagesangriffe, die von den Feindflugzeugen in geschlossener Formation durchgeführt werden, große Unruhe hervorgerufen. Man ist der Meinung, daß unsere Gegner endgültig die Luftüberlegenheit gewonnen haben und ihre Angriffe gegen die Ziele durchführen können, die sie sich gerade vorgenommen haben, ohne von unserer Abwehr wirksam daran gehindert werden zu können. Propagandistische Äußerungen über neue Abwehrmittel usw. werden kaum noch ernst genommen.

23. September 1943:

Die Stimmung in der Bevölkerung ist allgemein als ernst zu bezeichnen. Es kann nicht übersehen werden, daß die Zuversichtlichkeit ständig mehr schwindet. Die augenblickliche militärische Lage erfüllt die Volksgenossen mit tiefer Sorge. Wenn auch bei Äußerungen über die politische und militärische Lage aus Furcht vor Strafe große Vorsicht beachtet wird, ist doch nicht zu verkennen, daß große Teile der Bevölkerung an einen totalen Sieg nicht mehr zu glauben vermögen. Das Vertrauen zum Führer ist beim größten Teil der Bevölkerung vorhanden, wenn auch immer wieder Äußerungen laut werden, daß auch seine Voraussagen nicht eingetroffen sind. Das Ansehen anderer führender Persönlichkeiten dagegen hat zweifellos gelitten.

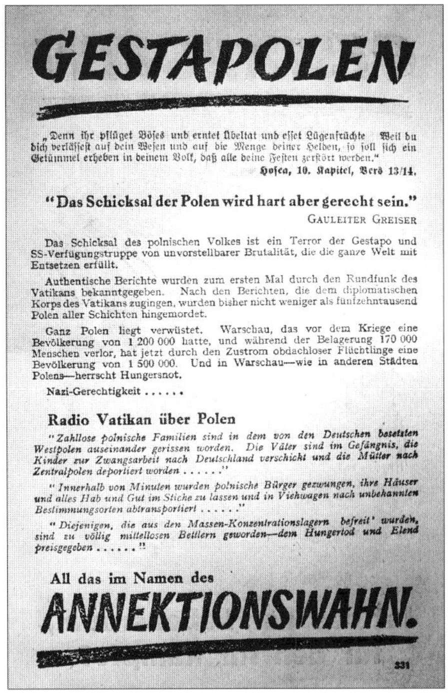
GESTAPOLEN

„Denn ihr pflüget Böses und erntet Übeltat und esset Lügenfrüchte. Weil du dich verlässest auf dein Wesen und auf die Menge deiner Helden, so soll sich ein Getümmel erheben in deinem Volk, daß alle deine Festen zerstört werden."
Hosea, 10. Kapitel, Vers 13/14.

"Das Schicksal der Polen wird hart aber gerecht sein."
Gauleiter Greiser

Das Schicksal des polnischen Volkes ist ein Terror der Gestapo und SS-Verfügungstruppe von unvorstellbarer Brutalität, die die ganze Welt mit Entsetzen erfüllt.

Authentische Berichte wurden zum ersten Mal durch den Rundfunk des Vatikans bekanntgegeben. Nach den Berichten, die dem diplomatischen Korps des Vatikans zugingen, wurden bisher nicht weniger als fünfzehntausend Polen aller Schichten hingemordet.

Ganz Polen liegt verwüstet. Warschau, das vor dem Kriege eine Bevölkerung von 1 200 000 hatte, und während der Belagerung 170 000 Menschen verlor, hat jetzt durch den Zustrom obdachloser Flüchtlinge eine Bevölkerung von 1 500 000. Und in Warschau—wie in anderen Städten Polens—herrscht Hungersnot.

Nazi-Gerechtigkeit ……

Radio Vatikan über Polen

"Zahllose polnische Familien sind in dem von den Deutschen besetzten Westpolen auseinander gerissen worden. Die Väter sind im Gefängnis, die Kinder zur Zwangsarbeit nach Deutschland verschickt und die Mütter nach Zentralpolen deportiert worden ……"

"Innerhalb von Minuten wurden polnische Bürger gezwungen, ihre Häuser und alles Hab und Gut im Stiche zu lassen und in Viehwagen nach unbekannten Bestimmungsorten abtransportiert ……"

"Diejenigen, die aus den Massen-Konzentrationslagern 'befreit' wurden, sind zu völlig mittellosen Bettlern geworden—dem Hungertod und Elend preisgegeben ……"

All das im Namen des

ANNEKTIONSWAHN.

331

»Feindflugblätter«

»Für Lidice«
Von exil-tschechischen Piloten in englischen Flugzeugen über Deutschland abgeworfene Bomben. Lidice ist ein kleines tschechisches Dorf, das zur »Strafe« für das Attentat auf Heydrich im Juni 1942 dem Erdboden gleichgemacht worden war; 192 männliche Dorfbewohner über 16 Jahre wurden von der SS erschossen, die Frauen und Kinder des Dorfes in verschiedene Konzentrationslager verschleppt.

Rechte Seite oben:
Passanten beobachten Bergungsarbeiten auf der Domsheide
103. Luftangriff vom 14. September 1942
Rechts unten:
Verschüttete werden aus Trümmern geborgen

Helfer geben die Suche nach weiteren Verschütteten auf, nachdem eine Hauswand eingestürzt ist
103. Luftangriff vom 14. September 1942, Am Bahnhofsplatz

Bergung und Abtransport einer Verletzten
118. Luftangriff vom 29. November 1943, Hardenbergstraße

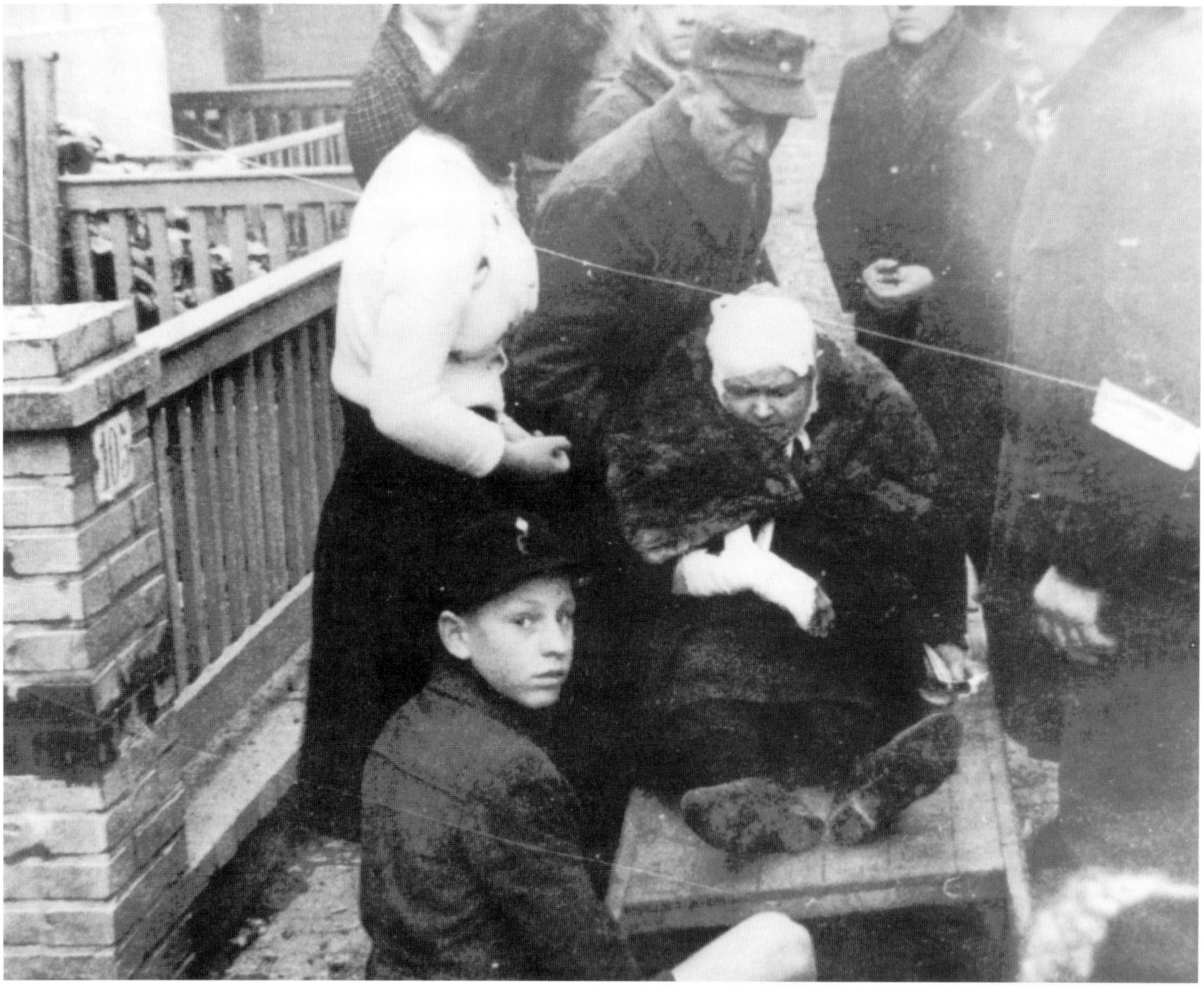

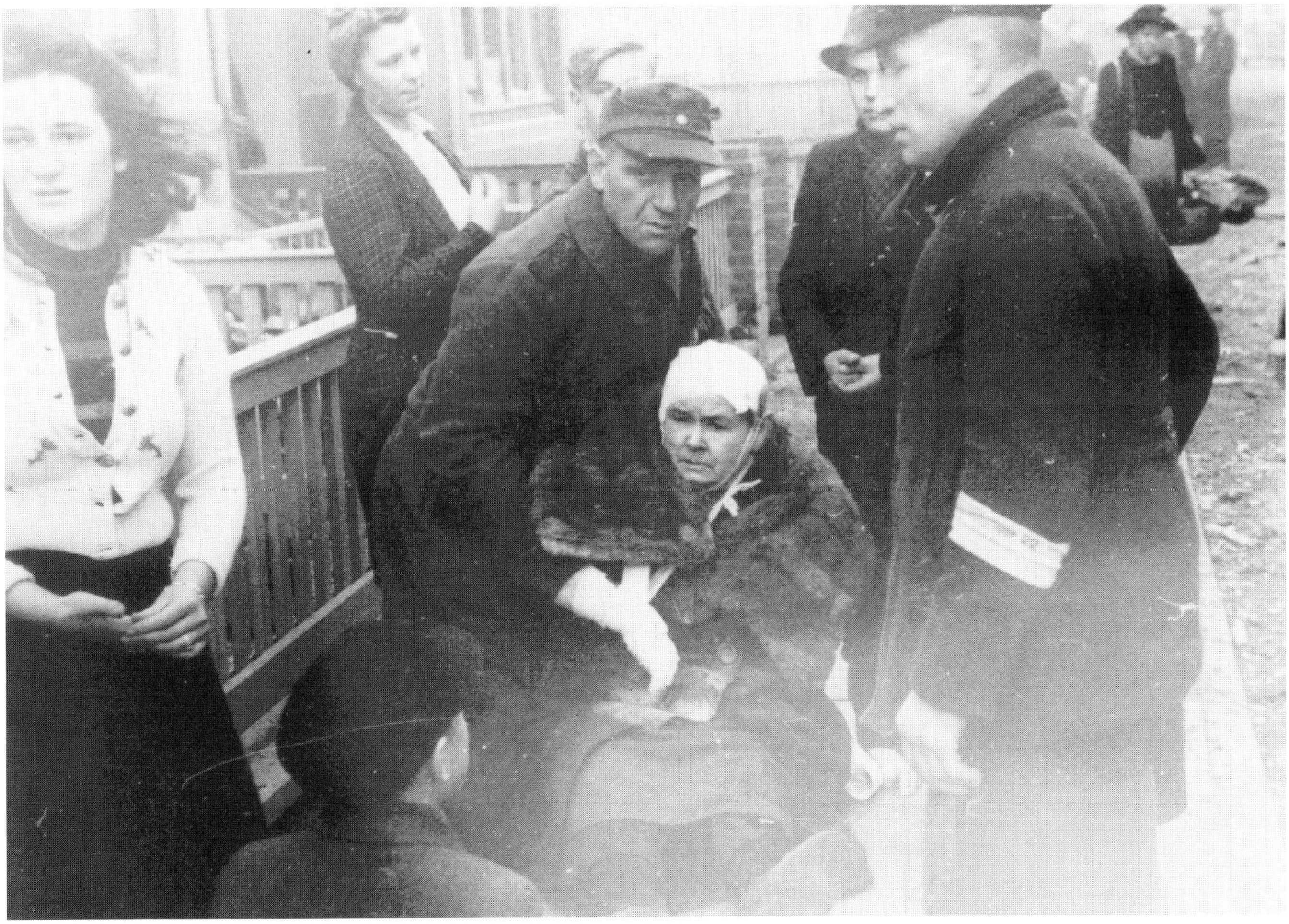

Linke Seite oben:
Zerstörter Straßenbahnzug an der St.-Pauli-Kirche
112. Luftangriff vom 13. Juni 1943
Linke Seite unten:
Zerstörtes Wohnhaus Bahnhofstraße/Bernhardstraße in Hemelingen
39. Luftangriff vom 1./2. Januar 1941

Rechts:
Auf den Straßen steht Sand für die Brandbekämpfung
Unten:
Im Auftrag des Senators für das Innere zeichnet der offizielle Kriegsmaler Willy Menz an der Contrescarpe
103. Luftangriff vom 14. September 1942

Linke Seite oben:
Ein SHD-Mann hat mit einem Preßlufthammer einen Gang zu Verschütteten gegraben
102. Luftangriff vom 5. September 1942
Linke Seite unten:
Bergung eines Verschütteten. Der nur leicht Verletzte wurde durch ein vom Parterre zum Keller gesägtes Loch befreit
87. Luftangriff vom 26./27. Januar 1942, Contrescarpe
Unten:
Ein Geretteter auf der Molkenstraße
65. Luftangriff vom 30. Juni 1941

Ausgebombte mit Hausrat vor ihrem Haus
138. Luftangriff vom 12. Oktober 1944

Oben:
Druckerei und Redaktion der Bremer Nachrichten, Carl Schünemann Verlag, wurden beim Angriff zerstört.
Zwangsarbeiter beseitigen die Trümmer
Unten:
Schriftleiter Schmalfeldt verläßt mit den Resten aus der Schriftleitung den Verlag
6. Oktober 1944

Gefangenenhaus in den Wallanlagen, 132. Luftangriff vom 18./19. August 1944
Rechte Seite: Bombeneinschlag in eine Gestapo-Zelle, Gestapo-Haus Am Wall, 52. Luftangriff vom 18. März 1941

Mittagessen zwischen Trümmern, Auf dem Kamp, 122. Luftangriff vom 20. Dezember 1943

Rolandwerft, Am Hafen in Hemelingen, 39. Luftangriff vom 1./2. Januar 1941

Sprengung von Ruinen, im Hintergrund Doventorsmühle, 14. September 1944

Ein Toter, Lumpen auf dem Gesicht, 137. Luftangriff vom 6. Oktober 1944

»Durch Bombenterror lassen wir Bremer uns nicht entmutigen« – Ein Schulkind erinnert sich

Ein Bericht von Margret Bolz

In einem alten Aufsatzheft aus dem Kriege fand ich einen Hausaufsatz, den ich am 16. Dezember 1943 unmittelbar nach einem Bombenangriff geschrieben hatte. Ich war damals 13 Jahre alt. Da steht zu lesen:

Ein Angriff auf Bremen am 16.12.1943.
Es ist um 12 Uhr mittags. In den Straßen und Geschäften herrscht reges Treiben. Eilig laufen die Hausfrauen von Geschäft zu Geschäft, um die täglichen Besorgungen zu machen. Da, plötzlich übertönt den Lärm der Straßenbahnen und Autos ein unheimlicher, auf- und abschwellender Ton. Einen Augenblick stehen die Leute still. »Vollalarm!« ertönt es von allen Seiten. Dann beginnt ein Laufen und Hasten. Die Türen der Geschäfte werden aufgerissen. Aufgeregt eilt jeder nach Haus, um schnell das Luftschutzgepäck zu ergreifen und in den sicheren Hochbunker zu flüchten. Zehn Minuten nach dem Alarm hat sich das Straßenbild sehr verändert: Straßenbahnen und Autos stehen. Alle Leute laufen in eine Richtung, zum Bunker. Endlich hat jeder im Bunker einen Platz gefunden.

Margret Bolz
»Die Mütze hatte ich von meinem Schwager ausgeliehen«

»Was meinen Sie«, fragt einer den anderen, »ob der heutige Angriff uns gilt?« Keiner weiß etwas Genaues. Da plötzlich wird es still, denn der Drahtfunk bringt die ersten Meldungen. »Mehrere Feindverbände über Holland, Kurs Ost, ein weiterer Verband über See«, lautet die erste Nachricht. »Über Holland, Kurs Ost, das könnte Bremen sein«, werden einige Stimmen laut. »Hoffentlich geht es gut«, meint eine Frau ängstlich, doch schon kommt eine neue Meldung: »Die Spitze der feindlichen Verbände befindet sich 150 km westlich Bremen, Kurs Ost. Bremen wird vernebelt.« »Wenn Bremen vernebelt wird, sieht es schlecht für uns aus«, meint ein Arbeiter. »Oh«, meint ein anderer, »als Emden neulich angegriffen wurde, war Bremen aber auch vernebelt.«– »Das schon«, mischt sich ein dritter ins Gespräch, »aber wenn sie heute Emden angreifen wollten, wären sie sicher über die ostfriesischen Inseln geflogen. Ich bin der Meinung, daß wir heute einen Angriff haben.« Dann bleibt es einen Augenblick still. Jeder denkt das Gleiche: Hoffentlich finden wir unser Haus heil wieder vor. »Wie gut, daß ich meine Betten in den Keller gebracht habe«, meint eine Frau, »wenn wirklich etwas passiert, besteht doch die Möglichkeit, daß sie gerettet werden.«
Wieder meldet sich der Drahtfunk: »Die Feindverbände befinden sich 30 km südlich und östlich von Bremen. Es muß mit einem Angriff gerechnet werden.« Nun werden die Leute aufgeregt. »Schon wieder ein Angriff!« ruft eine Frau entsetzt. Mehrere kleine Flaschen mit Baldriantropfen gehen um. Aber auch die helfen nicht. Wieder kommt eine Meldung: »In wenigen Minuten erfolgt der Angriff von Osten und Süden.« Entsetzte Ausrufe: »Osten, das sind wir ja!« Schon fallen die ersten Bomben. Das Licht flackert. Jetzt geht es ununterbrochen: Bombe auf Bombe fällt. Ein Sausen, dann folgt eine schwere Erschütterung. Der Bunker schaukelt wild hin und her. Jetzt ein Sausen ganz in der Nähe, dann

ein ohrenbetäubender Krach. Die Bänke schwanken. Das Licht geht aus. Einige Taschenlampen verbreiten einen trüben Schein. Und pausenlos geht der Angriff weiter.
Allmählich werden die Erschütterungen schwächer und bald hören sie ganz auf. Jetzt erst beginnt man wieder zu sprechen. »Die eine Bombe ist bestimmt auf den Bunker gegangen«, meint eine Frau, und alle stimmen ihr bei.
Nach einer halben Stunde kommt die Meldung: »Alle Feindverbände sind im Abflug.« Jetzt werden die ersten der Leute, deren Häuser brennen, herausgerufen. Immer mehr werden es. Bald ist der Bunker, der erst gedrängt voll war, halb leer. Als Entwarnung ist und die Leute aus dem Bunker kommen, sind viele Häuser schon bis auf den Grund niedergebrannt. Der Himmel ist schwarz von Rauch und Qualm. Auf den Bunker ist ein Phosphorkanister gefallen. Einige Ziegel sind heruntergefallen, sonst ist nichts geschehen. Auch in anderen Stadtteilen ist viel passiert. Und doch geht nach wenigen Stunden der Verkehr weiter, als wenn nichts geschehen sei, denn durch feindlichen Bombenterror lassen wir Bremer uns nicht entmutigen.«
Der letzte Satz meines Schulaufsatzes ist genau das, was damals jeden Tag in der Zeitung stand und was im Radio zu hören war. Das prägte sich einem Kind natürlich besonders ein, und wir übernahmen die Durchhalteparolen. Fliegeralarm hatte es in Bremen fast vom ersten Kriegstag an gegeben, den ersten in der Nacht vom 3. zum 4. September. Die Sirenen heulten, wir sprangen entsetzt aus den Betten und rannten hinunter in den Luftschutzkeller. Ich hatte fürchterliche Angst und zitterte. Ich dachte, jetzt würden gleich die Bomben fallen. Aber es blieb dieses Mal noch ganz ruhig.
Nach ungefähr einer Stunde kam Entwarnung. Am nächsten Abend schon wieder Fliegeralarm, aber es blieb auch diesmal ruhig. Und so ging das etliche Monate weiter, so daß wir den Alarm gar nicht mehr so ernst nahmen. Wenn wir die Sirenen hörten, blieben wir häufig im Bett und dachten: »Ach, es passiert ja doch nichts, wir schlafen einfach weiter.«

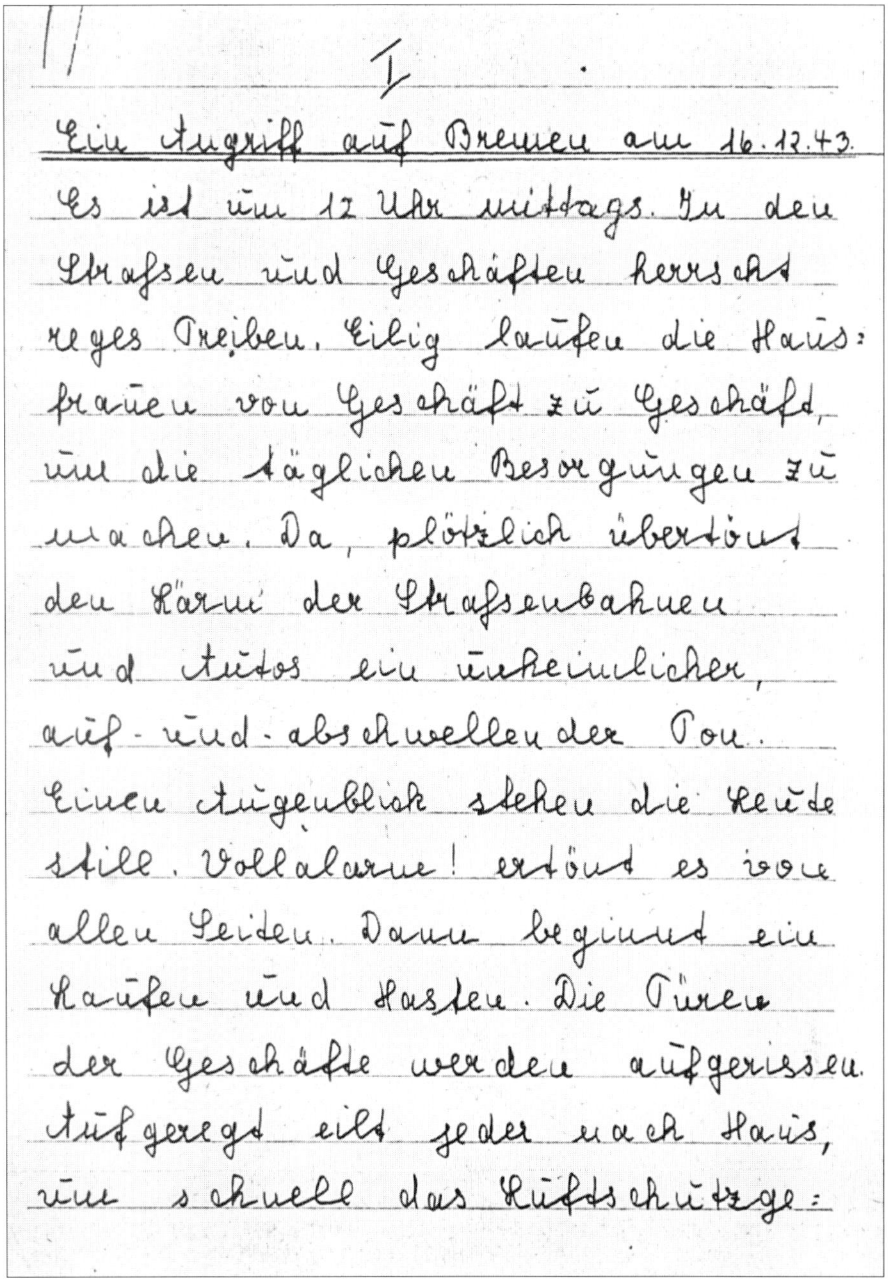
I.
Ein Angriff auf Bremen am 16.12.43.
Es ist um 12 Uhr mittags. In den
Straßen und Geschäften herrscht
reges Treiben. Eilig laufen die Haus-
frauen von Geschäft zu Geschäft,
um die täglichen Besorgungen zu
machen. Da, plötzlich übertönt
den Lärm der Straßenbahnen
und Autos ein unheimlicher,
auf- und -abschwellender Ton.
Einen Augenblick stehen die Leute
still. Vollalarm! ertönt es von
allen Seiten. Dann beginnt ein
Laufen und Hasten. Die Türen
der Geschäfte werden aufgerissen.
Aufgeregt eilt jeder nach Haus,
um schnell das Luftschutzge-

Der Schulaufsatz

Am 18. Mai 1940, in der Nacht des ersten Luftangriffs auf Bremen, wurde dagegen kein Alarm gegeben – ich weiß nicht, aus welchem Grund. Wir hatten überhaupt nichts gehört. Erst am nächsten Morgen in der Schule erfuhr ich, daß Bomben auf Bremen gefallen waren und daß es auch Tote gegeben hatte. In der Buchtstraße und in der Sandstraße, einem Gebiet, an dem ich vorbeikam, wenn ich zur Schule fuhr, sah ich dann auch die zerstörten Häuser. Einige Tage später wurde dort ein improvisierter Galgen aufgerichtet, an dem eine Strohpuppe hing. Es hieß, die Puppe sollte Chamberlain darstellen. Der war zu der Zeit in England Premierminister.

Zur Abwehr der feindlichen Flugzeuge wurden an verschiedenen Plätzen Bremens – z.B. auch am Osterdeich – Flakstellungen eingerichtet. Sobald sich Flugzeuge über Bremen befanden, schoß die Flak. Dabei fielen Flaksplitter zur Erde. Die waren mitunter bis zu 10 cm lang und hatten bizarre Formen. Diese Splitter zu sammeln und zu tauschen war für uns eine interessante Beschäftigung. So streifte ich mit einer Zigarrenkiste über die Wiesen am Osterdeich und kam oft mit reicher Beute zurück. Aber je häufiger die Luftangriffe erfolgten, desto mehr Flaksplitter fand man. Daher war nach einiger Zeit der Reiz des Neuen dahin und man ging schließlich achtlos an diesen »Kriegssouvenirs« vorbei.

Je länger der Krieg dauerte, desto schlimmer wurden die Bombenangriffe. Nach dem schweren Luftangriff auf Hamburg am 25. Juli 1943 wurden auch in Bremen alle Schulen in die weniger gefährdeten Gebiete Hessen und Sachsen verlegt. Da ich mich aber nicht von meinen Eltern trennen wollte, behielten sie mich in Bremen. Bald danach erlebten wir einen sehr schweren Angriff, der sich hauptsächlich auf unseren Stadtteil konzentrierte. Wir merkten in unserem Luftschutzkeller, daß die Bombenabwürfe immer näher fielen. Wir hörten das Sausen der niedergehenden Bomben und das Krachen der Detonationen, die das ganze Haus erbeben ließen.

Plötzlich ein ohrenbetäubendes Krachen in nächster Nähe. Das Licht ging aus. Von der Kellerdecke und den Wänden herabrieselnder, staubender Kalk drang beißend und brennend in Augen, Nase und Mund. Wir husteten und würgten und hatten das Gefühl zu ersticken. Mein Vater tastete sich im Dunkeln zum Ausgang des Luftschutzkellers und sagte dann mit gepreßter Stimme: »Ich komme nicht raus! Vor dem Eingang liegt irgendein Hindernis.« Wir erschraken furchtbar: Verschüttet zu sein – davor hatte jeder panische Angst. Nachdem sich mein Vater etwas orientiert hatte, merkte er aber, daß nur die Tür des Luftschutzkellers aus den Angeln geflogen war und schräg vor dem Eingang lag. Wir schoben die Tür schnell zur Seite und hasteten aus dem Keller nach draußen, um auf der anderen Straßenseite in einen anderen Luftschutzkeller zu flüchten. Dort gaben viergeschossige Häuser mehr Sicherheit als unser Haus, das nur zwei Stockwerke hoch war. Draußen bot sich ein erschreckendes

1. Luftangriff vom 18. Mai 1940, Bürgerstraße

Eingang verschüttet; 64. Luftangriff vom 28. Juni 1941, Hamburger Straße

Bild: Die Straße war übersät mit großen Steinbrocken, Balkongittern, Holzbalken und Fensterrahmen. Das war alles, was von drei nebeneinanderliegenden Häusern auf der anderen Straßenseite noch übrig war. Die Bombe hatte sie bis auf das Erdgeschoß zerstört.

Aber wir hatten gar keine Zeit, uns im unruhig flackernden Licht der Suchscheinwerfer die Zerstörungen anzusehen. Wir stolperten über die mit Trümmern bedeckte Straße in den Luftschutzkeller eines anderen, nicht zerstörten Hauses. Dort erholten wir uns allmählich von dem Schrecken. Als wir nach der Entwarnung zurück in unser Haus gingen, stellten wir fest, daß es auch allerhand abbekommen hatte. In meinem Zimmer lagen dicke Steinbrocken auf dem Bett. Durch das Dach war ein Balkongitter von gegenüber direkt bei mir hereingesaust. Ich glaube, wenn ich nicht unten im Keller gewesen wäre, sondern im Bett gelegen hätte, wäre mir einiges passiert.

Auch die Bewohner der zerstörten Häuser waren rechtzeitig in den Luftschutzkeller gegangen, so daß ihnen nichts zugestoßen war. Nur ein Mieter hatte sich gerade zu dem Zeitpunkt, als die Bombe niederging, auf dem Dachboden befunden. Man sollte nämlich von Zeit zu Zeit nachsehen, ob etwa Brandbomben gefallen waren, um dann so schnell wie möglich zu löschen, damit nicht das ganze Haus abbrannte. Dieser Mann war sofort tot gewesen. Ich habe zwei Tage später gesehen, wie er in einen Sack gehüllt an einem Seil aus den Trümmern heruntergelassen wurde.

In unserem Haus war natürlich keine einzige Fensterscheibe mehr heil. Wir mußten uns um Ersatz kümmern. Richtiges Glas war längst Mangelware. Wir bekamen eine Zuteilung Cedra-Glas. Das war Glasersatz, eine Art Pergamentpapier, das im Abstand von ungefähr 4 mm mit feinen Drähten durchsetzt war, die kleine Karos bildeten. Es hatte den Nachteil, daß zwar Licht hereinkam, aber man von drinnen nicht hinaussehen konnte.

Dieser Angriff hatte uns so schockiert, daß wir von der Zeit an bei jedem Alarm in den Hochbunker gingen.

Provisorische Milchausgabestelle in einer Schneiderei in der Hastedter Heerstraße, 117. Luftangriff vom 26. November 1943

Austeilung von Glasersatz

Nikolausfeier im Bunker

Auszüge aus der Bremen-Chronik

6. Dezember 1943:
Das Nikolaussingen wird auch in diesem Jahre verboten. Abends findet im Bunker Berliner Straße eine Nikolausfeier statt, zu der Kinder mit ihren Müttern in großer Zahl erscheinen.

12. Dezember 1943:
Einrichtung eines Eilnachrichtendienstes, der der Bevölkerung eines Luftnotgebietes während der ersten vier Tage nach einem schweren Luftangriff Gelegenheit gibt, ihren Angehörigen ein Lebenszeichen zu übermitteln.

28. Dezember 1943:
Die bremische Bevölkerung wird aufgefordert, in ihren Wohnungen die Gardinen und Vorhänge abzunehmen, um sie somit der Vernichtung durch Luftangriffe zu entziehen.

14. Januar 1944:
An Anschlagsäulen, Bretterzäunen und Häuserwänden sind über Nacht schwarze Schatten gemalt worden. Es handelt sich um eine Wiederholung der schon 1914/18 durchgeführten Aktion »Feind hört mit!«

30. Januar 1944:
Aufmarsch zu einer Kundgebung der NSDAP auf dem Domshof aus Anlaß des Tages der Machtübernahme. Die Erschienenen, zu denen auch Kreisleiter Max Schümann sprechen wollte, müssen wegen Fliegeralarms auseinandergehen.

4. April 1944:
Veröffentlichung einer Mitteilung, daß Osterfeuer bei der herrschenden Luftgefahr unerwünscht sind.

12. April 1944:
Alle Feindflugblätter und sonstigen staatsfeindlichen Schriften, die zur Verbreitung gelangen, sind unverzüglich bei der nächsten Polizeidienststelle abzuliefern. Auch das Aufheben von Sammlungsstücken ist verboten.

14. Mai 1944:
Entgitterung der Kellerfenster. Die Erfahrungen haben gezeigt, daß diese Maßnahme unbedingt zur Befreiung der Verschütteten erforderlich ist.

6. Juni 1944:
Rundfunksondermeldung über den Beginn der Invasion der Alliierten in der Normandie.

26. Juni 1944:
Zum Schutz der Eisenbahnzüge gegen Tieffliegerangriffe ist seit einiger Zeit eine Begleitflakbatterie auf dem Wagen hinter der Lokomotive eingerichtet worden. Der Zug wird bei Annäherung feindlicher Tiefflieger zum Halten gebracht. Die Reisenden selbst müssen sich dann bei drohender Gefahr zum Verlassen des Zuges bereit halten.

Nach einem Angriff auf einen D-Zug, 1944

20. Juli 1944:
Um 18.30 Uhr verkündet der Rundfunk die Verlautbarung über den Sprengstoffanschlag auf den »Führer«. Außer leichten Verbrennungen und Prellungen hat Hitler keine Verletzungen erlitten.

15. August 1944:
Alle Frauen bis zum 50. Lebensjahre werden zur Meldung für den Arbeitseinsatz aufgerufen.

Trauerparade Parteibegräbnis für den Regierenden Bürgermeister Böhmcker am 21. Juni 1944

Ein Staatsbegräbnis

Auszüge aus der Bremen-Chronik

16. Juni 1944:
Verstorben: SA-Obergruppenführer Johann Heinrich Böhmcker, seit April 1937 Regierender Bürgermeister der Freien Hansestadt Bremen, im 48. Lebensjahr während einer Eisenbahnfahrt.
Einsatz der V1-Waffe. Der Wehrmachtbericht meldet: »Südengland und das Stadtgebiet von London wurden in der vergangenen Nacht und heute vormittag mit neuartigen Sprengkörpern schwersten Kalibers belegt.«

21. Juni 1944:
Parteibegräbnis für den verstorbenen Regierenden Bürgermeister. Trauerakt in der oberen Rathaushalle. Trauerparade.

Bericht von Jonny Niehaus, Schlosser auf der AG Weser

Vor dem Krieg war ich viel mit den »Naturfreunden« unterwegs. Wir machten oft Wochenendfahrten mit Zelt und Fahrrad. Bei einer dieser Fahrten – es war wohl 1937 und wir waren in Schleswig-Holstein unterwegs – kamen wir in der Gegend von Eutin mit einem Bauern ins Gespräch. Der sagte zu uns:
»Na, ihr kriegt ja bald einen neuen Bürgermeister in Bremen.«
»Wie bitte?« sag ich. »Nee, det weeß ich doch nicht.«
Der ließ aber nicht locker: »Ja, Latten-Heini heißt der.«
»Was?« frag ich. »Was heißt hier: Latten-Heini?«
»Na, schön, Böhmcker heißt er. Der ist hier bekannt, vom Schläger-Sturm.«
Und dann hat er mir von unserem künftigen Regierenden Bürgermeister erzählt, nämlich derart: Wenn irgendwo Nazi-Versammlungen waren, und die verliefen nicht so ganz glatt, dann wurde der Böhmcker-Sturm, seine SA, die Sturm-Abteilung, 'rangeholt. Und am Dorfeingang, beim ersten Haus, haben die sich Latten vom Zaun gerissen und den Saal gestürmt. Tja, das war »Latten-Heini«. Daher der Name.
Ein gutes Jahr später, in der sogenannten »Reichskristallnacht«, hat »Latten-Heini« dann ja auch höchstpersönlich den Befehl gegeben, die Bremer Synagoge anzuzünden; er war der Anführer, darin hatte der Übung. Aber ein würdiges Begräbnis haben sie ihm dann bereitet.
Warst Du denn bei der Trauerparade dabei? Hast Du das selbst gesehen?
Ach was! Was denkst du denn? Davon hat man sich ferngehalten. Das wäre uns nicht im Traum eingefallen, auf so was freiwillig hinzugehen.

Essensausgabe in der Kohlhökerstraße nach dem 132. Luftangriff vom 30. August 1944

Ausquartierung

Auszug aus der Bremen-Chronik:

15. August 1943
Mit der Einrichtung von Auffangplätzen und Durchgangslagern für Obdachlose Volksgenossen in der Nähe Bremens wurde begonnen.

2. September 1943
Der Regierende Bürgermeister empfiehlt der Bevölkerung die Auslagerung von Hausrat, vor allen Dingen Wäsche aller Art, Anzüge, Kleider usw., die nicht ständig im Haushalt gebraucht werden, um ihn somit der Vernichtung durch Luftangriffe zu entziehen.

»Politische Leiter« nehmen Meldungen von Wohnungsräumungen auf 117. Luftangriff vom 26. November 1943, Bei den drei Pfählen

Bremer Zeitung vom 28. August 1944

3. Luftkriegsbetroffene, die nicht berufsgebunden sind, insbesondere auch die Familienangehörigen Berufsgebundener, können in Bremen keine Unterkunft wieder erhalten und melden sich zur Umquartierung in den Abreisesammelstellen (Schule Langemarckstraße, Schule Ritterhuder Str. und „Union", An der Tiefer).

4. Luftkriegsbetroffene, die über ein durch U-Karte bei der NSV. festgelegtes Verwandtenquartier verfügen, erhalten Abreisebescheinigung und Freifahrtschein im Wohnungs- und Quartieramt Langenstraße 128/30.

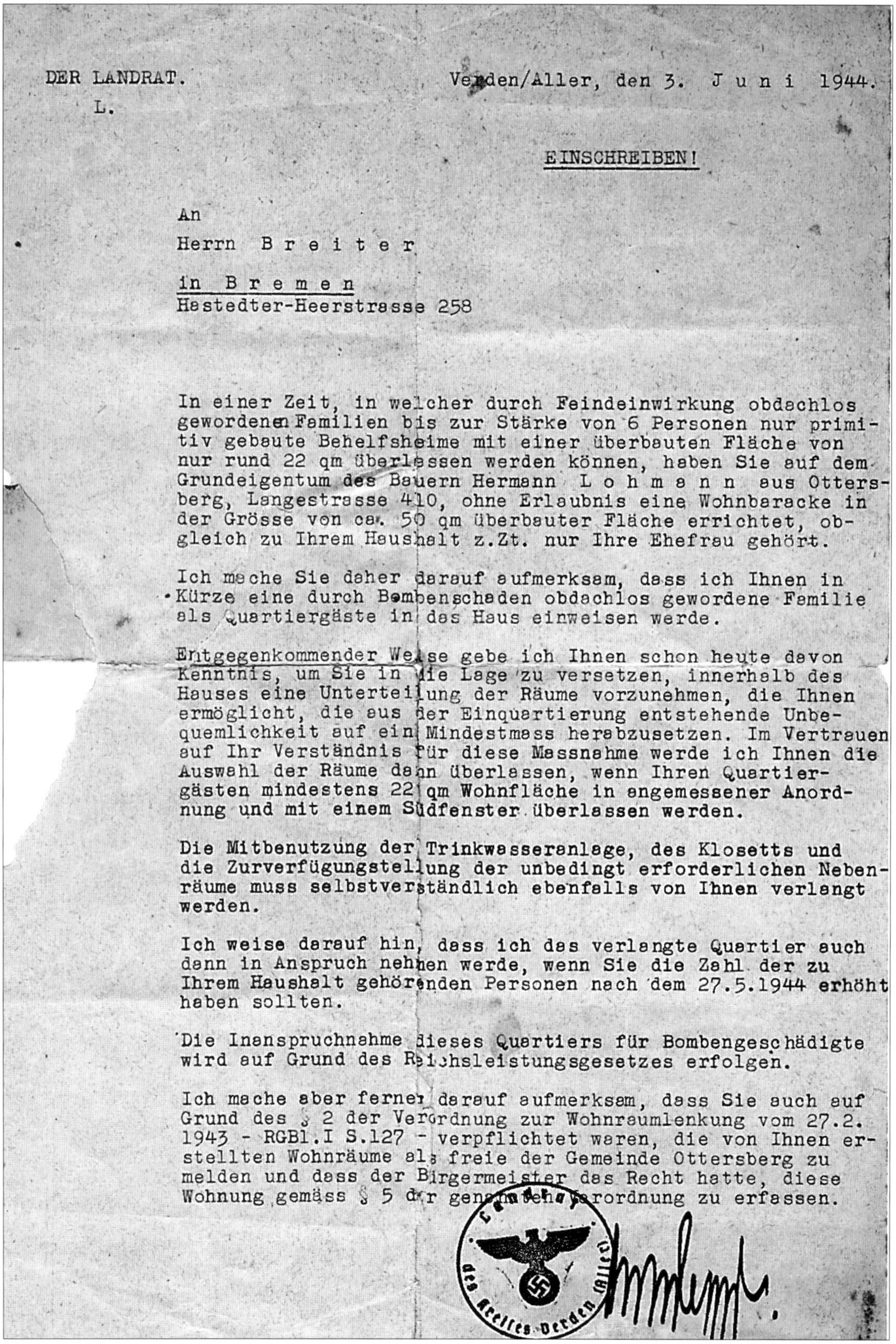
DER LANDRAT.   Verden/Aller, den 3. J u n i 1944.
L.

EINSCHREIBEN!

An

Herrn B r e i t e r

in B r e m e n
Hastedter-Heerstrasse 258

In einer Zeit, in welcher durch Feindeinwirkung obdachlos gewordenen Familien bis zur Stärke von 6 Personen nur primitiv gebaute Behelfsheime mit einer überbauten Fläche von nur rund 22 qm überlassen werden können, haben Sie auf dem Grundeigentum des Bauern Hermann L o h m a n n aus Ottersberg, Langestrasse 410, ohne Erlaubnis eine Wohnbaracke in der Grösse von ca. 50 qm überbauter Fläche errichtet, obgleich zu Ihrem Haushalt z.Zt. nur Ihre Ehefrau gehört.

Ich mache Sie daher darauf aufmerksam, dass ich Ihnen in Kürze eine durch Bombenschaden obdachlos gewordene Familie als Quartiergäste in das Haus einweisen werde.

Entgegenkommender Weise gebe ich Ihnen schon heute davon Kenntnis, um Sie in die Lage zu versetzen, innerhalb des Hauses eine Unterteilung der Räume vorzunehmen, die Ihnen ermöglicht, die aus der Einquartierung entstehende Unbequemlichkeit auf ein Mindestmass herabzusetzen. Im Vertrauen auf Ihr Verständnis für diese Massnahme werde ich Ihnen die Auswahl der Räume dann überlassen, wenn Ihren Quartiergästen mindestens 22 qm Wohnfläche in angemessener Anordnung und mit einem Südfenster überlassen werden.

Die Mitbenutzung der Trinkwasseranlage, des Klosetts und die Zurverfügungstellung der unbedingt erforderlichen Nebenräume muss selbstverständlich ebenfalls von Ihnen verlangt werden.

Ich weise darauf hin, dass ich das verlangte Quartier auch dann in Anspruch nehmen werde, wenn Sie die Zahl der zu Ihrem Haushalt gehörenden Personen nach dem 27.5.1944 erhöht haben sollten.

Die Inanspruchnahme dieses Quartiers für Bombengeschädigte wird auf Grund des Reichsleistungsgesetzes erfolgen.

Ich mache aber ferner darauf aufmerksam, dass Sie auch auf Grund des § 2 der Verordnung zur Wohnraumlenkung vom 27.2.1943 - RGBl.I S.127 - verpflichtet waren, die von Ihnen erstellten Wohnräume als freie der Gemeinde Ottersberg zu melden und dass der Bürgermeister das Recht hatte, diese Wohnung gemäss § 5 der genannten Verordnung zu erfassen.

Ausquartierung

Ausquartierung, 17. Luftangriff vom 22. Juli 1940, Hagenstraße

Vor dem Bahnhof lagern Ausgebombte und warten auf ihre Ausquartierung, 132. Luftangriff, 18./19. August 1944

Kind vor einem Bombentrichter an der Oberneuenlander Landstraße, 12. Luftangriff vom 12. Juli 1940

Bremer Kinder im Krieg

Auszüge aus der Bremen-Chronik:

24. September 1942:
Der 76. Transport der Kinderentsendung fährt mit Müttern ab Bremen.

12. Februar 1943:
Klassenweiser Einsatz von Schülern der höheren und mittleren Schulen als Luftwaffenhelfer bei der hiesigen Flakdivision durchgeführt.

8. August 1943:
Verlegung der bremischen Schulen in weniger luftgefährdete Gebiete. Im Zusammenhang mit den bei dem Luftangriff auf Hamburg gesammelten Erfahrungen wird eine große Zahl von Schulen gesperrt. Der wesentliche Teil der Schulen wird unter möglichster Wahrung des Schul- und vor allem des Klassenverbandes und unter Führung des Schulleiters und der Lehrer der Schule verlegt. In 26 Sonderzügen werden die Schulkinder im Alter von sieben Jahren an aufwärts in die Aufnahmegaue Sachsen, Kurhessen und Weser-Ems befördert. In Bremen bleiben nur die Klassenstufen 6-8 der höheren Schulen und die Klassenstufen 7 und 8 der höheren Mädchenschulen zurück; die Jungen im wesentlichen wegen des Dienstes als Luftwaffenhelfer, die Mädchen in Rücksicht auf Sonderverwendungen im Kriegshilfsdienst.

Kinder helfen bei der Verpflegung durch die »Nationalsozialistische Volkswohlfahrt«, Bahnhofsvorplatz

Auszüge aus Gestapo-Stimmungsberichten[25]

3. Februar 1941:
Die erweiterte Kinderlandverschickung und insbesondere die Entsendung von Müttern mit Kleinkindern war wiederum Anlaß zu den verschiedensten Gerüchten. So wurde behauptet, die in Frage kommenden Mütter müßten als Gegenleistung für die Entsendung in Rüstungsbetrieben oder in der Landwirtschaft arbeiten. Ferner wurde infolge der Anordnung, vor der Abreise die Schlüssel zu den Wohnungen beim Luftschutzwart abzugeben, behauptet, daß diese Wohnungen im Bedarfsfall bei größeren Katastrophen für obdachlose Familien beschlagnahmt würden. Die Folge dieser Gerüchte war, daß viele Mütter ihre Anträge auf Entsendung zurückzogen und dadurch die Arbeit der NSV (Nationalsozialistische Volkswohlfahrt) erheblich erschwerten.

7. März 1941:
Im übrigen war bei der Mütterentsendung festzustellen, daß Mütter aus gutsituierten Kreisen am meisten auf Verschickung drängten und auch die meisten Forderungen stellten, hingegen Arbeiterfrauen und vor allem die infolge des Krieges mitarbeitenden Frauen nicht daran dachten, ihren Pflichtenkreis zu verlassen.

Hitler-Jugend hilft bei der Reparatur beschädigter Fenster und Türen, Luftangriff vom 24. Juni 1944

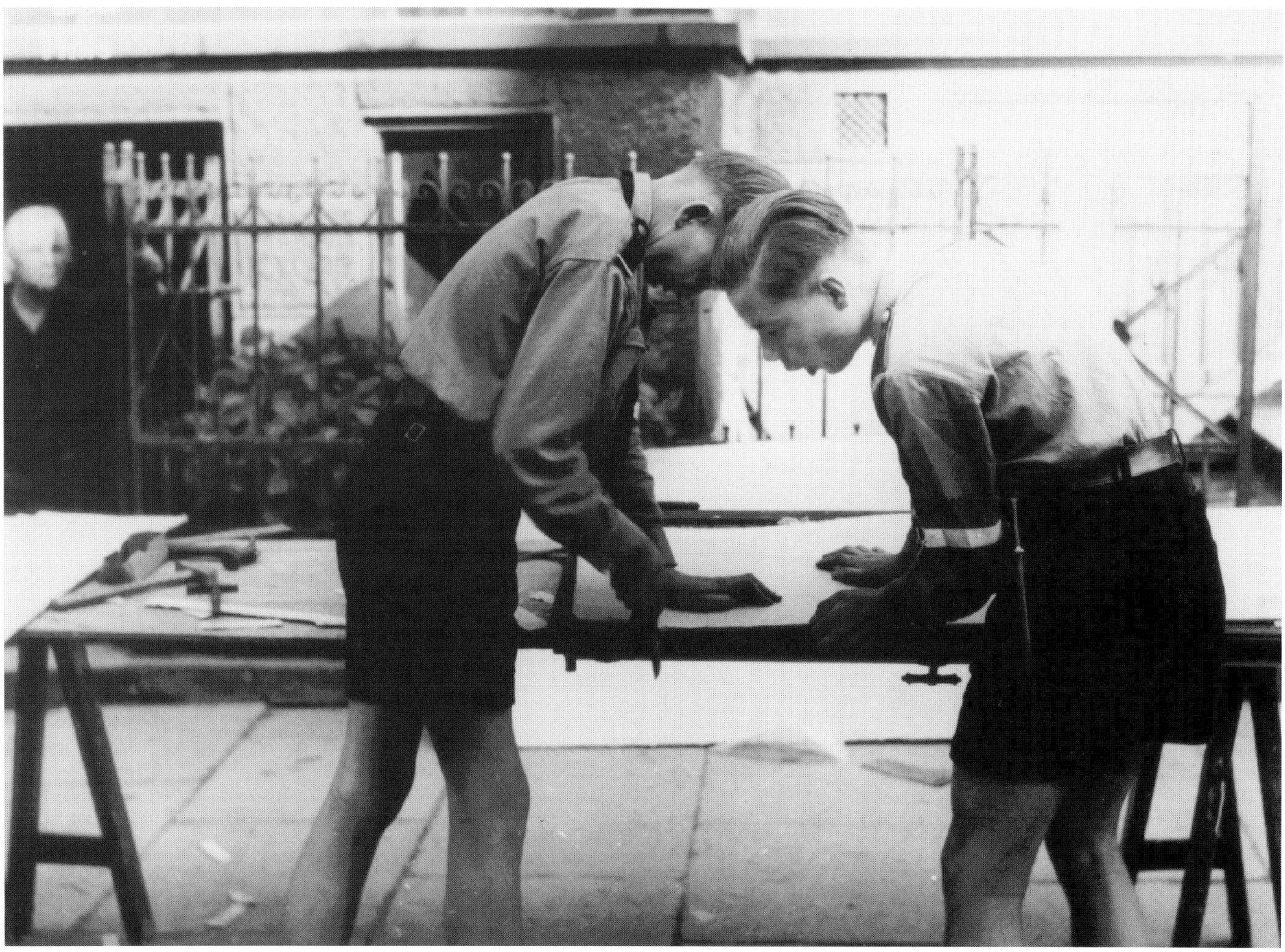

Rückkehr einer Gruppe von Kindern aus der Kinderlandverschickung vor dem Hauptbahnhof, Datierung ungewiß

Gasmasken-Kinder

Ein Gespräch mit Rita Weiße

Eines Tages – es mag 1941 oder 1942 gewesen sein, ich war damals 11 oder 12 Jahre alt – kam mein Vater mit den Gasmasken. Er sagte zu uns Kindern, wir sollten alle mal die Gasmasken kurz aufsetzen und uns im Hof vor unserem Reihenhaus in Oslebshausen aufstellen. Das war in der Reiherstraße. Die Gasmasken waren damals »für den Ernstfall« ausgegeben worden. Wir wollten das nicht so recht, denn die Masken waren eng und rochen nach Gummi; aber mein Vater sagte, es sei ja nur für dieses eine Mal und dann brauchten wir sie nie mehr aufzusetzen. Er sagte, er wolle ein Foto »für die Nachwelt« erhalten.
Sollte das ein Scherz sein? Oder war es ernst? Was hat er sich denn dabei gedacht?
Ein Scherz? Damals war niemandem nach Scherzen zumute. Die Erwachsenen wußten doch, daß es ernst war. Mein Vater wollte nicht, daß wir die Gasmasken tragen, wie es an sich Vorschrift war. Man bekam ja kaum Luft darunter; auch bei den Luftschutzübungen sollten die Masken getragen werden. In der Nähe unserer Wohnung lag ein Tiefbunker, halb unterirdisch. Etwas weiter weg, 10 oder 12 Minuten zu Fuß, gab es noch einen Spitzbunker. Der Spitzbunker war an sich besser, weil man darin mehr Schutz vor den Bomben hatte. Aber er lag zu weit weg. So viel Zeit hatte man oft gar nicht, um in den Bunker zu laufen; die Bomben sind viel zu schnell gefallen; und dann beim Rennen womöglich noch die Gasmasken aufsetzen – das wäre gar nicht möglich gewesen, man hätte nicht genug Luft bekommen. Jedenfalls mußten wir die Masken nur dieses eine Mal tragen; ich habe sie später nicht mehr gesehen.
Wo lag der Spitzbunker genau?
Na, das war da hinten, am Pulverberg in Oslebshausen, der steht wohl heute noch. Es ist ein Hochbunker, mehrere Stockwerke hoch mit einem spitz zulaufenden schrägen Dach. Das hatte man so gebaut, damit die Bomben nicht auf dem Dach detonieren. Die Tiefbunker am Spielplatz an der Reiherstraße haben einmal einen Treffer bekommen. Dabei sind viele ums Leben gekommen. Wir durften damals aber nicht hingehen, um zu gucken; es war alles abgesperrt. Jedenfalls gingen wir von da an nur noch zu diesem Hochbunker. Dort saßen wir dann manchmal tagelang – es war gegen Ende hin ja praktisch ununterbrochen Alarm. Wenn die Bomben in der Nähe fielen, hat der Bunker geschwankt und gezittert. Die Leute schrien dann vor Angst.
Wie war das für ein Kind von zwölf Jahren, tagelang im Bunker zu sitzen? Hatten Sie nicht große Angst?
Eigentlich weniger. Man gewöhnte sich daran. Es waren praktisch nur Frauen und Kinder im Bunker. Mein Vater ist nie in den Bunker gegangen; er war nicht eingezogen, wegen eines Augenschadens. Aber er mußte dafür Luftschutzdienst machen. Das heißt, er hätte erst dann in den Bunker gedurft, wenn die Bomben ganz dicht fielen; so lange mußten die Luftschutzmänner draußen an den Beobachtungsposten ausharren, um Brände zu melden, um zu löschen usw. Mein Vater wollte aber auch gar nicht in den Bunker. Er benutzte nämlich den Alarm dazu, heimlich den englischen Sender abzuhören. Das war sehr gefährlich; aber bei Alarm fiel das weniger auf. Wenn ihn jemand denunziert hätte, wäre er ins KZ gekommen – oder schlimmer. Der Blockwart in der Reiherstraße z.B. war ein gefährlicher Mann. Er wohnte in der Wohnung gleich neben dem Eingang. Diese Wohnung hatte ein Zimmer mehr und von dort aus konnte der alles beobachten. Der Eingang zur Siedlung war verschließbar. Mit einer Eisenpforte. Die hat er abends um 9 zugeschlossen – im Sommer um 10. In unserer Siedlung wohnten ja meist Regimegegner, und die hat der Blockwart ständig bespitzelt. Meine Familie wurde sozusagen »strafversetzt« in die Reiherstraße. Vorher hatten wir in der Waakhauser Straße gewohnt. Dort standen sogenannte Siedlungshäuser der »Norddeutschen Hütte« – das ist heute Klöckner. Die Arbeiter konnten diese Siedlungshäuser mit einer etwas höheren Miete im Lauf der Jahre »abstottern«. Aber das galt freilich nur für PGs, und mein Vater hat sich geweigert, in die Partei einzutreten; deshalb wurden wir dann aus unserem Siedlungshaus sehr schnell wieder herausgesetzt. Mein Vater war Nazi-Gegner und wegen eines Siedlungshauses wäre der noch lange nicht in die Partei gegangen.

Die Siedlung in der Reiherstraße war für Kinderreiche gedacht. Waren wir ja auch: ich hatte sechs Geschwister und war die Älteste. Mußte auf die Kleinen achtgeben. Ich habe das auch mitbekommen, daß mein Vater illegale Sachen machte. Er hat mir immer gesagt: »Erzähl da ja nichts von.« Hab' ich dann auch nicht. Soviel Verstand hatte ich schon. Trotzdem ist er mehrmals »weg« gewesen, bei der Gestapo, einmal mehrere Wochen lang. Denunziation wahrscheinlich.

Aber was genau anlag, darüber hat er nicht gesprochen?

Nein, niemals. Aber was das hieß, das habe ich schon ziemlich bald zu spüren bekommen. Bei der Kinderlandverschickung zum Beispiel. Erst war mein kleiner Bruder verschickt. Mich brauchte meine Mutter zum Anziehen von den Kleinen, zum Aufpassen usw. Ich bin daher anfangs nicht verschickt worden. Aber die Pflegeeltern von meinem kleinen Bruder, die schrieben an meine Eltern, sie sollten doch auch die andern Kinder schicken. In Gänsungen am großen Feldberg, da gäbe es keine Bomben.

Kurzum, meine Mutter hat mich nach einiger Zeit auch dorthin gebracht, damit ich mal frische Luft bekomme. Die Pflegemutter in Gänsungen hatte wohl mitbekommen, wie meine Eltern dachten, und so hat sie mich zuerst einmal vorgenommen und mir gesagt, ich solle mich bloß vorsehen in der Schule und kein falsches Wort sagen. Das hat aber gar nichts genützt. Der Lehrer, ein großer Nazi, hat mich der Klasse mit den Worten vorgestellt: »Das ist die Rita aus dem roten Bremen!« – und die ganze Klasse hat gejohlt und geheult und gepfiffen.

Von da an hat er mich andauernd schikaniert. Er hatte es darauf abgesehen, mich zu bestrafen. In Erdkunde und Geschichte – nie konnte ich seine Fragen beantworten: Geburtstag von Adolf Hitler, Geburtsort, Name der Eltern. Das konnte ich zwar nach einiger Zeit runterrasseln, aber er hat immer noch etwas gefunden. Wann Hitler zuletzt Bremen einen Besuch abgestattet hatte, welche Regimenter in Bremen liegen – das sollte ich alles wissen. Wenn ich die Fragen nicht beantworten konnte, mußte ich meine Hände aufs Pult legen und er schlug mit dem Rohrstock darauf.

Zu Hause habe ich geheult, ich wußte mir nicht mehr zu helfen. Es ist erst besser geworden, nachdem ich in den BDM – das war der »Bund Deutscher Mädel« – eingetreten bin. Dann durfte ich mit zum Ernte-

Oben:
Siedlung für Kinderreiche in der Reiherstraße, Oslebshausen – rechts die Wohnung des »Blockwarts«, links die Erdbunker
Unten:
Rita Weiße mit ihrer kleinen Schwester vor einem Flakturm in der Reiherstraße in Oslebshausen; hier sind die Kindersoldaten der HJ bei dem Versuch, die Scheinwerferstellung zu demontieren, ums Leben gekommen.

einsatz. Die Uniform hatte ich von einer Nachbarin bekommen. Ihre Tochter war schon herausgewachsen, aber mir hat sie gepaßt. Nach fünf Monaten – von März bis Juli – kam ich dann wieder nach Hause. Meine Mutter wurde nicht mehr mit den Kleinen fertig. Ich mußte ihr helfen.

Konnte denn Ihre Mutter nicht mit allen Kindern in die Landverschickung gehen?

Und mein Vater? Außerdem mußte man dann den Wohnungsschlüssel abgeben, und es wurden andere Leute in die Wohnung eingewiesen. Das wollte sie nicht.

Können Sie noch einmal genauer erzählen, wie das in den Bunkern war? Was haben denn die Kinder die ganze Zeit gemacht?

Na, die Kleinen haben gespielt, Puppen oder Teddy oder Spiele, die es eben so gab. In einer Ecke war eine Art Spielraum. Ich war ja schon größer und hatte mich gemeldet, um die Luftlagemeldungen weiterzugeben. Der »Bunkerwart« – auch ein Nazi – hörte mit seinem Volksempfänger die Sondermeldungen ab. Die Meldungen wurden immer mit einem Melodiestück aus dem Horst-Wessel-Lied eingeleitet: »...es schaun aufs Hakenkreuz voll Hoffnung schon Millionen...« Immer kam zuerst diese Melodie, dann ging es los: »Starke Feindflieger-Verbände im Anflug auf Ostfriesland ... 10 Minuten vor Hamburg... Angriff auf Bremen steht unmittelbar bevor ...« und so weiter. Ich mußte dann mit den Meldungen los in die Schutzräume, um das den Leuten zu sagen.

Wollten die das denn überhaupt noch hören? Solche Meldungen kamen doch ziemlich oft?

Na sicher wollten die das hören. Die wollten doch wissen, was los ist. Was sollten sie außerdem sonst die ganze Zeit im Bunker machen? Na, ich bin jedenfalls dauernd von Stockwerk zu Stockwerk gerannt mit meinen Sondermeldungen. Nachts wurde natürlich auch geschlafen. Es standen ja solche Etagenbetten in den Schutzräumen.

Was hat man in der Wartezeit gegessen?

Also, es gab »Bunkerspeisung«. Das waren Thermoskübel von der NSV, von der »Nationalsozialistischen Volkswohlfahrt«. Die wurden angeliefert. Wenn mal etwas länger Ruhe war, konnte man zwischendurch auch zu Hause etwas kochen oder Vorräte holen. Aber '45 ging das kaum noch, weil ständig Angriffe kamen. Zum Schluß schafften wir es selbst nicht mehr, die 12 Minuten zum Hochbunker am Pulverberg zu rennen, weil Tiefflieger kamen: die schossen auf alles, was sich bewegte. Wir saßen dann die letzte Woche vor Kriegsende nur noch im Erdbunker. Der lag ja gleich neben unserm Haus. Ich mußte die Kinder einsammeln, den Koffer mit dem Notgepäck schnappen und dann schnell ab, rüber in den Bunker.

Was war in dem Koffer drin?

Etwas zu Essen, Wäsche zum Wechseln, Windeln für die Kleinen, Ausweise. Meine Schulzeugnisse hatte ich auch eingepackt. Und der Henkelmann mit dem Essen für die ganze Familie war auch dabei; so rannten wir los.

Wie war die Stimmung am Schluß?

Was für eine Frage! Gewartet und gewartet und gewartet, daß endlich Schluß ist. Manche haben auch angefangen, den Mund aufzumachen, obwohl es immer noch gefährlich war. Da gab es ja so 150prozentige, die immer noch an den »Endsieg« glaubten.

Als dann Schluß war und einer reinkam und rief: »Ihr könnt rauskommen! Der Krieg ist aus!« – da wollten das viele nicht glauben. Es hatte einfach zu lange gedauert. Sie mochten gar nicht rauskommen aus dem Bunker. Sie konnten es nicht glauben. Erst als sie hörten: »Die Amis sind da« – stimmte gar nicht, das waren nämlich die Engländer – da sind sie endlich rausgekommen. Da waren auch einige dabei, die hatten noch zwei Tage vorher vom »Endsieg« gefaselt und vom »Volkssturm« und davon, daß die 14jährigen Jungens auf die Panzer springen und Handgranaten in die Luken schmeißen sollen und ähnliches mehr. Die wollten jetzt auch nicht rauskommen aus den Bunkern. Und ein paar Tage später hatten sie plötzlich statt ihrer Hakenkreuz-Armbinde andere Binden um, rote oder weiße – je nachdem. Na, so mancher, der es allzu eilig hatte mit der »neuen Zeit«, den kannte man ja und der ist seine Armbinde dann auch wieder losgeworden. Auch die roten Fahnen, die einige übereifrige Alt-Nazis aus dem Fenster gehängt hatten, die wurden wieder eingeholt.

Mein Vater und ein paar vernünftige Kollegen hatten den Hitlerjungs kurz vor Schluß noch gesagt, sie sollten mal alle Handgranaten mitbringen und in so einen Graben legen; den haben sie dann mit Erde zugeschüttet. Die Jungs waren ja zum Teil noch Kinder – und die sollten noch 5 vor 12 ins Feuer geschickt werden? Bei uns zwischen Reiherstraße und dem Bahnhof Oslebshausen standen auch mehrere Flakstände und eine Scheinwerferabteilung. Die Jungens vom Volkssturm versuchten, das abzubauen, wie ihnen gesagt worden war. Es sollte alles demoliert werden, »damit dem Feind nichts in die Hände fällt«. Die Jungens wollten also diesen Scheinwerfer abmontieren. Er muß wohl in der Sonne

Luftlagemeldung

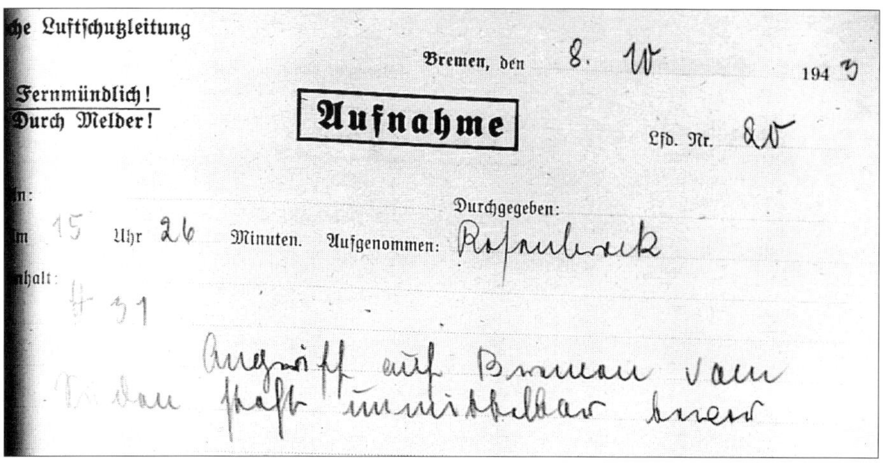

...he Luftschutzleitung

Bremen, den 8. IV 1943

Fernmündlich!
Durch Melder!

Aufnahme

Lfd. Nr.

...n:

...m 15 Uhr 26 Minuten. Aufgenommen:

Durchgegeben:

...nhalt:

Bewohner bergen Hausrat, 120. Luftangriff vom 13. Dezember 1943

geblinkt haben. Sekunden später waren Tiefflieger da, die hatten das gesehen. Von den Jungen sind einige nicht mehr nach Hause gekommen. Sie waren tot.

Wie war das bei der Befreiung? Haben die Menschen sich nicht gefreut?

Vielleicht hatten sie schon zuviel durchgemacht. Gefreut haben sich wohl die Kinder, denn die Soldaten verteilten dann später beispielsweise Kaugummi und Schokolade. Das kannten wir doch gar nicht. Die Erwachsenen gingen in ihre zerbombten Häuser und fingen an aufzuräumen. Falls noch etwas stand. Man hatte nicht viel Grund zur Freude. So war das.

BDM-Mädchen hilft bei Löscharbeiten
118. Luftangriff vom 29. November 1943

Rechte Seite: Kinder nach einem Angriff, im Hintergrund Hitler-Jugend als Bergungshelfer
112. Luftangriff vom 13. Juni 1943, Osterstraße/Brückenstraße

Poethigs

Kindersoldaten – Hitler-Jugend im Einsatz, 112. Luftangriff vom 13. Juni 1943, Osterstraße/Brückenstraße

Rechte Seite:
Aufnahme einer Verletzten-Meldung
138. Luftangriff vom 12. Oktober 1944

»Arbeitseinsatz« von Ausländern in der Bremer Kriegswirtschaft

Eine große, aber nicht mehr genau feststellbare Zahl von Kriegsgefangenen und sogenannten »Zivilarbeitern« aller möglichen Nationen hat während des Krieges in Bremen gearbeitet. Vor allem in den letzten Kriegsjahren, als der Arbeitskräftemangel durch die Wehrmachtseinberufungen und das Massensterben an den Fronten immer größer wurde, stieg auch in Bremen die Zahlen der »Fremdvölkischen« stark an. Diese Menschen wurden vor allem in der Rüstungsproduktion, beim Bunkerbau und bei der Stadtenttrümmerung eingesetzt. Die Behandlung der »Fremdvölkischen« war sehr unterschiedlich und richtete sich danach, aus welchem der besetzten Länder sie jeweils gekommen waren. Am schlechtesten wurden die Russen behandelt – und zwar nicht nur die sowjetischen Kriegsgefangenen, sondern auch die sogenannten »Ostarbeiter«, die als »Freiwillige« galten. Ebenso wie die Polen mußten sie auch ein diskriminierendes Zeichen an der Brust tragen: die Russen ein weiß-blaues Stoffab-

Linke Seite: II. SS-Baubrigade in der Obernstraße; 122. Luftangriff vom 20. Dezember 1943
Unten: Gefangene müssen einen Blindgänger auf dem Westerdeich ausgraben; 120. Luftangriff vom 13. Dezember 1943

zeichen mit dem Aufdruck »Ost«, die Polen ein gelblila Zeichen mit dem Aufdruck »P«.[26] Anders als der Judenstern ist die Einführung dieser Zeichen heute fast unbekannt, obwohl sie damals von Zehntausenden getragen wurden.

Freiwillig ist im übrigen nur ein verschwindender Prozentsatz ins »Reich« gekommen. Fritz Sauckel, der »Generalbevollmächtigte für den Arbeitseinsatz«, hat schon im März 1944 zugegeben, daß von den damals mehr als 5 Millionen ausländischen Arbeitern höchstens 200.000 freiwillig gekommen seien.[27] Die Rekrutierung von Arbeitskräften in den besetzten Ländern geschah bei Razzien, Straßensperren und regelmäßigen »Auskämmungsaktionen«. Vor allem in den besetzten östlichen Ländern wurden regelrechte Menschenjagden veranstaltet. Kinos, Theater, Wochenmärkte, ganze Dörfer wurden umstellt und alle Arbeitsfähigen zum »Arbeitseinsatz ins Großdeutsche Reich« abtransportiert.[28]

Oben:
»1000 von 657.944« – Sowjetische Kriegsgefangene in offenen Waggons auf dem Weg in die Gefangenschaft

Rechte Seite:
Französische Kriegsgefangene bei Aufräumungsarbeiten 65. Luftangriff vom 30. Juni 1941, Obernstraße

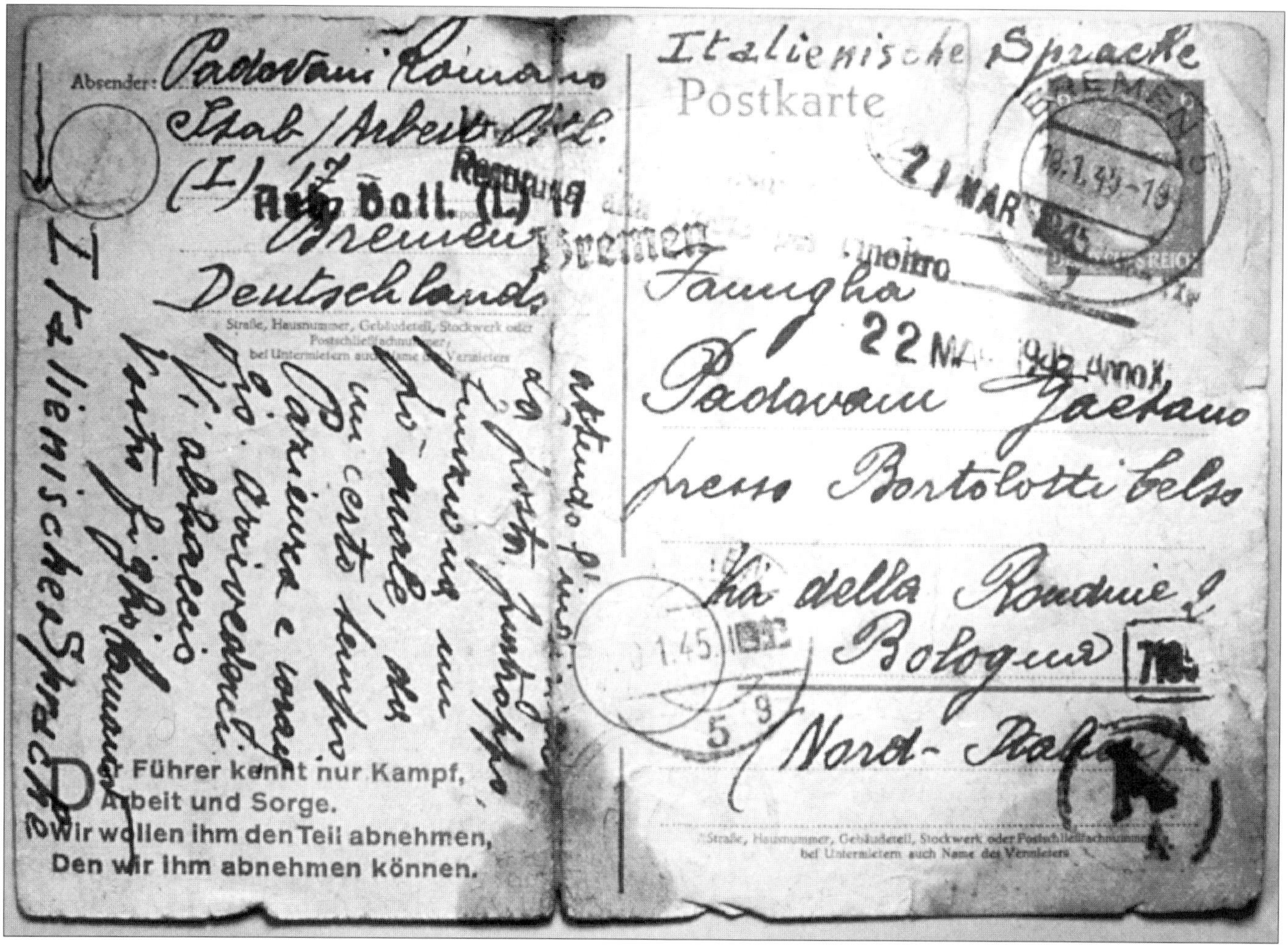

»Der Führer kennt nur Kampf« – Kartengruß aus Deutschland

Postkarte eines italienischen »Zivilarbeiters« an seine Eltern

»Bremen, 17. 1. 45
Meine Lieben,
ich habe gehört, daß Bologna am 29. letzten Monats bombardiert worden ist. Ich hoffe, daß Euch nichts zugestoßen ist. Aber manchmal weiß ich nicht mehr, was ich denken soll. Ich warte immer auf Eure Nachrichten. Seit Ende November habe ich nichts mehr von Euch gehört. Gebt nur acht auf Euch. Diese Zeiten werden für Euch so hart und traurig sein, daß ihr nichts anderes denken sollt, als nur einigermaßen über die Runden zu kommen. Verkauft alles, wenn es nicht anders geht. Nach dem Krieg können wir dann alles wieder neu besorgen. Gesundheitlich geht es mir gut. Ich möchte, daß Ihr Euch keine Sorgen um mich macht. Die Post funktioniert leider nicht mehr gut seit einiger Zeit. Kann man nichts machen. Habt Geduld und Mut. Auf Wiedersehen. Ich umarme Euch.

Euer Sohn Romano«

Italienische Kriegsgefangene bei Aufräumungsarbeiten in der Obernstraße, Datierung ungewiß

Kriegsgefangene räumen Schutt in der Langenstraße, Datierung ungewiß

Kriegsgefangene Franzosen bergen Akten der Firma A. Segnitz & Co. auf dem Löwenhof, 120. Luftangriff vom 13. Dezember 1943

Gefangene räumen unter Bewachung Schutt auf der Auricher Straße, 40. Luftangriff vom 2. Januar 1941

Kriegsgefangene schaufeln den Eingang zum Bunker »Auf dem Kamp« frei
Auf dem Rücken mit weißer Ölfarbe »KG« (Kriegsgefangener), 122. Luftangriff vom 20. Dezember 1943

Ausländerlager in Bremen

Die ausländischen Arbeitskräfte waren überwiegend in sogenannten »Gemeinschaftslagern« untergebracht. Aus Akten der Kommandantur der Bremer Sicherheitspolizei von 1944 ergibt sich, daß allein im Bremer Stadtgebiet mehr als 150 verschiedene Ausländerlager existierten.[29] Nicht alle dieser Lager waren mit Stacheldraht umzäunte Barackenlager, mit Wachhunden und Wachmannschaften. Es gab auch zahlreiche kleine, unmittelbar an den Arbeitsstellen eingerichtete Lager. Auch stillgelegte Fabriken, Tanzböden, Kinosäle etc. wurden provisorisch zu Lagern umfunktioniert.
In den ersten Kriegsjahren genossen ausländische Arbeiter noch eine gewisse Freizügigkeit; sie fanden sogar in Privatquartieren Unterkunft, soweit sie »West-Arbeiter« waren und vor allem, wenn sie sich freiwillig zum »Arbeitseinsatz« nach Deutschland gemeldet hatten,[30] – eine Praxis, die später jedoch auf Druck der Gestapo stark eingeschränkt, bzw. ganz eingestellt wurde.[31] Arbeitskräfte aus dem Osten und Südosten Europas wurden nach anderen Maßstäben behandelt. Ihre »Zusammenfassung in Sammelunterkünften« erschien als geringeres Sicherheitsrisiko, weil man stets Sabotage- und Aufstandsversuche der »Fremdvölkischen« befürchtete. Außerdem war ihre »gesundheitliche Überwachung« nur bei »lagermäßiger Unterbringung« sichergestellt. In einer Polizeiverordnung von 1942 wird darüber hinaus angeordnet, daß »sämtliche Ausländertransporte vor der Aufnahme im Einsatzlager zu entlausen«, d.h. durch die Desinfektionsanstalt des Hauptgesundheitsamts in der Schlachthofstraße zu schleusen seien.[32] Die Angst vor Seuchen, die sich in den Elendslagern in Windeseile ausbreiten konnten und die auch vor der deutschen Zivilbevölkerung nicht haltgemacht hätten, erklärt die rigorose Praxis.
Um die Zivilbevölkerung zusätzlich auf Distanz zu halten, war jeder außerdienstliche Verkehr mit Ausländern verboten[33] und der Umgang mit Kriegsgefangenen sogar unter Strafe gestellt. Auch wurden immer wieder Gerüchte in Umlauf gesetzt, um Stimmung gegen die Fremden zu machen. So wurde behauptet, Ausländer hätten während der Verdunkelung heimliche Lichtzeichen gegeben, um den alliierten Bombenflugzeugen das Auffinden ihrer Ziele zu erleichtern usw.[34] Sabotage-Hysterie griff um sich. »Feind-hört-mit«-Parolen heizten die ausländerfeindliche Stimmung weiter an. Schließlich war es dann soweit, daß diejenigen, die die Luftschutzbunker selber erbaut hatten, bei Fliegeralarm keinen Zutritt erhielten. An manchen Bunkereingängen wurden Aufschriften angebracht: »Nur für Deutsche!«[35] Auch die Polizei befaßte sich mit dem Thema. So heißt es

Warnung vor Kontakten mit Zwangsarbeitern

Deutsche!

Wahrt inneren und äusseren Abstand von den Fremdvölkischen.

*

Wer Kriegsgefangene wie Deutsche behandelt, wird zum Verräter am deutschen Volke. — Feind bleibt Feind! —

*

Es ist verboten, mit Kriegsgefangenen aller Länder, mit Polen und Ostarbeitern zu sprechen.

*

Es ist verboten, mit Kriegsgefangenen Polen oder Ostarbeitern an einem Tisch zu essen.

*

Wer seine Ehre nicht wahrt, und sich mit Kriegsgefangenen Polen oder Ostarbeitern einläßt, wird mit Zuchthaus bestraft.

*

Wer Kriegsgefangenen bei der Flucht behilflich ist, oder ihnen Fluchthilfsmittel verschafft Werkzeuge, Zivilkleidung, Landkarten usw. wird mit Zuchthaus bestraft.

*

Jede deutsche Frau ist es den Frontsoldaten gegenüber schuldig, daß sie Abstand von den Fremdvölkischen hält. Die Deutsche Frau muß auch zur Wahrung ihrer Ehre jeden falschen Schein vermeiden.

*

Bleibe dir jederzeit dieser Verantwortung bewußt!

Deutsches Merkblatt über den Umgang mit Kriegsgefangenen und »Fremdvölkischen«

in einem Tagesbefehl der Bremer Schutzpolizei[36] vom 3.1. 1944:

»Betr. Aufsuchen der LS-Bunker durch Ausländer.«

»Immer wieder werden berechtigte Klagen vorgebracht, daß den deutschen Volksgenossen durch die Ausländer Luftschutzraum in den LS-Bunkern entzogen wird. Die LS-Bunkerverwalter usw. sind nochmals eingehend zu belehren und anzuweisen, daß
1. Kriegsgefangenen, Ostarbeitern und Polen der Zutritt zu den LS-Bunkern bei Fliegeralarm grundsätzlich untersagt ist.
2. den übrigen Ausländern der Zutritt zu den LS-Bunkern nur gewährt werden kann, wenn die LS-Bunker von der Zivilbevölkerung nicht voll in Anspruch genommen werden und sie von den deutschen Volksgenossen getrennt untergebracht werden können. Ausländer usw., die hiernach nicht in den LS-Bunkern aufgenommen werden dürfen bzw. können, sind, soweit möglich, in andere Luftschutzräume, LS-Sonderbauten, usw. einzuweisen, sofern sie von der Zivilbevölkerung nicht in Anspruch genommen werden.«

Aber die Ausländer wurden von den Luftschutzwarten nicht nur an den Bunkereingängen zurückgewiesen; es sind sogar Zeugnisse überliefert, wonach Gefangene, während sie noch am Innenausbau der Bunker arbeiteten, beim Heulen der Sirenen die Bunker verlassen mußten, um Platz für die deutsche Zivilbevölkerung zu machen.[37]
Das Prinzip, die verschiedenen Nationalitäten gegeneinander auszuspielen, konnte nur funktionieren, wenn den »Westarbeitern« (Franzosen, Belgiern, Holländern) und den »Zivilarbeitern« (freiwillig gekommenen oder aus der Kriegsgefangenschaft formell entlassenen Arbeitern) gewisse Vergünstigungen eingeräumt wurden: vor allem bessere Verpflegung und Unterbringung, Postverkehr mit den Angehörigen und die Möglichkeit, Pakete zu empfangen.
Dennoch – für die Mehrzahl der in Bremen eingesetzten »Fremdvölkischen« galten diese Vergünstigungen nicht. Vor allem nicht für »Ostarbeiter«; nach der offiziellen Sprachregelung waren diese zwar »freiwillig« gekommen, tatsächlich hatte man sie aber in ihrer Heimat für den Abtransport ins »Reich« regelrecht eingefangen. Im »Reich« und auch in Bremen wurden sie dann praktisch wie Gefangene gehalten.
Da oftmals ganze Familien verschleppt worden waren, versprach man ihnen, sie dürften zusammenbleiben; meist wurden die Familien dann aber doch auseinandergerissen – schon deshalb, weil Männer und Frauen in getrennten Lagern untergebracht waren. Auch die Kinder dieser Familien hat man vom »Arbeitseinsatz« nicht ausgenommen. In den Akten über das »Russenlager Buntentorsteinweg« findet sich beispielsweise ein Verzeichnis mit einer langen Liste, die alle Namen der »Arbeitskräfte von 12 bis 21 Jahren« enthält. Diese »Arbeitskräfte« werden nach »männlich« und »weiblich« unterschieden. »Weibliche Arbeitskräfte« unter 14 Jahren sind in dieser Liste keine Seltenheit; ebensowenig wie »männliche Arbeitskräfte« von 16 oder 17 Jahren, deren Namen mit Bleistift ausgestrichen und mit dem handschriftlichen Vermerk »in Haft« gezeichnet sind.[38] Über

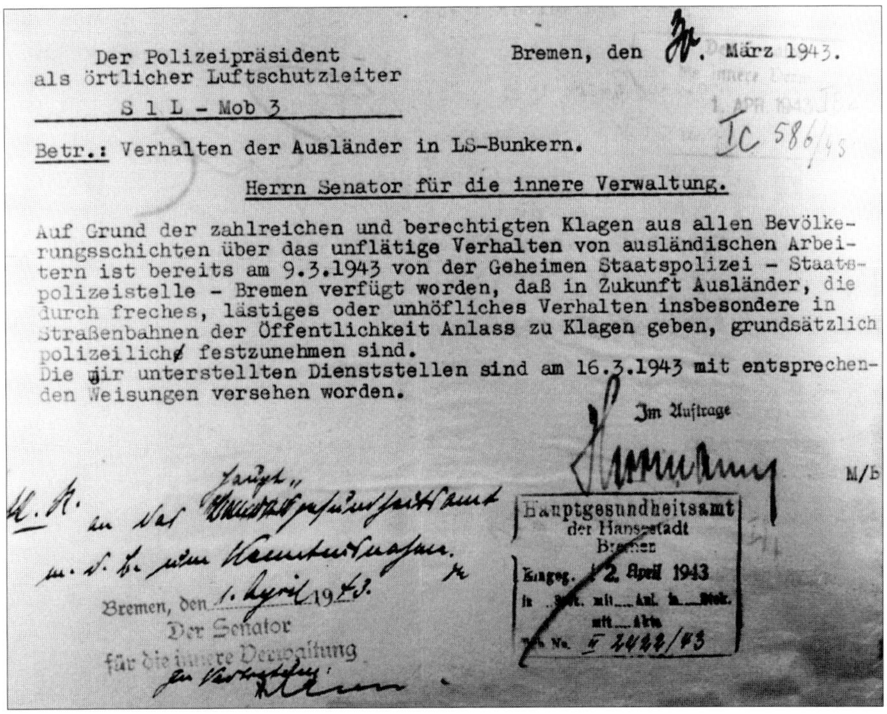

Der Polizeipräsident
als örtlicher Luftschutzleiter
S 1 L - Mob 3

Bremen, den 30. März 1943.

IC 586/43

Betr.: Verhalten der Ausländer in LS-Bunkern.

Herrn Senator für die innere Verwaltung.

Auf Grund der zahlreichen und berechtigten Klagen aus allen Bevölkerungsschichten über das unflätige Verhalten von ausländischen Arbeitern ist bereits am 9.3.1943 von der Geheimen Staatspolizei - Staatspolizeistelle - Bremen verfügt worden, daß in Zukunft Ausländer, die durch freches, lästiges oder unhöfliches Verhalten insbesondere in Straßenbahnen der Öffentlichkeit Anlass zu Klagen geben, grundsätzlich polizeilich festzunehmen sind.
Die mir unterstellten Dienststellen sind am 16.3.1943 mit entsprechenden Weisungen versehen worden.

Im Auftrage

M/b

Hauptgesundheitsamt der Hansestadt Bremen
Eingeg. 2. April 1943

Bremen, den 1. April 1943.
Der Senator für die innere Verwaltung

Rechts: »Beschwerden aus der Bevölkerung«

ALLIIERTE KRIEGSGEFANGENE, ZIVILINTERNIERTE UND VERSCHLEPPTE STAATSANGEHÖRIGE

Warnung an jeden, der für ihre Behandlung verantwortlich ist

DIE Regierung von Grossbritannien, die Regierung der Vereinigten Staaten und die Regierung der Sowjet-Union richten hiermit zugleich im Namen aller Vereinten Nationen, die sich im Kriege mit Deutschland befinden, eine feierliche Warnung an alle Kommandanten und Bewachungsmannschaften, die Befehlsgewalt über alliierte Kriegsgefangene, Zivilinternierte oder verschleppte Staatsangehörige der Vereinten Nationen in Deutschland oder in deutschbesetztem Gebiet haben, sowie an alle Angehörigen der Geheimen Staatspolizei und an alle anderen Personen, gleichgültig welchen Dienstzweiges und welchen Ranges, die alliierte Kriegsgefangene, Zivilinternierte oder verschleppte Staatsangehörige in Händen haben, sei es im Kampfgebiet, auf den Verbindungswegen oder im rückwärtigen Gebiet. Sie erklären hiermit, dass sie alle diese Personen ebenso wie das deutsche Oberkommando und die zuständigen deutschen Heeres-, Kriegsmarine- und Luftwaffe-Behörden für die Sicherheit und Wohlfahrt der ihnen anvertrauten alliierten Kriegsgefangenen, Zivilinternierten oder verschleppten Staatsangehörigen persönlich verantwortlich machen.

Jedermann, der alliierte Kriegsgefangene misshandelt oder solche Misshandlung zulässt, gleichgültig ob im Kampfgebiet, auf den Verbindungswegen, im Lager, Lazarett, Gefängnis oder wo auch immer, wird rücksichtslos verfolgt und seiner Bestrafung zugeführt werden.

Sie weisen darauf hin, dass sie diese Verantwortung unter allen Umständen als bindend betrachten; auch kann diese Verantwortung nicht auf irgendwelche anderen Behörden oder Einzelpersonen abgeschoben werden.

Winston Churchill *Harry S. Truman* *Josef Stalin*

Flugblatt der Alliierten, über Bremen abgeworfen

Der ehemalige Spielplatz Nordstraße: Schon im Ersten Weltkrieg Kundgebungsplatz der Arbeiter für Frieden, von den Nationalsozialisten in »Danziger Freiheit« umbenannt, Ort von NS-Aufmärschen und Bücherverbrennungen, Barackenlager für Zwangsarbeiter

Rechte Seite oben:
Russische Kriegsgefangene als Flakhelfer
Rechte Seite unten: Beim 59. Luftangriff vom 9. Mai 1941
Zerstörtes Barackenlager für Zwangsarbeiter im Holzhafen
Unten:
Polizeiverordnung über den Status von polnischen Zwangsarbeitern

Polizeiverordnung zur Regelung des Verhaltens der im Lande Bremen eingesetzten Zivilarbeiter und -arbeiterinnen polnischen Volkstums.

Vom 9. Mai 1940.

§ 1.

Den Zivilarbeitern und -arbeiterinnen polnischen Volkstums ist verboten:

1) sich in der Zeit vom 1. April bis 30. September von 21 Uhr bis 5 Uhr und in der Zeit vom 1. Oktober bis 31. März von 20 Uhr bis 6 Uhr außerhalb ihrer Unterkunft aufzuhalten, soweit nicht durch den Arbeitseinsatz bedingt im Einzelfall andere Zeiten durch den Polizeipräsidenten Bremen genehmigt sind,
2) ohne Genehmigung des Polizeipräsidenten Bremen öffentliche Verkehrsmittel zu benutzen. Die öffentlichen Verkehrsunternehmen dürfen Zivilarbeiter und -arbeiterinnen polnischen Volkstums nur nach Vorlage der schriftlichen Genehmigung des Polizeipräsidenten Bremen auf den öffentlichen Verkehrsmitteln befördern,
3) an deutschen Veranstaltungen kultureller, kirchlicher oder geselliger Art teilzunehmen,
4) sich in Gaststätten aufzuhalten. Der Polizeipräsident kann nach Bedarf und den örtlichen Verhältnissen Gaststätten einfacher Art, gegebenenfalls für bestimmte Zeiten zum Besuch für Zivilarbeiter und -arbeiterinnen polnischen Volkstums freigeben.

§ 2.

Bei zeitweiser Freigabe von Gaststätten für Zivilarbeiter und -arbeiterinnen polnischen Volkstums ist deutschen Volksgenossen verboten, sich in diesen Gaststätten während der festgesetzten Zeiten aufzuhalten. Die jeweiligen Sperrzeiten werden durch den Polizeipräsidenten bekanntgegeben.

§ 3.

Die Arbeitgeber von Zivilarbeitern und -arbeiterinnen polnischen Volkstums sind verpflichtet:

1) ihnen bekanntwerdende Verstöße dieser Arbeiter gegen die für sie geltenden Anordnungen und
2) jedes unerlaubte Verlassen des Arbeitsplatzes sofort dem Polizeipräsidenten Bremen zu melden.

§ 4.

Die Übertretung dieser Polizeiverordnung wird mit Geldstrafe bis zu RM. 150.— oder Haft bis zu 14 Tagen bestraft.

§ 5.

Die Polizeiverordnung tritt mit dem Tage der Veröffentlichung im Bremischen Gesetzblatt in Kraft.

Bremen, den 9. Mai 1940.

Der Senator für die innere Verwaltung.
In Vertretung:
Behrens.

diese Kinder-Arbeiter heißt es in einem Bericht des Regierenden Bürgermeisters an den Reichsarbeitsminister[39] vom 13. März 1944:

»Die für Ostarbeiter-Lager notwendigen Maßnahmen für eine geordnete Unterbringung, Erziehung und, soweit altersmäßig möglich, eine entsprechende Beschäftigung der zahlreichen Kinder und Jugendlichen, sind vielfach erst im Anlaufen. Vom Ernährungsstandpunkt gesehen ist diese unproduktive Zunahme der vielen Kinder, die innerhalb Jahresfrist innerhalb Deutschlands eine erkleckliche Zahl darstellen werden, eine recht unerfreuliche Erscheinung. Zusätzlich müssen jetzt Säuglings- und Kleinkinderabteilungen unter Leitung besonderer weiblicher, den Lagerinsassen entnommener Arbeitskräfte geschaffen werden.

Besonders die Beschäftigung der größeren Kinder wird neue unproduktive Kräfte binden. Durch die Anordnung über den Arbeitsschutz ausländischer Arbeitskräfte und Ostarbeiter vom 15.1.44 sind für die Kinderarbeit vom 12.–14. Lebensjahre neue Bindungen entstanden.

Das Kinderproblem spielt allerdings nicht nur bei den Ostarbeiterinnen eine Rolle, auch bei Polinnen ist ein nicht unbedingt erfreulicher Kindersegen festzustellen, so daß in einem kleinen Lager mit nur etwa 150 Polinnen für die nächste Zeit fast in jeder Woche ein neuer Erdenbürger zu erwarten steht. Binnen Jahresfrist wird also die Zahl der Esser in Deutschland noch erheblich zunehmen, außerdem aber entziehen diese Säuglinge für ihre erste Ausstattung dem deutschen Kinde noch nicht unbedeutende Mengen an Erstlingswäsche, wobei die Beschaffung bei den geringen Vorräten den Großbetrieben noch vielfach leichter möglich sein wird als der einzelnen deutschen Mutter.«

Lagerkinder als »unproduktive Esser« – das ist die Logik eines Systems, das auf der gnadenlosen Ausbeutung der zwangsrekrutierten Arbeitskräfte beruhte. Dem entsprach auch die Einrichtung von sog. »Kleinkinderpflegestätten«, in denen die Säuglinge der Ostarbeiterinnen und Polinnen innerhalb weniger Wochen scharenweise zu Tode »gepflegt« wurden, während

ihre Mütter zurück an die Arbeitsstellen mußten. Zwar ist für Bremen die Einrichtung einer solchen »Kleinkinder-Pflegestätte« nicht nachgewiesen, aber nicht weit von hier, am Deich zwischen Oste und Elbe befindet sich eine Grabstätte unbekannter polnischer Kinder, deren Spuren sich inzwischen vollständig verloren haben.[40] Was in Bremen mit den neugeborenen Kindern von Polinnen oder Russinnen geschehen ist, habe ich nicht ermitteln können.
Arbeiten für »Großdeutschland«, für die »Neuordnung Europas«, für den »Endsieg« – das war oberstes Prinzip des »Ausländereinsatzes«. Um jeden Widerstand im Keim zu ersticken, wurde die Hungerfolter als zusätzliches Instrument benutzt. Die Verpflegungssätze für »Ostarbeiter« und Kriegsgefangene waren so bemessen, daß die Menschen bei schwerster körperlicher Arbeit nach einiger Zeit zu Skeletten abmagerten. Anwohner in der Nähe der großen »Russenlager« haben die Elendszüge dieser Gefangenen jeden Tag zu ihren Arbeitsstätten marschieren sehen: zu Focke-Wulf, zur A.G. »Weser«, zum Vulkan. Es wird berichtet, die Gefangenen hätten die Rinde von den Straßenbäumen abgerissen und gegessen oder sich auf die Mülltonnen am Straßenrand gestürzt, in der Hoffnung, etwas Eßbares zu finden. Tatsächlich fanden sie dort zuweilen auch sorgfältig eingewickelte Brote, die mitleidige Anwohner, die die Not der Gefangenen sahen, heimlich in die Eimer gelegt hatten.
Es wird auch berichtet, die Gefangenen hätten oft abends auf Handkarren oder auf ihren Schultern Kameraden geschleppt, die nicht mehr laufen konnten oder auch schon während der Arbeit gestorben waren.[41] Von solchen Kolonnen sind keine Fotografien überliefert; das Risiko einer heimlichen Aufnahme wäre zu groß gewesen.

ALLIIERTES OBERKOMMANDO
(Supreme Headquarters Allied Expeditionary Force)

Bekanntmachung

Deutsche! Unter Euch befindet sich eine grosse Anzahl Menschen in Zwangsarbeits-Bataillonen und in Konzentrationslagern.

Deutsche! Befolgt keine Befehle, von welcher Seite auch immer, zur Schikanierung, Misshandlung und Unterdrückung dieser Menschen, welcher Nationalität oder Religion sie angehören mögen.

Die alliierten Armeen, die bereits auf deutschem Boden festen Fuss gefasst haben, erwarten auf ihrem Vormarsch, diese Menschen lebendig und unverletzt vorzufinden.

Schwere Strafen werden Jeden treffen, der mittelbar oder unmittelbar, in grossem oder kleinem Mass, sich ihrer Misshandlung schuldig gemacht hat.

Jeder, der gegenwärtig Befehlsgewalt ausübt, soll sich dies zur Warnung dienen lassen!

Dwight D. Eisenhower

DWIGHT D. EISENHOWER,
General, Oberster Befehlshaber
der Alliierten Streitkräfte.

7. November 1944

Alliiertes Flugblatt, über Bremen abgeworfen

Rechts:
KZ-Häftlinge bei Enttrümmerungsarbeiten in der Haake-Beck-Brauerei
42. Luftangriff vom 3. Januar 1941

Unten:
Häftlinge der II. SS-Baubrigade aus dem Lager Huckelriede bei Aufräumungsarbeiten
122. Luftangriff vom 20. Dezember 1943

KZ-Häftlinge

Lagerleben und Hunger

Die größten »Russenlager« im Bremer Stadtgebiet waren die Focke-Wulf Lager Buntentorsteinweg und Boßdorfstraße in Huckelriede, die Borgward-Lager Oewerweg und Zeppelinwiese in Sebaldsbrück und das »Russenlager« des Hafenbetriebsvereins im Ulrich-Schuppen im Holzhafen. Da auch diese Lager mit bürokratischer Aktenführung verwaltet wurden, sind aus dem Schriftverkehr der Lagerführer mit den verschiedenen Dienststellen Einblicke in die Lebensbedingungen im Lager möglich: Die Kälte, die Wanzen- und Rattenplage, die Überfüllung der Baracken durch drei- und mehrstöckige Holzpritschen, die aus »Gründen der Platzersparnis« mit Schränken und »Bettgruppen« zugestellten Fenster und die katastrophalen sanitären Anlagen spielen in den Lagerberichten immer wieder eine Rolle.

Um die Seuchengefahr einzudämmen, mußten häufig Entwesungen und Desinfektionen durchgeführt werden. Aber die Hauptursache der Seuchenerkrankungen, die ständige Unterernährung der Gefangenen, wurde nicht beseitigt. In der zynischen Herrenvolk-Sprache eines der Lagerführer[42] heißt es hierzu am 24. September 1942:

Bericht vom Russenlager Buntentorsteinweg
»2. Betr.: Faulkranke im Lager:
Wie ich feststellte, sind täglich im Durchschnitt 40 bis 50 Leute unter den Russen, die sich krank stellen. Wöchentlich arbeiten sie ein bis zwei Tage, um nur eine Essenskarte zu erhalten. Hieran nehmen sich viele Russen ein Beispiel, so daß die Faulkranken sich gegenseitig ablösen. Es müßte dort für dringende Abhilfe gesorgt werden.
Ferner konnte ich feststellen, daß die bei der Kippe Heitmann arbeitenden Russen sich alle möglichen Abfälle sammeln und mit in das Lager schleppen. Ich traf heute morgen einen Russen an, der von den in einer Zement-Tüte gesammelten Reisabfällen aß. Zur Arbeit konnte dieser Mann nicht gehen, da er über Magenschmerzen klagte, er futterte aber lustig von dem verfaulten Zeugs. Das ist nur ein Fall. Von den im

Lager verbliebenen Kranken sind 50% angeblich magenkrank.
3. Betr.: Sauberkeit im Lager:
Die Sauberkeit im Lager läßt sehr zu wünschen übrig. Die einzelnen Stuben sind durch und durch verdreckt. Es stinkt dort wie im Affenstall. Auf den Fußböden und Tischen ist alles verdreckt. Die sogenannten Kranken lagen mit ihrem schmutzigen Zeug, teilweise sogar mit Schuhzeug, in den Betten. Wenn hier nicht für Abhilfe gesorgt wird, werden wir die Baracken verbrennen müssen, damit die Leute von dem Ungeziefer nicht aufgefressen werden.«

Nach dem Krieg sind die meisten Lagerbaracken tatsächlich zu Brennholz verfeuert worden. Die Erinnerung an das Elend und die Lebensnot ihrer Insassen ist verblaßt. Die Obdachlosen und Flüchtlinge, die in den ersten Nachkriegsjahren in die leidlich hergerichteten Baracken eingewiesen wurden, werden sich kaum um die Vorgeschichte ihrer Unterkünfte gekümmert haben. Mit dem schließlichen Abriß der meisten »Schlichtbauwohnungen« – so wurden sie inzwischen im behördlichen Amtsdeutsch bezeichnet – ist die Erinnerung an die Bremer Deportierten und Gefangenen für einige Jahrzehnte fast ganz verschwunden.

Dennoch waren auch im Bremer Stadtgebiet letzte Überreste von Baracken und Gefangenenunterkünften noch bis in die 80er Jahre hinein erhalten. Anhand der Lageranschriften aus den Akten des Staatsarchivs hatte ich damals monatelang gesucht und einiges gefunden: eine letzte baufällige Baracke vom »Russenlager« Buntentorsteinweg, den »Ulrich-Schuppen« im Holzhafen,[43] ein letztes Barackenteil vom »Italienerlager« Sebaldsbrück in der Vahrer Straße; von Brennesseln, Holunder und Gestrüpp überwuchert, ist es kurz darauf bei einer Straßenerweiterung endgültig verschwunden.

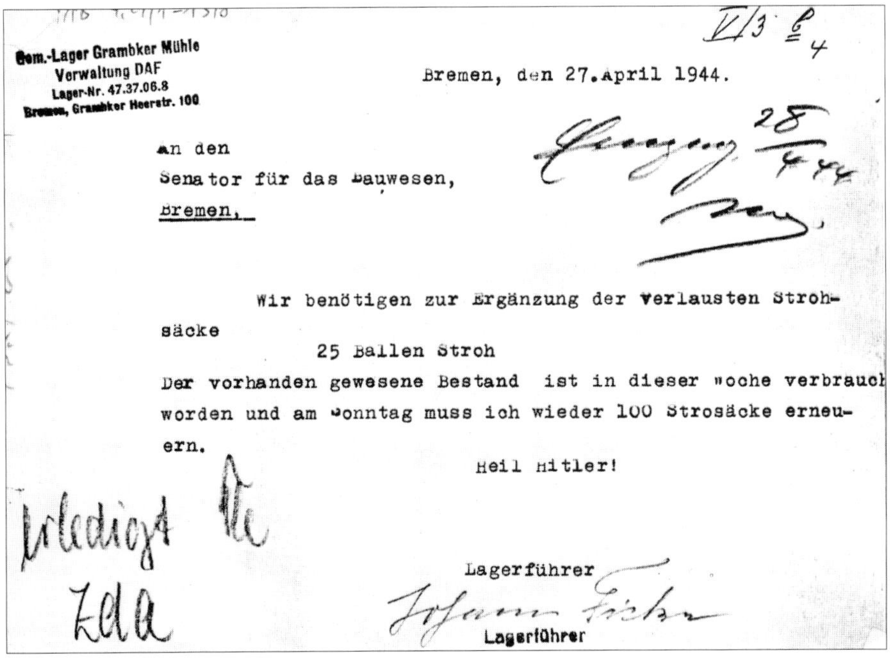

Gem.-Lager Grambker Mühle
Verwaltung DAF
Lager-Nr. 47.37.06.8
Bremen, Grambker Heerstr. 100

Bremen, den 27. April 1944.

An den
Senator für das Bauwesen,
Bremen.

Wir benötigen zur Ergänzung der verlausten Strohsäcke
25 Ballen Stroh
Der vorhanden gewesene Bestand ist in dieser Woche verbraucht worden und am Sonntag muss ich wieder 100 Strosäcke erneuern.

Heil Hitler!

Lagerführer

Lagerführer

Aus den Lagerakten

Linke Seite:
Volltreffer auf das Wohnhaus von Senator Bernhard in der Contrescarpe, SS-Häftlinge müssen Trümmer beseitigen, 112. Luftangriff vom 13. Juni 1943
Oben:
SS-Baubrigade entfernt zerstörtes Kabel am Deich, 120. Luftangriff vom 13. Dezember 1943

II. SS-Baubrigade bei Enttrümmerungsarbeiten

Bunker »Valentin«

Heute erinnert im Bremer Stadtgebiet fast nichts mehr an die damaligen Arbeitssklaven. Nur die steinernen Monumente ihrer Arbeit sind erhalten geblieben: die Betonklötze der über einhundert Luftschutzbunker, die überwiegend von Gefangenen erbaut wurden.

Das größte Bauwerk dieser Art – auf jeder Weser-Ausflugsfahrt als »achtes Weltwunder« bestaunt – ist der U-Boot-Bunker »Valentin« in Bremen-Farge.[44] Beim Bau dieses Bunkers, der als gigantische U-Boot-Fabrik dienen sollte, sind wahrscheinlich mehr als 6000 Gefangene umgekommen. Das wären mehr Menschen als nach der amtlichen Statistik während des ganzen Krieges in Bremen durch Luftangriffe getötet wurden. Aber niemand hat die beim »Valentin« Gestorbenen gezählt, niemand hat sie registriert. Sie wurden verscharrt, eingekuhlt am Rand der Lager oder neben den Anmarschwegen, von denen auch heute noch einer den Namen »Lager-Straße« führt.

Auf den wenigen Fotos, die von der Errichtung des »Valentin«-Bunkers erhalten sind, kann man die arbeitenden Gefangenenkolonnen und die Wachmannschaften mit geschultertem Gewehr nur von ferne erkennen.[45] Von den Lebensbedingungen und dem Hunger der Gefangenen ist auf diesen Bildern nichts zu sehen. Zu weit entfernt sind die Menschen in gestreifter Häftlingskluft, die zwischen den riesigen Betonmassen des Bunkers arbeiten; man kann ihre Gesichter meist kaum erkennen. Stumm sind auch die Gesichter von denen, deren sterbliche Reste nach der Befreiung des Lagers durch eine alliierte Militärkommission exhumiert wurden. Wie diese Menschen damals zu Tode gekommen sind und wieviele es waren, die an unbekannten Orten verscharrt worden sind, wissen wir nicht.

Gefangene auf der Baustelle des U-Boot-Bunkers »Valentin«, Bremen-Farge

Baustelle Bunker »Valentin«

Baustelle Bunker »Valentin«, Gefangene

Das »Arbeitserziehungslager« Bremen-Farge

Beim Bau des »Valentin« sind vor allem Häftlinge eines Außenkommandos des KZ Neuengamme zum Einsatz gekommen; ferner russische Kriegsgefangene sowie Häftlinge aus dem Lager Farge. Die Insassen dieses sogenannten »Arbeitserziehungslagers« waren dort wegen irgendwelcher Verstöße gegen die Arbeitsdisziplin eingeliefert worden. Dem »Erziehungszweck« des Lagers entsprechend war der Aufenthalt zeitlich begrenzt auf maximal sechs Wochen. Um in dieser begrenzten Zeit ein Höchstmaß an Abschreckung zu erzielen, waren die Arbeits- und Lebensbedingungen in Farge ganz besonders terroristisch ausgestaltet. Wie die Lagerbürokratie in Farge funktionierte, lassen einige zufällig erhalten gebliebene Dokumente aus dem Bremer Staatsarchiv[46] erahnen.

Es geht in diesen Schriftstücken um die »reichseigenen Diensthunde« Teddy und Cito, die in Farge gehalten wurden. Die Geheime Staatspolizeistelle Bremen, die für die Verwaltung des Lagers in Farge zuständig war, beantragte beim städtischen Steueramt, die beiden Tiere von der Hundesteuer zu befreien. Mit aller Sorgfalt wird begründet, daß die Hunde ausschließlich zu »dienstlichen Zwecken«, d.h. im Streifendienst, bei der »Vereitelung von Fluchtversuchen« und beim »Durchstöbern von Drückebergerecken« eingesetzt würden und daher von der Hundesteuer auszunehmen seien; den Anträgen wurde entsprochen.

Im gleichen Aktenbestand finden sich Telegramme aus dem Reichssicherheitshauptamt, die genaue Anweisungen über die Beschaffung zusätzlicher Futtermittel für die beiden »Diensthunde« enthalten: 50 kg Trockenfutterfleisch für Teddy und Cito. Im Gegensatz zu den Hunden litten die Gefangenen in Farge unter ständigem Hunger. Es wird von Vergiftungen einzelner Gefangener berichtet, die Maschinenöl getrunken hatten, um ihren Hunger zu stillen.[47]

Über die Verhältnisse in Farge erfuhr man in Bremen wahrscheinlich nur wenig. Wie schon bei den ersten Bremer Konzentrationslagern erprobt, war auch das »Arbeitserziehungslager« in eine abgeschiedene Gegend weitab von Wohngebieten gelegt worden. Wenn die »Züchtlinge« nach Beendigung ihrer »Arbeitserziehung« an ihre Arbeitsplätze zurückkehrten, werden sie meist Stillschweigen bewahrt haben. Die Angst, noch einmal dorthin zu müssen, wird groß gewesen sein. Dennoch hat es selbst in Farge Wachleute gegeben, die sich an den Quälereien nicht beteiligten und versuchten, den Gefangenen zu helfen.[48] Anders wäre es nicht zu erklären, wie der Hilferuf eines Ostarbeiters aus dem Lager geschmuggelt werden konnte.[49]

»Als Diensthund gut bewährt … stellt jeden Häftling, der die Baracke verläßt.«
Bericht an das Reichssicherheitshauptamt über den Einsatz von Diensthunden im AEL Farge

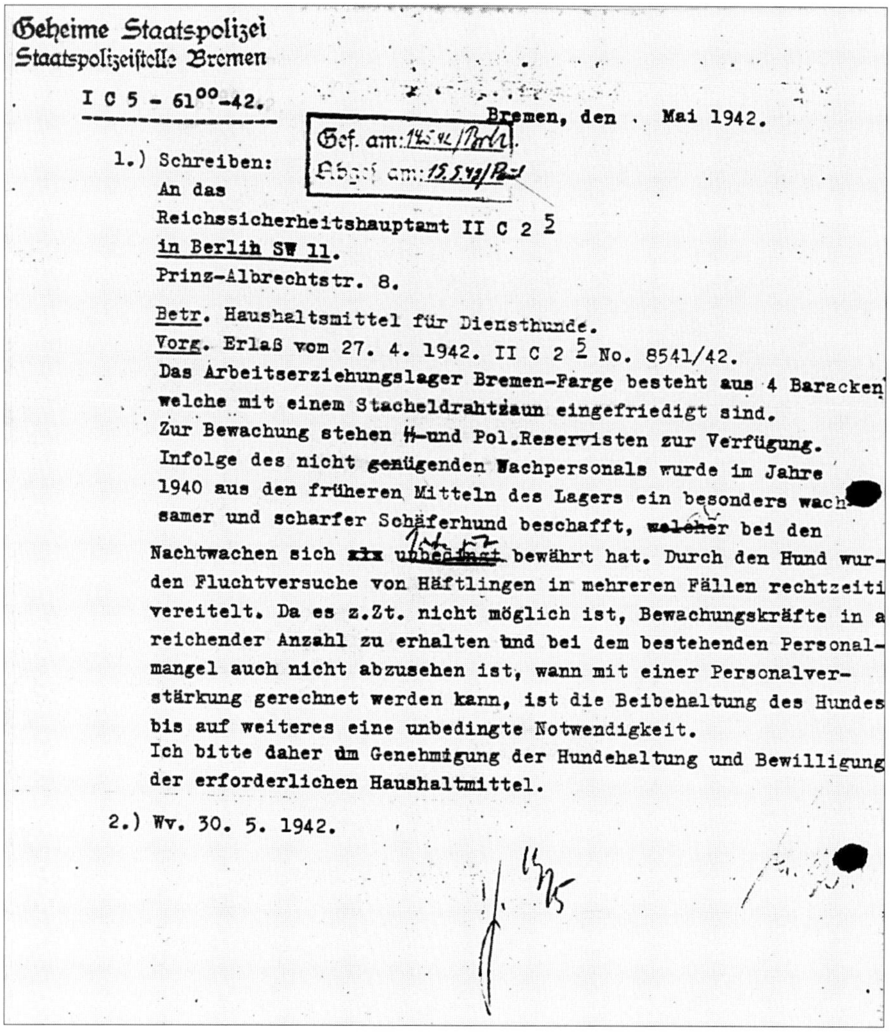

Geheime Staatspolizei
Staatspolizeistelle Bremen

I C 5 - 61^00-42.

Bremen, den . Mai 1942.

Gef. am:
Abges. am:

1.) Schreiben:
An das
Reichssicherheitshauptamt II C 2 5
in Berlin SW 11.
Prinz-Albrechtstr. 8.

Betr. Haushaltsmittel für Diensthunde.
Vorg. Erlaß vom 27. 4. 1942. II C 2 5 No. 8541/42.
Das Arbeitserziehungslager Bremen-Farge besteht aus 4 Baracken welche mit einem Stacheldrahtzaun eingefriedigt sind.
Zur Bewachung stehen SS-und Pol.Reservisten zur Verfügung.
Infolge des nicht genügenden Wachpersonals wurde im Jahre 1940 aus den früheren Mitteln des Lagers ein besonders wachsamer und scharfer Schäferhund beschafft, welcher bei den Nachtwachen sich als unbedingt bewährt hat. Durch den Hund wurden Fluchtversuche von Häftlingen in mehreren Fällen rechtzeiti[g] vereitelt. Da es z.Zt. nicht möglich ist, Bewachungskräfte in a[us]reichender Anzahl zu erhalten und bei dem bestehenden Personalmangel auch nicht abzusehen ist, wann mit einer Personalverstärkung gerechnet werden kann, ist die Beibehaltung des Hundes bis auf weiteres eine unbedingte Notwendigkeit.
Ich bitte daher um Genehmigung der Hundehaltung und Bewilligung der erforderlichen Haushaltmittel.

2.) Wv. 30. 5. 1942.

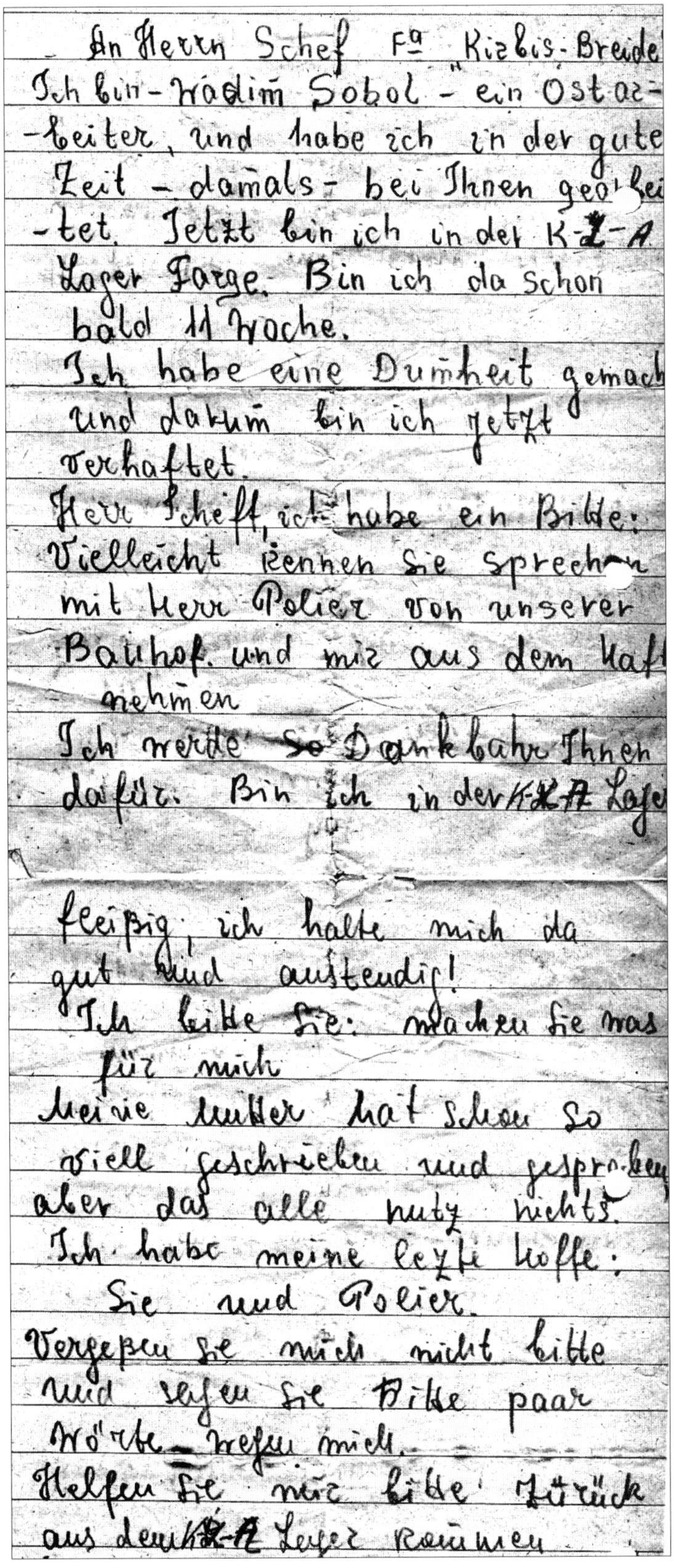
An Herrn Schef Fa „Kizbis-Breide
Ich bin - Wadim Sobol - ein Ostar-
-beiter, und habe ich in der gute
Zeit - damals - bei Ihnen gearbei
-tet. Jetzt bin ich in der K-L-A
Lager Farge. Bin ich da schon
bald 11 Woche.
Ich habe eine Dumheit gemach
und darum bin ich jetzt
verhaftet.
Herr Scheff, ich habe ein Bitte:
Vielleicht kennen Sie sprechen
mit Herr Polier von unserer
Bauhof. und mir aus dem Haft
nehmen
Ich werde so Dankbahr Ihnen
dafür. Bin ich in der K-L-A Lager
fleißig, ich halte mich da
gut und anstendig!
Ich bitte Sie: machen Sie was
für mich
Meine Mutter hat schon so
viell geschrieben und gesprochen
aber das alle nutz nichts.
Ich habe meine lezte hoffe:
Sie und Polier.
Vergessen Sie mich nicht bitte
und sagen Sie bitte paar
Wörte wegen mich.
Helfen Sie mir bitte zurück
aus dem K-L-A Lager kommen

Auf Notizblockpapier geschriebener und heimlich aus dem Lager geschmuggelter Hilferuf eines »Arbeits-Züchtlings«:
»An Herrn Schef Fa Kizbis-Breide.
Ich bin Wádim Sobol – ein Ostarbeiter, und habe ich in der gute Zeit – damals – bei Ihnen gearbeitet. Jetzt bin ich in dem K-L-A. Lager Farge. Bin ich da schon bald 11 Woche.
Ich habe eine Dumheit gemacht und darum bin ich jetzt verhaftet.
Herr Scheff, ich habe eine Bitte: Vielleicht kennen Sie sprechen mit Herr Polier von unserer Bauhof und mir aus dem Haft nehmen.
Ich were so dankbar Ihnen dafür. Bin ich in der K-L-A Lager fleißig, ich halte mich da gut und anstendig.
Ich bitte Sie: machen Sie was für mich
Meine Mutter hat schon so viell geschrieben und gesprochen aber das alles nutz nichts. Ich habe meine letzte hoffe: Sie und Polier.
Vergessen Sie mich nicht bitte und sagen Sie bitte paar Wörte wegen mich.
Helfen Sie mir bitte zurück aus dem K-L-A Lager kommen. In Zukunft werde ich gut und fleißig.
Entschuldigen Sie bitte, das darf ich Ihnen schreiben. Bitte machen Sie was für mich
Wádim Sobol«

Meldung über den Tod eines Gefangenen im AEL

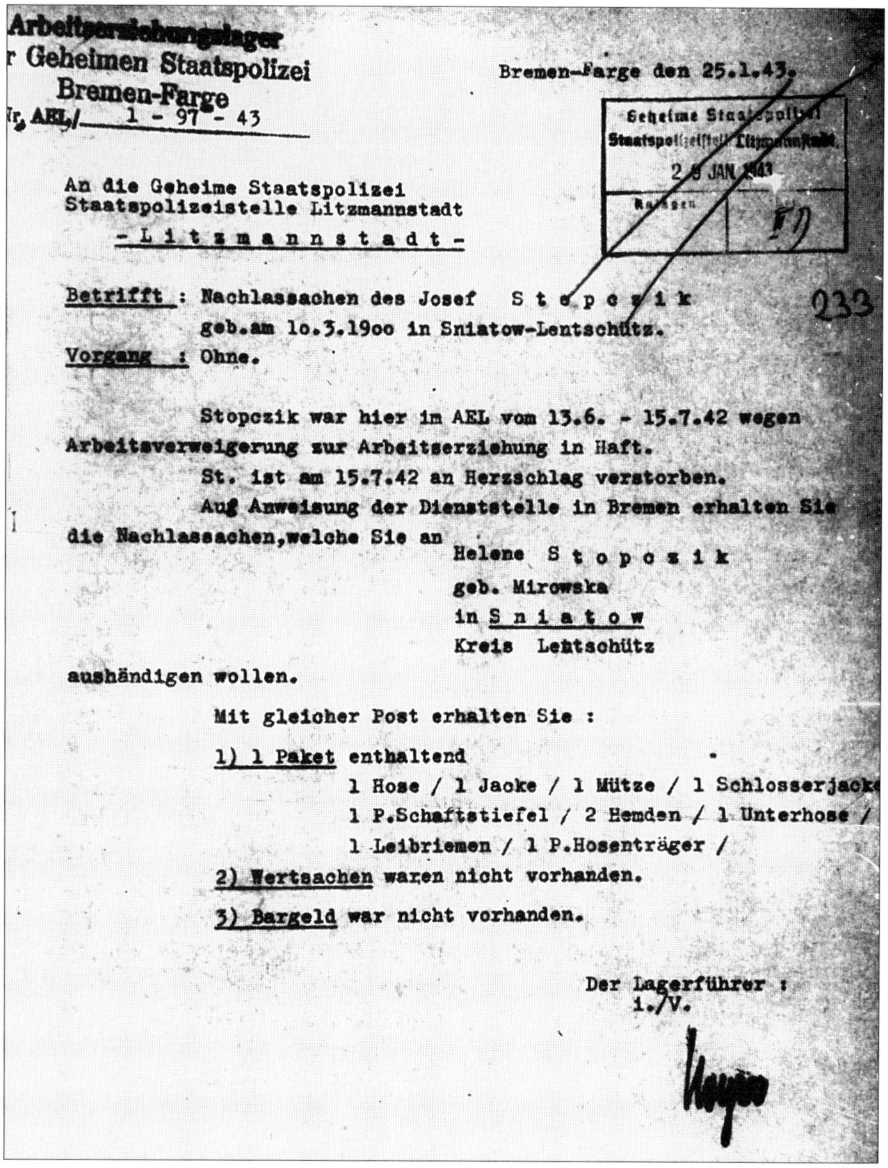

Arbeitserziehungslager
[de]r Geheimen Staatspolizei
Bremen-Farge
[N]r. AEL/ 1 - 97 - 43

Bremen-Farge den 25.1.43.

Geheime Staatspolizei
Staatspolizeistelle Litzmannstadt
2 JAN 1943

An die Geheime Staatspolizei
Staatspolizeistelle Litzmannstadt
- L i t z m a n n s t a d t -

233

Betrifft : Nachlassachen des Josef S t o p c z i k
geb.am 1o.3.19oo in Sniatow-Lentschütz.
Vorgang : Ohne.

Stopczik war hier im AEL vom 13.6. - 15.7.42 wegen Arbeitsverweigerung zur Arbeitserziehung in Haft.

St. ist am 15.7.42 an Herzschlag verstorben.

Auf Anweisung der Dienststelle in Bremen erhalten Sie die Nachlassachen, welche Sie an

Helene S t o p c z i k
geb. Mirowska
in S n i a t o w
Kreis Lentschütz

aushändigen wollen.

Mit gleicher Post erhalten Sie :

1) 1 Paket enthaltend
1 Hose / 1 Jacke / 1 Mütze / 1 Schlosserjacke
1 P.Schaftstiefel / 2 Hemden / 1 Unterhose /
1 Leibriemen / 1 P.Hosenträger /

2) Wertsachen waren nicht vorhanden.

3) Bargeld war nicht vorhanden.

Der Lagerführer :
i./V.

Exhumierung auf dem ehemaligen Lagergelände Farge, 1945

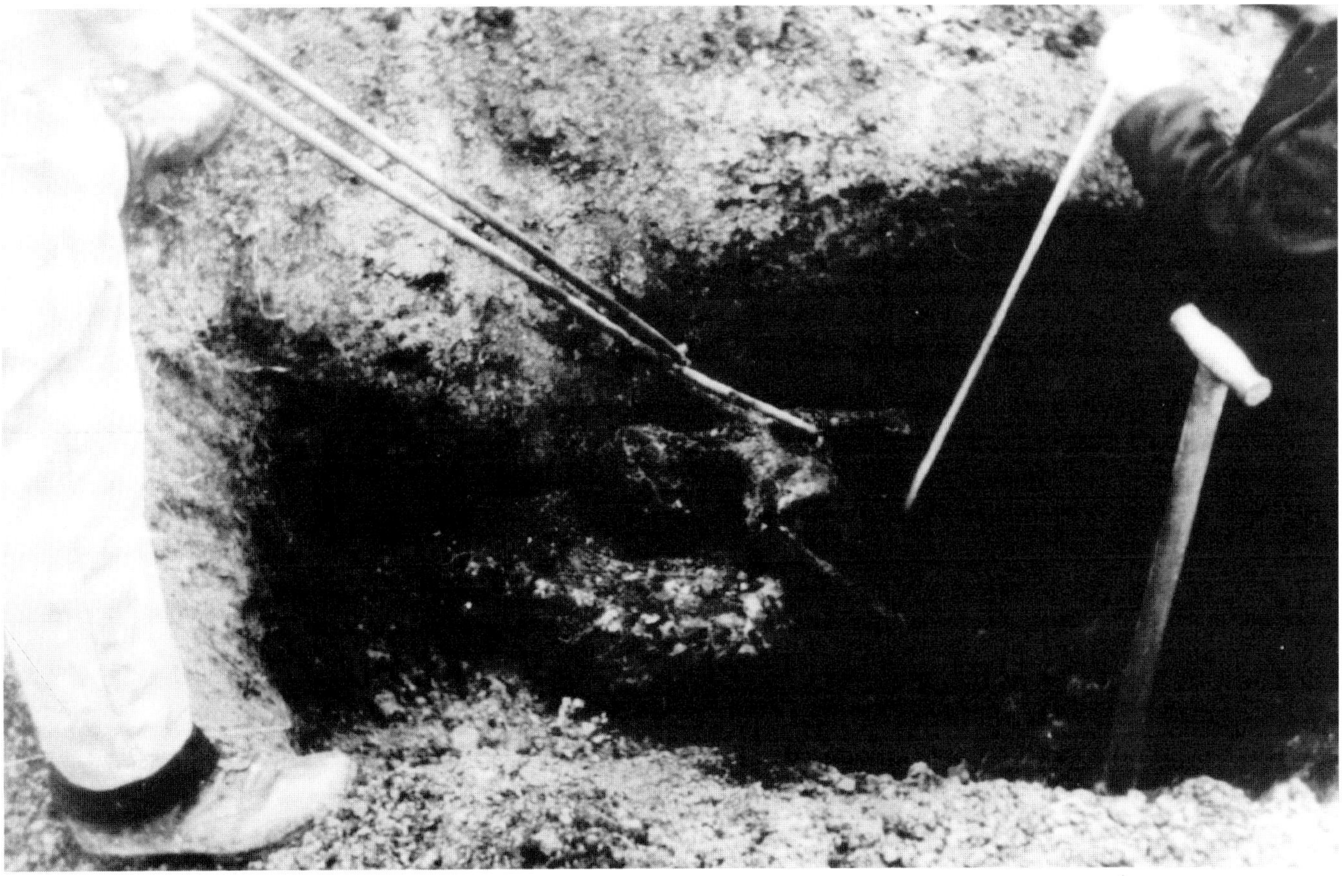

»Manche taten Dinge, die nicht erlaubt waren«

Eine Erinnerung von Rotraud Rolfs

In der Osternburger Straße wohnten sehr unterschiedliche Familien. Es waren Arbeiter, Handwerker, Seeleute aber auch Beamte und Angestellte. Nazis, ehemalige Kommunisten und Sozialdemokraten. Ganz laute und überzeugte und auch ganz einfach ruhige Leute.

Die Osternburger Straße im Krieg

Eine Zeitlang wurden an einigen Tagen in der Woche ganz früh am Morgen russische Gefangene auf dem Weg zur AG »Weser« durch die Straße getrieben, begleitet von bewaffneten Soldaten. Für uns alle galt es, die Türen und die Fenster auf jeden Fall in dieser Zeit geschlossen zu halten.
Trotzdem legten einige der – meist wohl Hausfrauen – Brot an diesen Tagen vorne unter den Gartenzaun. Als Ausrede sagte meine Großmutter, sie hätte sich im Tag versehen, denn die Pferde des Aschenwagens hielten immer vor unserer Tür und warteten auf ein Stück Brot. Wenn wir nicht zu Hause waren, legte sie es auch an die gleiche Stelle. Was die anderen sich als Ausrede ausgedacht hatten, weiß ich nicht. Die Leute sprachen nicht miteinander darüber, weil sie sich alle nicht sicher waren, eventuell angezeigt zu werden.
Fünf Häuser weiter wohnte eine sehr zurückhaltende Familie. Ich glaube, sie hatten nur einen Sohn, der als Offizier an der Front war. Die Frau war bei der NS Frauenschaft. Eines Tages kam die Nachricht, daß ihr Sohn in Gefangenschaft geraten und gestorben sei. Als wieder die russischen Gefangenen durch unsere Straße geführt wurden, kam sie aus dem Haus, hatte ein großes Brot aufgeschnitten und warf es den Gefangenen zu. Ganz einfach so. »Ich hoffe, eine russische Frau hat meinem Sohn auch noch zu essen gegeben.«
Die Wachsoldaten stürzten sich sofort auf die Nachbarin und drängten sie ins Haus, verboten ihr wegzugehen. Am frühen Vormittag marschierte ein Offizier mit zwei bewaffneten Soldaten im Gleichschritt die Straße entlang zu diesem Haus. Etwas später wurde die Frau, eingerahmt von den beiden Soldaten abgeführt, der Offizier marschierte vorweg.
Die Stimmung in den anderen Häusern können Sie sich wohl vorstellen. Am späten Nachmittag kam die Nachbarin begleitet von einem Zivilisten zurück. Sie hat nie darüber gesprochen, was geschehen war. Nur weil sie in der Frauenschaft und ihr Sohn ein guter Offizier gewesen war, hat man von einer Bestrafung abgesehen – so hieß es dann.

»An Blumen hat noch niemand gedacht«

Ungarische Jüdinnen bei der Stadtenttrümmerung

Ein Bericht von Paula von Perlstein

In Hastedt in der Nähe unserer Wohnung war Ende 1944 ein Aufräumkommando von Frauen eingesetzt. Es waren ungarische Jüdinnen, junge Frauen. Wir hatten es uns zur Aufgabe gemacht, ihnen Brote zu bringen oder sonst etwas zu essen. Das legten wir auf die Trümmer, damit sie es finden konnten. Auch andere haben geholfen: ein Bäcker und ein Fleischer aus der Nachbarschaft. Auch eine Kolonialwarenhändlerin sagte uns, als sie merkte, was wir machten, sie habe den Frauen auch schon öfters zu essen gegeben. Sie hatte ja nur ein kleines Geschäft und konnte deshalb nicht alle versorgen. Sie bot uns deshalb an, wir könnten ihr Geld oder Lebensmittelmarken geben; sie wolle dann dafür sorgen, daß die Jüdinnen die entsprechenden Rationen bekamen. So geschah es auch. Wir brachten ihr Geld und Marken.

In unserem Garten gab es eine Menge von Apfel- und Birnbäumen. Wir sammelten also eines Tages einen großen Korb voll Äpfel und Birnen und gingen damit an der Arbeitsstelle der Frauen vorbei. Im richtigen Moment tat ich einfach so, als sei ich gestolpert, und wir kippten die ganzen Äpfel und Birnen auf die Straße zwischen die Trümmer. Als der Wachmann zu uns meinte: »Na, nun sammeln Sie das doch wieder auf!« zuckten wir einfach die Schultern und sagten: »Ach, die sind ja jetzt drekkig. Von dem Zeug haben wir genug!« und gingen weiter. Die Frauen haben bestimmt sofort verstanden, für wen die Äpfel waren, und hoben sie auf.

Eines anderen Morgens war ich mit der kleinen Viktoria, meinem Pflegekind, unterwegs, und die fragte schon ganz ungeduldig: »Gehn wir heute wieder die Tanten besuchen?«

»Ja, Viktoria«, sagte ich, »aber was bringen wir ihnen mit?« Ich hatte wirklich nichts, gar nichts zum Mitbringen. Das war

Ungarische Jüdinnen bei Enttrümmerungsarbeiten – Auf dem Rücken als Zielscheibe ein großes, weißes Kreuz

schon in der Zeit, wo die ersten Schneeglöckchen herauskamen, und Viktoria sagte zu mir: »Blumen, Tante Paula, Blumen!«

Und Viktoria fing an, Schneeglöckchen zu pflücken. Ich sagte zu ihr: »Du mußt sie aber ganz lang pflücken, Viktoria, damit sie sich halten.«

So fingen wir an, Schneeglöckchen zu pflücken. Wir machten kleine Bündel, und ich dachte bei mir: Na, von Blumen können die ja nicht satt werden, und schämte mich geradezu. Aber Viktoria war ganz fröhlich und freute sich, daß sie den Tanten Blumen bringen durfte. Wir gingen dann zusammen hin und Viktoria gab ihnen die kleinen Blumensträuße.

Obwohl der Wachmann das Kind gesehen hatte, sagte er nichts. Die Frauen fingen an zu weinen, und sagten zu dem Kind: »An Blumen hat aber noch keiner gedacht.«[50]

Ungarische Jüdinnen bei Aufräumarbeiten in der Papenstraße nach dem 137. Luftangriff vom 6. Oktober 1944

Walerjan Wróbel, 16 Jahre, Pole, »Volksschädling«

Die meisten der nach Bremen verschleppten Zwangsarbeiter und Kriegsgefangenen haben keine Spuren hinterlassen. In den Akten finden sich höchstens Namenslisten, Arbeitsbücher oder anonyme Zahlen. Wer die Menschen waren, die sich hinter diesen Nummern verbergen, bleibt fast immer unbekannt. Nur in Einzelfällen, wenn sich jemand verdächtig gemacht und die Gestapo Ermittlungen angestellt hatte, ist über Einzelne etwas mehr zu erfahren. So sind in den Akten des Bremer Sondergerichts auch Fälle von »Volksschädlingen«, »Saboteuren« etc. dokumentiert.
Einer von ihnen ist Walerjan Wróbel, ein 16jähriger Pole, der wegen Brandstiftung vor das Sondergericht gekommen war.[51] Sein Fall zeigt, wie die NS-Justiz auch in Bremen arbeitete und was sich hinter der fünfzeiligen Meldung der »Bremer Nachrichten« vom 26. August 1942 unter der Überschrift »Wohlverdiente Strafe« verbarg.
Walerjan, der auf einem Bauernhof in Bremen-Lesum als »landwirtschaftlicher Hilfsarbeiter« eingesetzt war, hatte in der Hofscheune einen Brand gelegt, der jedoch entdeckt und gelöscht worden war, noch bevor das Feuer Schaden anrichten konnte. Auf Walerjan fiel sofort der Verdacht wegen seines »störrischen Wesens« und weil er schon kurz zuvor einen Fluchtversuch unternommen hatte. Er wurde verhaftet und der Gestapo »zugeführt«. Noch bevor es zur ersten Vernehmung kam, wurde der Junge einer sogenannten »rassischen Musterung« unterzogen. In der »rassischen Beurteilung« des Polizeivertragsarztes steht zu lesen:
»W. ist von kleiner Figur. Der Kopf ist fast kugelig und fällt steil nach hinten ab. Die Backenknochen – Jochbeinbogen – sind vorspringend. Die Stirn ist breit und gewölbt, der Scheitel ist hochstehend. Der Mund ist klein, das Kinn wenig ausgeprägt. Die Gesichtsfarbe ist blaß gelblich. Die Körpergröße beträgt 160 cm. W. ist von ostischem Typ.«
Ein »ostischer Typ« – diese »Rassebeurteilung« hatte für den weiteren Gang des Verfahrens ein größeres Gewicht als die

Der Hof, auf dem Walerjan Wróbel arbeitete

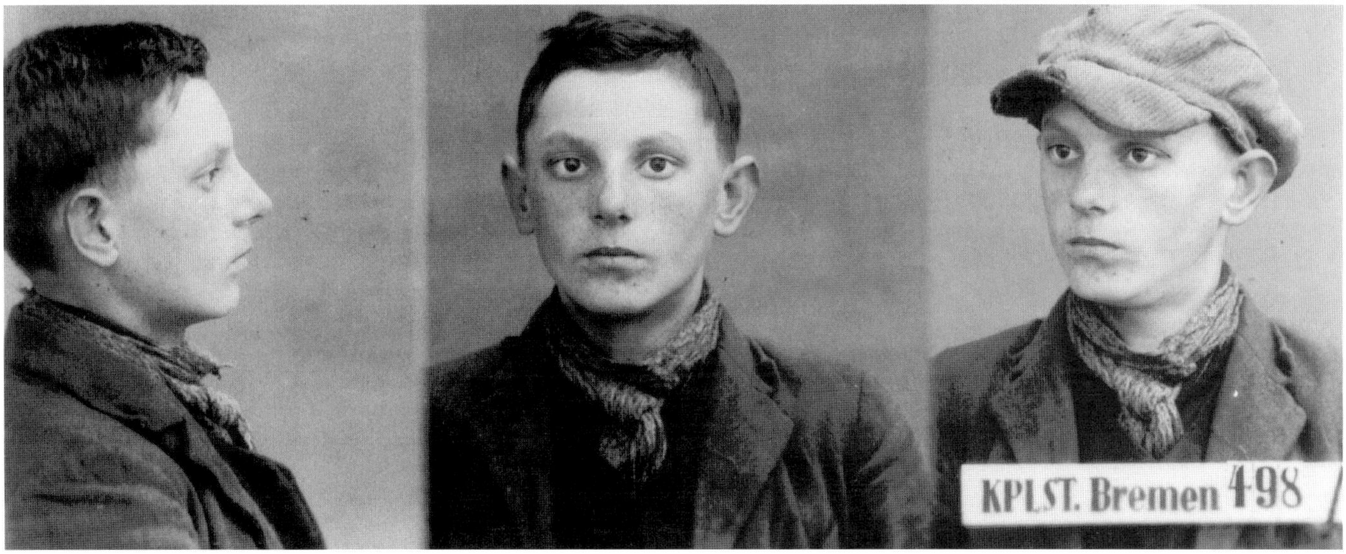

Walerjan Wróbel nach seiner Verhaftung

anschließenden Aussagen des Jungen. Nach dem Protokoll seiner ersten Vernehmung bei der Gestapo erklärte Walerjan über sich und seine Tat folgendes:
»Ich bin als ältester Sohn des Dachdeckers Josef W. in Falkow/Kr. Konski geboren. Meine Jugendzeit verlebte ich im Hause meiner Eltern ... Nach meiner Schulentlassung habe ich meinen Eltern bei der Bewirtschaftung unseres Ackers geholfen. Wir haben zu Hause eine 3–4 Morgen große landwirtschaftliche Stelle ... Während der Kampfhandlungen zwischen Polen und Deutschen befand ich mich in meinem Elternhause. Als die Schießereien zu schlimm wurden, flüchteten wir in einen naheliegenden Wald. Hier hielten wir uns einige Tage verborgen. Als wir wieder zurückkamen, stellten wir fest, daß unser Anwesen abgebrannt war. Wir kamen dann bei Bekannten im Nachbardorf unter. Ich habe mich freiwillig zur Arbeitsleistung nach Deutschland gemeldet. Mit einem Sammeltransport bin ich vor etwa 14 Tagen angekommen. Durch das Arbeitsamt Bremen wurde ich zu dem Bauernhof der Witwe M. in Bremen-Lesum vermittelt ... Ich gebe zu, am 29. 4. 41 in den Nachmittagsstunden in der Scheune an zwei Stellen vorsätzlich Feuer gelegt zu haben. Meine Absicht war, das Anwesen in Brand zu setzen, damit ich meine Arbeitsstelle verlassen konnte ... Ich sehe ein, daß ich eine schwere Straftat auf mich geladen habe. Über die Auswirkung meiner Handlungsweise bin ich mir vor Ausführung der Tat nicht ganz im Klaren gewesen.«
Die von der Gestapo als Zeugin vernommene Bäuerin, die Witwe M., hat über Walerjan noch folgende Angaben gemacht:
»W. war der deutschen Sprache nicht mächtig. Es war daher sehr schwer, sich mit ihm zu verständigen. In seiner Arbeit war er faul und träge. Wir hatten zunächst angenommen, daß er Heimweh hatte und aus diesem Grunde mit ihm größte Rücksicht genommen. W. mußte ständig unter Aufsicht arbeiten. Sobald er allein war, arbeitete er nicht mehr. Am 25. 4. 41 stellten wir in der Schlafkammer des W. fest, daß er sich aus einem Kornsack einen Rucksack gefertigt hatte. In diesem Rucksack hatte er seine eigene zerrissene Jacke, ein Paar braune Schuhe meines Sohnes, ein Paar Sandaletten unseres Arbeiters und ein paar Fahrradschläuche und einen Schulterschutz zum Holztragen aus Leder eingepackt. Neben den Sack hatte er sich außerdem ein Paar gute Arbeitsschuhe meines Mannes hingestellt. Die Schuhe hatte er bereits mit Bindedraht zusammengebunden. Da wir uns mit dem Polen nicht verständigen konnten und ihm aus diesem Grunde auch keinen Vorhalt machen konnten, haben wir die Schuhe in der Küche auf einen Stuhl gestellt. Der Pole sollte, wenn er zum Essen erschien, sehen, daß wir bereits über seine Handlung unterrichtet waren. Tatsächlich hat der Pole am folgenden Morgen beim Essen die Schuhe auch wahrgenommen. Gesagt hat er kein Wort, er konnte uns aber auch nicht ansehen, anscheinend schämte er sich. Nach dem Essen ist er zunächst an seine Arbeit gegangen. Hier zeigte er bereits ein störrisches Verhalten, indem er mit dem Arbeitsgerät herumwarf. Weil uns diese Sache nicht ganz geheuer vorkam, beobachteten wir ihn ständig. Etwa gegen 10.30 Uhr war der Pole dann plötzlich verschwunden. Wir konnten dann feststellen, daß er querfeldein in Richtung Mittelsbürener Landstraße ging. Durch einen Polen vom Nachbargehöft wurde W. dann zurückgeholt. Die von uns verständigte Polizei war inzwischen auch eingetroffen. Von dieser wurde W. auf seine Pflicht hingewiesen. In den folgenden Tagen hat W. dann wieder seine Arbeit verrichtet.«
Vier Tage nach diesem ersten »Fluchtversuch« legte Walerjan den Brand in der Scheune. Nach dem Protokoll des Haftprüfungstermins hat er wenig später zu den Motiven seiner Tat erklärt:
»Es gefiel mir dort (auf dem Hof der Witwe M.) gar nicht. Ich bekam schreckliches Heimweh. Da habe ich die Scheune ange-

zündet, weil ich dachte, dann werde ich eher nach Hause gelangen können. Ich räume ein, die Scheune vorsätzlich in Brand gesetzt zu haben. Daß die Witwe M. mich schlecht behandelt hat, kann ich nicht sagen. Ich habe dort auch genug zu essen bekommen.«

Nachdem Walerjan aufgrund dieses Ermittlungsergebnisses in das Konzentrationslager Neuengamme bei Hamburg »überstellt« worden war, kam es am 8. Juli 1942 vor dem Sondergericht Bremen zur Hauptverhandlung. Im formularmäßigen Protokoll derselben heißt es:

»Nach der Vernehmung eines jeden Zeugen wurde der Angeklagte befragt, ob er etwas zu erklären habe. – Die Staatsanwaltschaft und sodann der Angeklagte und der Verteidiger erhielten zu ihren Ausführungen das Wort. Die Staatsanwaltschaft beantragte die Todesstrafe gegen den Angeklagten und dauernden Verlust der bürgerlichen Ehrenrechte.

Der Verteidiger übergab einen Schriftsatz und beantragte: Mildere Strafe. Der Angeklagte hatte das letzte Wort. Der Angeklagte wurde befragt, ob er selbst noch etwas zu seiner Verteidigung anzuführen habe. Er erklärte sich nicht. Das Urteil wurde um 14.10 Uhr durch Verlesung der Urteilsformel und durch mündliche Mitteilung des wesentlichen Inhalts der Urteilsgründe dahin verkündet:

Im Namen des Deutschen Volkes!

Der Angeklagte wird wegen Verbrechens nach § 3 der Volksschädlingsverordnung zur Strafe des Todes und in die Kosten des Verfahrens verurteilt. Dem Angeklagten wurde das Urteil durch den Dolmetscher übersetzt.«

In der schriftlichen Begründung des Urteils heißt es über Walerjan u.a.:

»Bei der Arbeit zeigte er ein unfreies, bedrücktes Wesen, leistete auch nur etwas, wenn er gut beaufsichtigt wurde. Die Zeuginnen Frau M. und ihre Tochter bezeichnen ihn als faul und unzuverlässig. Manchmal weinte er. Frau M. entnahm daraus, daß er wohl Heimweh habe.«

Es folgen Ausführungen über den ersten »Fluchtversuch«; weiter heißt es:

»Er machte am folgenden Tag jedoch den Eindruck, als wenn er krank sei, er warf sich verschiedentlich, wo er gerade stand, zu Boden und ging willkürlich von der Arbeit weg. Er gibt an, er habe kolikartige Leibschmerzen gehabt und schon wiederholt daran gelitten.

Die Erklärung des Angeklagten, der im übrigen voll geständig ist, er habe geglaubt, er werde nach Hause geschickt werden, wenn die Scheune abbrenne, hat nur dann einen Sinn, wenn er davon ausging, das nur 1,5 Meter abstehende Wohnhaus werde mit abbrennen. Die Scheune allein nützte ihm nichts. Der Angeklagte mußte aber auch trotz seiner Jugend erkennen und hat nach Überzeugung des Gerichts erkannt, daß beim Abbrennen der Scheune auch das Wohnhaus abbrennen werde und hat diesen Erfolg gewollt; denn sonst würde er sein Vorhaben nicht durchgeführt haben, nachdem er es schon seit Mittag plante. Er hat mithin ein Gebäude, welches zur Wohnung von Menschen dient, vorsätzlich in Brand gesetzt. Dazu genügt nach herrschender Rechtsprechung die Inbrandsetzung der Scheune mit dem Willen, dadurch auch das Haus in Brand zu setzen. Er hat sich mithin des Verbrechens der Brandstiftung nach § 306, Ziff. 2 Strafgesetzbuch schuldig gemacht.

Damit hat er aber zugleich ein Verbrechen nach § 3 der Volksschädlingsverordnung begangen. Danach wird mit dem Tode bestraft, wer eine Brandstiftung begeht und dadurch die Widerstandskraft des deutschen Volkes schädigt. Die Widerstandskraft des deutschen Volkes wird im Sinne der Verordnung auch dann geschädigt, falls sie nur gefährdet wird. Das ist ständige Rechtsprechung. Eine solche Gefährdung liegt vor... Der Angeklagte hat trotz seiner Jugend und trotzdem er in seiner geistigen Entwicklung etwas zurückgeblieben zu sein scheint, nach der Überzeugung des Gerichts die Einsicht besessen, die Folgen für die Widerstandskraft des deutschen Volkes zu erkennen. Er hat mindestens damit gerechnet. Er hat sie in Kauf genommen, wenngleich er sie nicht anstrebte. Damit liegen die Voraussetzungen des § 3 Volksschädlingsverordnung gegen den Angeklagten vor. Das Gesetz kennt als Strafe nur die Todesstrafe.

Der Angeklagte ist zwar noch jugendlich im Sinne des Jugendgerichtsgesetzes, er hatte bei Begehung der Tat gerade das 16. Lebensjahr vollendet, aber das Jugendgerichtsgesetz findet auf ihn als Polen keine Anwendung. Die Bestimmungen des deutschen Jugendgerichtsgesetzes sind lediglich für den jungen Deutschen geschaffen, um ihn durch Erziehungsmaßnahmen zu einem ordentlichen Volksgenossen zu formen. Lediglich die 14-Jahres-Grenze als Grenze der Strafmündigkeit gilt auch für die Polen... Den Angeklagten als Polen mußte daher trotz seiner Jugend von 16 Jahren z. Zt. der Begehung der Tat und trotzdem er geistig in seiner Entwicklung zurück geblieben ist, zwangsläufig die Todesstrafe treffen... Die Kostenfolge ergibt sich aus § 465 StPO.«

Im Gnadengesuch des Verteidigers heißt es über Walerjans Tat:

»Er betonte, daß er es nur aus Dummheit getan hätte, nicht aber von älteren Personen in seiner Heimat zu solchen Taten angestiftet sei. Im Gegenteil hätten ihn seine Eltern ermahnt, sich ordentlich zu führen und keine Dummheiten zu machen...

Nach seinem geistigen Zustand und der Möglichkeit, daß seine Willensbestimmung und Denkfähigkeit weiter durch seine Heimwehkrankheit geschwächt gewesen sind, ist jedenfalls nicht widerlegt, daß solche Vorstellungen, so wenig folgerichtig sie erscheinen mögen, die Triebfeder seines Handelns gewesen sind. Weitere Überlegungen über die Folgen seiner Tat, namentlich in Richtung, daß ein Schaden an landwirtschaftlichen Gebäuden, Vorräten und Vieh geeignet sei, die Widerstandskraft des deutschen Volkes im Kriege zu schädigen, hat er sicherlich nicht angestellt, da er dazu nicht in der Lage war. Er macht nicht den Eindruck einer tatkräftigen, zielbewußten Persönlichkeit, der man solche Absichten zutrauen könnte und die nach Deutschland gekommen ist, um gemeingefährliche Vergehen oder Verbrechen zu begehen. Der Eindruck, den er macht, ist vielmehr der einer leidenden, willensschwachen Person... Objektiv darf gesagt werden, daß die Folgen der Tat unbedeutend gewesen sind... Immerhin ist nicht die Folge eingetreten, daß die Widerstandskraft des deut-

schen Volkes durch die Tat des Angeklagten geschwächt worden wäre.«

In seiner Stellungnahme zu dem Gnadengesuch führte der Staatsanwalt, der im Prozeß selber die Todesstrafe beantragt hatte, jetzt aus:

»Der Unterzeichnete hat in einer persönlichen Vernehmung des Verurteilten, die jetzt, also etwa 1 1/4 Jahr nach Begehung der Tat, erfolgt ist, den Eindruck gewonnen, daß es sich bei dem Verurteilten heute noch um einen nicht nur rein äußerlich noch kindlich wirkenden jungen Mann handelt – W. wiegt mit Kleidern 100 Pfund und ist von zartem Körperbau; er weinte bei der Vernehmung –, sondern daß er auch seiner geistigen Reife nach noch als durchaus jungenhaft anzusprechen ist.

Der Unterzeichnete ist sich dessen bewußt, daß auf Todesstrafe lautende Urteile in der Regel schonungslos vollstreckt werden müssen. Andererseits hält er es nicht für angängig, ein Todesurteil an einem Knaben zu vollstrecken. ... Ich empfehle daher, die verhängte Todesstrafe im Gnadenwege in ein langjähriges verschärftes Straflager umzuwandeln.«

Der Reichsminister der Justiz hat die Begnadigung abgelehnt. So findet sich in der Akte als nächstes Schriftstück ein Schreiben des Leiters der Vollstreckungsbehörde:

»Vertraulich!

Auftrag: Der Scharfrichter Heer, Hannover, wird beauftragt, den rechtskräftig zum Tode verurteilten Walerjan, Wróbel geboren... mit dem Fallbeil hinzurichten, nachdem der Reichsminister der Justiz auf Grund der ihm vom Führer erteilten Ermächtigung entschieden hat, daß der Gerechtigkeit freier Lauf zu lassen sei.«

Als letztes Dokument ist im »Vollstreckungsheft« der Akte die »Niederschrift über das Verhalten des W. vom Zeitpunkt der Eröffnung der bevorstehenden Vollstreckung bis zur Vollstreckung« abgeheftet. Diese Niederschrift hatte die Bremer Staatsanwaltschaft bei der Hamburger Vollstreckungsbehörde angefordert. Sie ist auf den folgenden Seiten abgebildet.

Walerjan Wróbel wurde am Abend vor seiner Hinrichtung erneut fotografiert

Abschrift.

Arbeiter Walerjan W r o b e l , (Pole),
geboren 2.4.1925 in Falkow (früher Polen),
vom Sondergericht Bremen am 8. Juli 1942

z u m T o d e v e r u r t e i l t

wegen Verbrechens nach § 3 der Volksschädlings-V.O.

Wrobel, der im April 1941 nach Deutschland kam und bei dem Bauern M in Bremen beschäftigt war, wurde als faul und unzuverlässig bezeichnet. Er hat am 29. April 1941, nachdem er in der Küche eine Schachtel Streichhölzer entwendete, eine Scheune mit Stallung, in der sich 8 Kälber befanden, in Brand gesteckt.

Das Urteil wurde am 25. August 1942, 6.15 Uhr, vollstreckt.

Am 24. 8. 1942, 19.15 Uhr, wurde dem Verurteilten durch den b. Staatsanwalt Wollmann die für den 25.8.1942, 6.15 Uhr, festgesetzte Vollstreckung des Urteils eröffnet.

Hierbei waren zugegen:
Verwaltungsoberinspektor Plett als Gefängnisbeamter,
Reg.Med.Rat Dr.Dr. Meywerk als Anstaltsarzt,
Dozent Bargholst als Dolmetscher der poln. Sprache,
Rechtsanwalt Dr. Bechtel als Verteidiger,
Justizinspektor Bumann als Protokollführer.

Wrobel nahm das Urteil ruhig entgegen und fragte, ob er seine Tat nicht auf andere Weise büssen könne, sonst käme er ja nie wieder zu seinen Eltern zurück. Es wurde ihm gesagt, daß sich an der Vollstreckung nichts mehr ändern liesse. Auch bat er, den Pfarrer sprechen zu dürfen. Danach ließ er sich ruhig in die Sonderzelle abführen.

Hier angelangt blieb er weiterhin ruhig. Er erzählte seinen Wachbeamten, daß er die Tat nur begangen habe, weil er annahm, daß,

./.

wenn das Gehöft abgebrannt sei, er wieder nach Polen zu seinen Eltern zurückkäme. Er bat, ein Bild von sich zu bekommen, um es seinen Eltern senden zu können, da er jetzt 1½ Jahre von Polen fort sei und seine Eltern inzwischen nicht gesehen habe. Ganz offenbar hatt er starkes Heimweh und seine Wachbeamten hatten den Eindruck, daß er seine Tat wohl auch nur in der Vorstellung begangen habe, dadurch zu seinen Eltern zurückzukommen. Er äußerte, mit einem Todesurteil habe er nie gerechnet, da er doch bemüht gewesen sei, das Feuer selbst wieder zu löschen. Er meinte, wenn er vielleicht sterben müßte im Alter von 40 Jahren, so wäre das ja nicht so schlimm, aber schon so jung zu sterben zu müssen, sei doch sehr hart und er habe doch noch nichts vom Leben gehabt. Sein Benehmen und seine Äußerungen machten einen sehr kindlichen Eindruck. Trotzdem blieb er ganz ruhig und war der festen Überzeugung, daß Gott ihn gnädig aufnehmen würde. Diese Zuversicht ließ ein Angstgefühl bei ihm überhaupt nicht aufkommen. Gegen 22 Uhr erhielt er zu essen. Er ass mit gutem Appetit 2 große Schüsseln voll (3½ l) Gemüsesuppe mit Rindfleisch und verrauchte im Laufe der Nacht 25 Zigaretten. Später verzehrte er noch 4 Scheiben Brot mit Butter bestrichen.

Er schrieb einen Brief an seine Eltern. Der katholische Anstaltsgeistliche, Pfarrer Behnen, schenkte Wrobel mehrere Heiligenbilder, die dieser, nachdem er sie mit seinem Namen versehen hatte, dem Pfarrer zurückgab mit der Bitte, sie an seine Eltern zu senden. Sein ganzes Verhalten verriet immer wieder sehr starkes Heimweh. Um 4 Uhr erhielt er die Kommunion. Auch im weiteren Verlauf der Nacht blieb er gleichmässig ruhig, nur als er zu seinem letzten Gang fertig gemacht wurde, wurde er etwas aufgeregt. Als Pfarrer Beh ihm jedoch zuredete; "Ich gehe ja mit", wurde er wieder ruhiger, so daß er den Weg zur Richtstätte ziemlich festen Schrittes zurücklegen konnte.

An der Richtstätte angelangt, wurde er nach nochmaliger Eröffnung des Urteils dem Scharfrichter übergeben und 5 Sekunden später fiel sein Kopf.

Die Leiche wurde von Angestellten der Anatomie, Hamburg, übernommen, sein Nachlass wurde seinen Eltern zugesandt.

Hamburg, den 1. September 1942

gez.: Bredow
Oberregierungsrat.

V.
1) Abschrift von der Niederschrift anfertigen u. umlaufen lassen.
2) 3) -- -- --

~~4. Sept. 1942.~~
i.V.
gez. Seidel
Erster Staatsanwalt.

Das Ende

Spielplatz Nordstraße, Walle, 132. Luftangriff vom 18./19. August 1944

Wüst und Öde

Buch des Propheten Jeremia 4, 23–29

Ich schaute das Land an,
siehe, das war wüst und öde,
und den Himmel,
und er war finster.
Ich sah die Berge an,
und siehe, die bebten,
und alle Hügel zitterten.
Ich sah, und siehe, da war kein Mensch,
und alle Vögel unter dem Himmel waren weggeflogen.
Ich sah, und siehe, das Gefilde war eine Wüste;
und alle Städte darin waren zerbrochen.

Feuersturm über dem Bremer Westen
Der 132. Luftangriff

Auszüge aus der Bremen-Chronik

18./19. August 1944:
132. Luftangriff auf Bremen. Fliegeralarm 22.30 Uhr. Von 23.56 bis 0.30 Uhr erlebt Bremen seinen schwersten Luftangriff. Rund 500 Bomber werfen 68 Minenbomben, 2323 Spreng-, 10.800 Phosphor- und 108.000 Stabbrandbomben. Betroffen werden vornehmlich die Steffensstadt, der südliche und nördliche Stadtteil, das Hafenquartier und der Westen bis zum Waller Ring. Durch den Angriff gehen rund 25.000 Wohnungen verloren. Total zerstört werden: 8.248 Wohngebäude, 34 öffentliche Gebäude, 80 Wirtschaftsgebäude, 37 industrielle Gebäude. Zerstört werden u.a.: Stephanikirche, Focke-Museum, Michaelskirche, Wilhadikirche, Marienkirche, Badeanstalt Breitenweg, Hotel »Columbus«, »Europa«-Hotel, Metropoltheater. Verluste: 1054 Tote, 72 Schwer- und 677 Leichtverletzte. Zahl der Obdachlosen: 49.100. Entwarnung: 1.45 Uhr.

Blick auf das zerstörte Stephani-Viertel, 1945

Blick auf die zerstörte Altstadt

21. August 1944:
An den Anschlagsäulen und an vielen Häuserecken sind über Nacht Plakate folgenden Inhalts angebracht worden: »Die Bremer Hitler-Jugend antwortet Mr. Churchill: Wir marschieren für Hitler durch Nacht und durch Not«. Und: »Bremen ist Frontgebiet! Kinder gehören nicht in die Kampfzone! Eltern! Schützt Eure Kinder gegen den Luftterror! Meldet sie zur Kinderlandverschickung! Die schönen Gaue Kurhessen und Salzburg bieten Euren Kindern Heime auf dem Lande!«

Aus den Luftschutzakten über den Großangriff auf den Bremer Westen

Bericht eines Luftschutzoffiziers an das Kommando der Schutzpolizei[52] vom 22. August 1944:

»Der Angriff am 19. 8. 44 begann um 0.01 Uhr und dauerte fast ohne Unterbrechung bis 0.30 Uhr. Schon nach etwa 10 bis 12 Minuten waren sämtliche Telefonverbindungen... ausgefallen.
Ich sah mich aus diesem Grunde veranlaßt, unmittelbar nach Beendigung der Abwürfe in den Abschnittsbereich zu fahren, um zunächst im Großen die Schäden festzustellen... Am Postamte erhielt ich die Meldung, daß die Insassen des Bunkers Zwingli-Straße stark gefährdet seien. Ich hielt daraufhin eine Löschgruppe, die aus der Richtung Waller Ring kam, an und setzte sie ein mit dem Auftrag, eine Wassergasse zum Bunker zu legen, um einen Fluchtweg für die Insassen zu schaffen. Dies war besonders notwendig, da der Bunker noch nicht voll eingerichtet ist, vor allem die Türen noch fehlen. Während dieser Zeit – es konnte sich um etwa 10 Minuten handeln – veränderte sich die Lage sehr schnell insofern, als nunmehr ein Feuersturm losbrach, der mich zwang, etwa 200 Meter zurückzugehen, nachdem ich dem Fahrer den Auftrag erteilt hatte, den Wagen in Richtung Waller Ring in Sicherheit zu bringen... Es blieb nun nichts mehr übrig, als aus dem gefährdeten Gebiet zurückzugehen und die jetzt eintreffenden Fahrzeuge des FE-Dienstes (Feuerlösch- und Entgiftungsdienstes), die in Richtung Utbremer-Straße vorfahren wollten, anzuhalten und umzudirigieren, da eine Weiterfahrt den sicheren Tod bedeutet hätte... Gegen 1.40 Uhr versuchte ich nochmals, auf verschiedenen Wegen in das vorerwähnte Feuersturmgebiet vorzudringen, vor allem auch zum Bunker Grenzstraße zu gelangen, da dort ebenfalls Einschlußgefahr bestand. Wir kamen... bis zum Straßenkreuz Grenzstraße-Steffensweg, mußten dort aber wegen der äußerst starken Hitzestrahlung und wegen des vom Feuersturm sprühenden Funkenregens umkehren... Oberleutnant Hanig bestätigte die Meldung, daß der Bunker Diakonissenhaus, in welchem das 15. Revier seine Befehlsstelle hat, ringsum vom Feuer eingeschlossen gewesen ist. Das Revier hatte inzwischen zweimal versucht, durch Melder die Verbindung... aufrechtzuerhalten, jedoch kamen diese, nach verschiedenen Richtungen ausgesandt, infolge des Feuersturms und der anhaltenden überaus starken Brände nicht durch. Einem Angehörigen der Wehrmacht, der sich freiwillig erboten hatte durchzubrechen, gelang sein Vorhaben ebenfalls nicht, trotzdem er, wie die anderen auch, sich mit einem nassen Mantel auf den Weg begab...
Aus dem Vorstehenden ergibt sich für das rechtzeitige Erkennen eines Flächenbrandes folgendes: Nach meinen Beobachtungen kann man drei Stadien unterscheiden:
Das erste Stadium ergeben die durch Massenabwerfen der Brandbomben verursachten vielen starken Einzelbrände innerhalb eines großen Gebietes, die bei Einsatz ausreichender Kräfte erfolgreich bekämpft werden können, wenn diese Kräfte sofort zur Stelle sind.
Das zweite Stadium ist das Übergangsstadium zum Flächenbrand. Dieser wird m. E. ausgelöst durch den Verbrauch des Sauerstoffs infolge der vielen, sich mangels Bekämpfung ausbreitenden Einzelfeuer, so daß sich über dem gesamten Gebiet ein luftbzw. sauerstoffarmes Vakuum bildet. Hieraus erklärt sich auch der zunächst auftauchende Eindruck des Nachlassens der Brände. Dieses Stadium währt aber nur sehr kurze Zeit.
Schon nach Minuten setzt durch das Zuströmen frischer, sauerstoffhaltiger Luft das dritte Stadium, der Feuersturm, ein, und mit ihm ist dann der Flächenbrand nicht mehr aufzuhalten.
Ich bin der Überzeugung, daß, wie eben dargelegt, ein Flächenbrand nach Einsetzen eines solchen Feuersturms nur verhindert werden kann, wenn noch während des ersten Stadiums die Mehrzahl der Einzelfeuer durch schleunigst eingesetzte ausreichende Löschkräfte unter Kontrolle gebracht werden können. Da aber ausreichende Feuerlöschkräfte für diese Vielzahl an Bränden niemals zur Verfügung stehen, jedenfalls nicht rechtzeitig und nicht schlagartig eingesetzt werden können, so wird nach menschlichem Ermessen das zweite und dritte Stadium nicht zu verhindern sein, wenn wie in Bremen oder anderen zerstörten Städten Brandbomben in dieser Masse so konzentriert abgeworfen werden. Ich bin weiter davon überzeugt, daß es keiner Löschgruppe, die rechtzeitig beim ersten Stadium innerhalb des Großbrandgebietes eingesetzt gewesen wäre, gelungen wäre, aus dem Feuersturm zu entkommen, es sei denn vielleicht, sie hätte sich auf dem ganzen Weg eine Wassergasse legen können. Dies stützt sich auf die Beobachtung, daß die meisten der auf den Straßen aufgefundenen Leichen an den Straßenecken lagen, und zum Teil hier in den ausgebrannten Häusern auf dem Schutt. Daraus ist zu schließen, daß die Volksgenossen, die in den Häusern geblieben waren ... versucht haben, durch den Feuersturm zu entkommen. An den Straßenecken sind sie dann von den Böen erfaßt und zur Seite und in die Häuser geschleudert worden... Welche Gewalt das Feuer gehabt hat, geht unter anderem daraus hervor, daß gegen Morgen, zur Zeit der Dämmerung, als ich zu Fuß in das Schadensgebiet ging, der übergroße Teil aller Häuser bereits völlig ausgebrannt war. Die Trümmer glühten zum Teil noch; die Straßen waren mit einer dichten Schicht feinen, grauen Staubes bedeckt, unter der die Kantsteine fast verschwanden. Das Begehen der Straßen war infolge der Hitzestrahlung nur in der Straßenmitte und auch dann nur unter Schwierigkeiten möglich.«

Diakonissenbunker an der Nordstraße: nachts von Flammen eingeschlossen, Insassen gerettet durch zu den Eingängen gelegte Wassergassen

Geheime Staatspolizei
Staatspolizeistelle Bremen

B. Nr. II Ber. 07

Bremen, den 27. März 1944
Am Wall 199
Fernspr. 22471

Geheim

Der Senator für die Innere Verwaltung
Eing. 6. APR. 1944
Gsch. Nr. R VI(1) 222/44

An den
Herrn Senator für die Innere Verwaltung
Bremen

Betrifft: Kurzbericht über die allgemeine Stimmung in der Bevölkerung.

Die Stimmung der Bevölkerung ist sehr ernst und gedrückt. Die militärischen Ereignisse erfüllen die Volksgenossen mit tiefster Sorge. Mutlosigkeit und Resignation breiten sich immer mehr aus. Viele Volksgenossen sind der Meinung, dass man kaum noch eine Möglichkeit sehen könne, den Krieg für uns sieg=reich zu beenden. Die Ereignisse an der Ostfront zeigten, dass wir dem Ansturm unserer Feinde nicht mehr lange standhalten könnten. Eine Invasion im Westen befürchten viele Volksgenossen nicht mehr. Man hört schon häufig die Meinung, dass die Angloameri=kaner darauf verzichten könnten, da sie uns auch so durch ihre Luftangriffe im Verein mit dem bolschewistischen Vorwärtsdringen in die Knie zwingen könnten. Die zeitweilig guten Abwehrerfolge dürften nicht so gewertet werden, dass die feindlichen Luft=angriffe, die unserer Wirtschaft schweren Schaden zufügten, dadurch eine Einschränkung erfahren würden. Man fühlt sich der feindlichen Überlegenheit gegenüber fast ohnmächtig. Ebenso wird auch an die Vergeltungsaktion gegen England nicht mehr recht geglaubt. Unsere Luftangriffe auf London seien wohl nicht so wirksam, dass sie irgendwie entscheidend werden könnten.
Die Volksgenossen sind geneigt, Äusserungen führender Männer und Presse- und Rundfunkmeldungen immer mehr als Propaganda und Bluff anzusehen. Man habe schon soviel gehört und gelesen, was nachher doch nicht eingetroffen sei. Immer wieder seien die Hoffnungen, die man an derartige Bekundungen geknüpft habe, zunichte gemacht worden. Die tiefe Gläubigkeit, die sonst die Volksgenossen mehr oder weniger beseelte, schwindet immer mehr. Es sei das beste, sich um nichts mehr zu kümmern und alles an sich herankommen zu lassen, um nicht immer wieder enttäuscht zu werden. Dabei versuchen manche Volksgenossen schon, sich eine Vorstellung

-2-

zu machen von den Verhältnissen nach einem verlorenen Kriege, um sich rechtzeitig darauf einstellen zu können. Man hofft jedoch noch, dass es doch irgendwie möglich sein möge, den Krieg einigermaßen günstig für uns beenden zu können, wobei in letzter Zeit häufiger die Meinung vertreten wird, dass ja der Krieg nicht unbedingt durch militärische Mittel allein beendet zu werden brauche. Aber auch die gegenwärtige politische Situation wird für uns als ungünstig bezeichnet.

Die wirtschaftliche Lage des Reiches wird eben=so mit immer grösserer Besorgnis betrachtet. Es sei heute so, dass nicht mal mehr die notwendigsten Gebrauchsgegen=stände zu haben seien, auch nicht bei Fliegerschaden. Man ist der Meinung, dass auch dieser Umstand zu einem erheblichen Teil auf die Schäden, die durch Luftangriffe verursacht wurden, zurückzuführen sei. Für die Ernährungs=lage befürchtet man nach dem Verlust der Ostgebiete das schlimmste. Die Bevölkerung ist der Meinung, dass ein baldiges Kriegsende dringend notwendig ist. Die Angabe, dass die Zeit für uns arbeite, wird von den Volksgenossen nicht ernstgenommen.

I.A.:

Kunitz.

Links:
Der Hilfszug »Hermann Göring« an seinem Standort auf dem Grünenkamp
Unten:
Nach dem Angriff

Blick auf das Muggenburgviertel nach dem 132. Luftangriff vom 18./19. August 1944

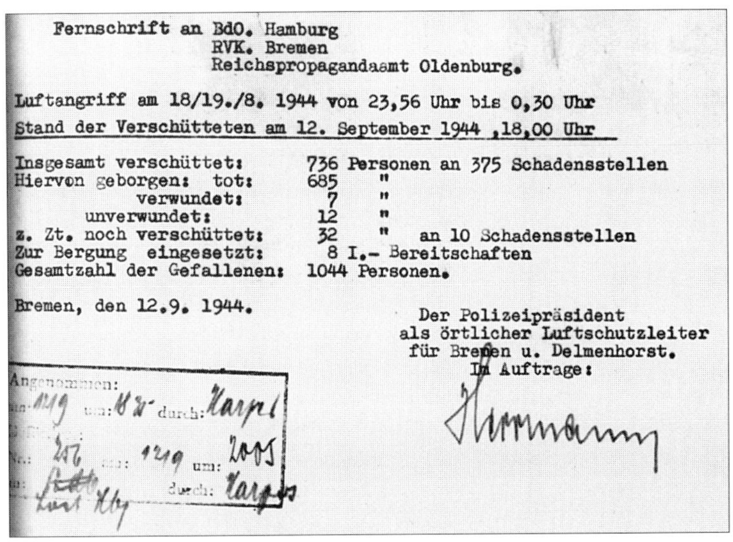

Fernschrift an BdO. Hamburg
RVK. Bremen
Reichspropagandaamt Oldenburg.

Luftangriff am 18/19./8. 1944 von 23,56 Uhr bis 0,30 Uhr
Stand der Verschütteten am 12. September 1944 ,18,00 Uhr

Insgesamt verschüttet:	736 Personen an 375 Schadensstellen	
Hiervon geborgen: tot:	685 "	
verwundet:	7 "	
unverwundet:	12 "	
z. Zt. noch verschüttet:	32 "	an 10 Schadensstellen
Zur Bergung eingesetzt:	8 I.- Bereitschaften	
Gesamtzahl der Gefallenen:	1044 Personen.	

Bremen, den 12.9. 1944.

Der Polizeipräsident
als örtlicher Luftschutzleiter
für Bremen u. Delmenhorst.
Im Auftrage:

Angenommen:
am: 12/9 um: 18 20 durch: Karpel
Nr.: 256 am: 12/9 um: 2005
durch: Kargus

Von 736 Verschütteten nur 19 lebend geborgen – 24 Tage nach dem Angriff: »z. Zt. noch 32 Personen verschüttet«

Kieler Straße/Nordstraße, Überlebende des Großangriffs, 18./19. August 1944

LS.Ak. Nord

Bremen, den 24. August 1944.

An das
Kommando - 1 L -

Kdo. d. Schutzpolizei.
Eing. 24. AUG. 1944 Vm.
Bearb.

Betr.: Postzustellung.

Bezug: Fernspruch vom 23.8.1944.

In nachfolgenden Straßen ist wegen Zerstörung der Häuser eine Postbestellung nicht mehr notwendig:

LS.-Revier 14:

Alsenstraße
An der Aue
Bergstraße
Borkumstraße
Doventorsteinweg
Düppelstraße
Gottfried Talle-Starße
Haferkamp
Hufenweg
Jägerstraße
Juiststraße
Auf dem Kamp
Kohlenstraße
Kronenstraße
Landwehrstraße
Lauterbachstraße
Laubenstraße
Lützowerstraße

Mandelstraße
Margaretenstraße
Nansenstraße, ausser Nr. 7 u. 9
Norderneystraße
Olbersstraße, ausser Nr. 61
Osterholzerstraße
Panzenberg
Plantage
Reinholdstraße
Rundestraße
Seefahrtshof
Schwalbenstraße
Sternstraße
Sylterstr., ausser Nr. 45 u. 47
Utbremerstraße
Zedernstraße
Ziegelstraße, ausser Nr. 1

LS.-Revier 16:

Hansastraße
Grambkerstraße
Lesumerstraße
Wiechmannstraße
Osterlingerstraße
Schröderstraße
Lutherstraße
Calvinstraße
Twistringerstraße
Wittenbergerstr., ausser Nr. 5
Utbremerstr., ausser Nr. 100,104, 105,106,107,108,112
Hauffstraße, ausser Nr. 17/19, 23, 25
Landwehrstraße, ausser Nr. 146,148, 150/152,160,164,176, 178

Arndtstraße
Schönebeckerstraße
Rönnebeckerstraße
Aumunderstraße
Wilhelmshavenerstraße
Leuchtenburgerstraße
Bassumerstraße
Sulingerstraße
Warfletherstraße
Grohnerstraße
St. Magnusstraße, ausser Nr. 67 c
Zwinglistraße, ausser, Nr.63,76,78

LS.-Revier 17:

Heimatstraße
Blütenstraße
Scheffelstraße
Friedenstraße, ausser Nr. 30,32,34, 36,38.
Nordstraße, ausser Nr.292,294,323, 325,327,329

Gabelsbergerstraße
Nachtigalstraße
Bogenstr., ausser Nr,11,11a - 11c, 35,36,38,39,40,41.
Wiedstraße, ausser Nr. 28,30.
Eintrachtstraße, ausser Nr. 43

Postzustellung überflüssig

Steffensweg, Wasserturm in Walle

Doventor Straße nach dem 132. Luftangriff vom 18./19. August 1944

Konvoi verläßt den Stadtteil, Faulenstraße

Blick auf die zerstörten Weserbrücken, links die Stephanikirche, im Hintergrund die Domtürme

Blick auf die zerstörte Neustadt

Im »Endkampf« zerstörte und gesprengte Brücken

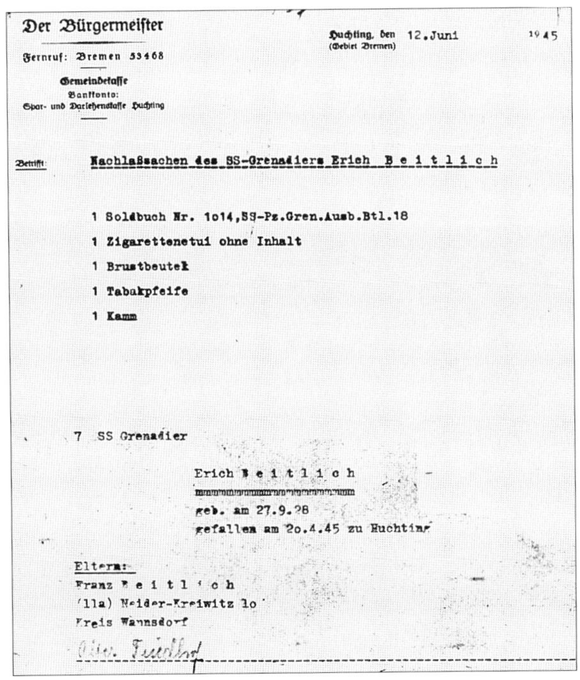

Der Bürgermeister

Fernruf: Bremen 53468

Gemeindekasse
Bankkonto:
Spar- und Darlehenskasse Huchting

Huchting, den 12. Juni 1945
(Gebiet Bremen)

Betrifft: Nachlaßsachen des SS-Grenadiers Erich Beitlich

1 Soldbuch Nr. 1o14,SS-Pz.Gren.Ausb.Btl.18
1 Zigarettenetui ohne Inhalt
1 Brustbeutel
1 Tabakpfeife
1 Kamm

7 SS Grenadier

Erich Beitlich
geb. am 27.9.28
gefallen am 2o.4.45 zu Huchting

Eltern:
Franz Beitlich
(11a) Neider-Kreiwitz 1o
Kreis Warnsdorf

Alter Friedhof

Oben:
Soldatengrab mitten in der Stadt, Frühjahr 1945
Rechts:
Eine Woche vor Kriegsende an »Führers Geburtstag« im Alter von 16 Jahren gefallen

Partei- und Militärführung bereiten den »Endkampf« um Bremen vor

Auszüge aus der Bremen-Chronik

18. Oktober 1944:
Der Erlaß über die Bildung des deutschen Volkssturms aus allen waffenfähigen Männern von 16 bis 60 Jahren wird veröffentlicht. (Auch 14- und über 60-jährige können sich freiwillig melden.)

20. Oktober 1944:
Vorzeitige Öffnung der Luftschutzräume. Um alten und gebrechlichen Personen sowie Müttern mit Kindern auch während der Nachtzeit das rechtzeitige Aufsuchen der Bunker usw. zu ermöglichen, wird angeordnet, daß für diese Personen jeden Abend mit Beginn der amtlichen Verdunkelungszeit die Bunker geöffnet werden, auch wenn kein Fliegeralarm gegeben wurde.

21. Oktober 1944:
Der Freimarkt fällt auch in diesem Jahre aus.

2. November 1944:
In der Presse werden Ratschläge über das Verhalten bei Tieffliegerangriffen veröffentlicht.

12. November 1944:
Vereidigung der Volkssturmmänner in Bremen. Vereidigungsfeiern in verschiedenen Stadtteilen. Gauleiter Paul Wegener spricht in der »Glocke«.

21. November 1944:
Volkssturm. Alle männlichen Angehörigen der Jahrgänge 1884 bis 1928 des Kreises Bremen der NSDAP werden aufgefordert, sich bis zum 4. Dezember 1944 auf der Dienststelle der für den Wohnsitz zuständigen Ortsgruppe der Partei zu melden.

2. Januar 1945:
Ratskeller. Da die Weinbestände immer knapper werden, setzt sich im Keller die Neuerung durch, daß Stammgäste ihren Wein mitbringen und im Keller austrinken.

28. Januar 1945:
Im Zeichen des bevorstehenden 30. Januar, des Tages der Machtergreifung Adolf Hitlers, findet ein Aufmarsch und eine Kundgebung des Bremer Volkssturms auf dem Domshof statt. Ansprache des Kreisleiters der NSDAP und Führers des Bremer Volkssturms Max Schümann.

31. Januar 1945:
Bekanntgabe des Signals »Luftlande-Alarm« – für den Fall des Landens feindlicher Truppen in Bremen aus der Luft – ein fünf Minuten lang währender Sirenen-Heulton.

8. Februar 1945:
Seit einiger Zeit werden auch viele Bremer zu dreiwöchiger Schanzarbeit für den Stellungsbau im Gau Weser-Ems einberufen (Errichtung von Panzersperren für den »Friesenwall«).

20. Februar 1945:
In einer Dienstbesprechung der Gauamtsleiter, Kreisleiter usw. der NSDAP betont Gauleiter Paul Wegener abschließend, daß es im Gau Weser-Ems unmöglich sei, die Räumung bestimmter Städte im Falle einer eventuellen Bedrohung ins Auge zu fassen. Der Gau Weser-Ems organisiere nicht die Flucht, sondern den Widerstand.

7. März 1945:
Die Herstellung von Kleingebäck (Brötchen und Bremer Zwieback) wird verboten. Amerikanischen Truppen gelingt es, bei Remagen den Rhein über die intakte Ludendorff-Brücke zu überschreiten.

24. März 1945:
Da durch die Beschädigung der Eisenbahnbrücke der Eisenbahnverkehr unterbrochen worden ist, wird zur Wiederherstellung der Bahnverbindungen mit Oldenburg über die Adolf-Hitler-Brücke (heute: Stephanibrücke) ein Notgleis gelegt. Ca. 3000 Gefangene werden bei der Herrichtung eingesetzt. (Englische Flugblätter kündigen die sofortige Zerstörung auch dieser Brükke an für den Fall, daß versucht werde, die Eisenbahnlinie wieder herzustellen.)

Erscheint 6mal wöchentlich

Bremer Zeitung

Bremer Nachrichten

Parteiamtliche Tageszeitung der Nationalsozialisten Bremens

Geschäftsstellen:

Nummer 284 14. Jahrgang Montag, 23. Oktober 1944 Einzelpreis 15 Rpf.

Volkssturm Weser-Ems angetreten

Gauleiter Paul Wegener gab die emporreißende Parole - Machtvolle Kundgebung der kämpfenden Heimat

„Tritt gefaßt!"

Dod, awer nich inne Knee!

Gegen die Philippinen

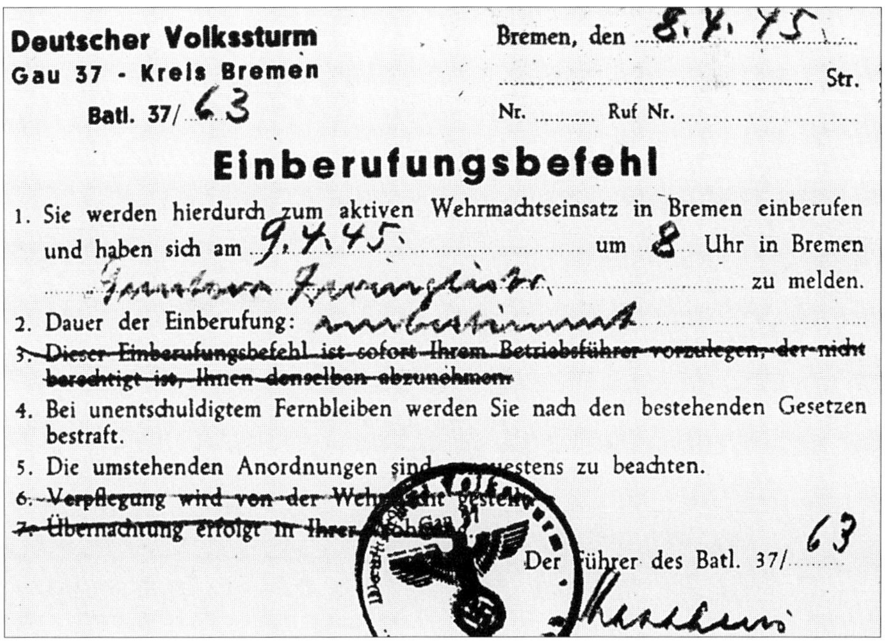

Deutscher Volkssturm
Gau 37 - Kreis Bremen
Batl. 37/ 63

Bremen, den 8.4.45
.... Str.
Nr. .... Ruf Nr. ....

Einberufungsbefehl

1. Sie werden hierdurch zum aktiven Wehrmachtseinsatz in Bremen einberufen und haben sich am 9.4.45 um 8 Uhr in Bremen [illegible] zu melden.
2. Dauer der Einberufung: unbestimmt
3. ~~Dieser Einberufungsbefehl ist sofort Ihrem Betriebsführer vorzulegen, der nicht berechtigt ist, Ihnen denselben abzunehmen.~~
4. Bei unentschuldigtem Fernbleiben werden Sie nach den bestehenden Gesetzen bestraft.
5. Die umstehenden Anordnungen sind genauestens zu beachten.
6. ~~Verpflegung wird von der Wehrmacht gestellt.~~
7. ~~Übernachtung erfolgt in Ihrer Wohnung.~~

Der Führer des Batl. 37/ 63

»Volkssturm«-Parade, Januar 1945

Unser Lieben Frauen Kirchhof nach dem 163. Luftangriff vom 23. März 1945

30. März 1945:
165. Luftangriff auf Bremen. Fliegeralarm 12.44 Uhr. Von 13.51 bis 14.27 führen starke Bomberverbände (etwa 500 Flugzeuge) einen schweren Sprengbombenangriff auf Brücken, Verkehrsanlagen, Häfen und Industriegebiete von Stadtmitte bis Farge aus. Abwurfmittel: 3748 Spreng- und 75 Brandbomben. Völlig zerstört wird – wie angekündigt – die Adolf-Hitler-Brücke. Die Gasversorgung in Bremen hört auf. Ungeheure Schäden im Rohrnetz.

1. April 1945:
Nachmittags tritt im deutschen Rundfunk erstmalig der Ruf eines neuen Senders, der sich »Werwolf« nennt und als Organ einer »Bewegung der nationalsozialistischen Freiheitskämpfer« dient, an die Öffentlichkeit. Das Hauptquartier dieser Bewegung wendet sich über den Sender mit einer »Proklamation an das deutsche Volk, die den fanatischen Willen deutscher Männer und Frauen, deutscher Jungen und Mädel in den besetzten Gebieten betont, hinter dem Rücken des Feindes den Kampf für Freiheit und Ehre unseres Volkes fortzusetzen und dem Feinde blutig heimzuzahlen, was er dem deutschen Volke angetan« habe.

4. April 1945:
Alarm »Küste« wird gegeben (alliierter Landungsversuch an der deutschen Nordseeküste erwartet). Um 22.50 Uhr spricht der Kreisleiter der NSDAP Max Schümann im Drahtfunk über den Ernst der Lage (»Wer die weiße Fahne zeigt, hat den Tod zu erwarten«).

5. April 1945:
Abgekämpfte und entmutigte deutsche Truppen durchziehen in langen Zügen die Hauptstraßen der Stadt von West nach Ost. Viele der Soldaten tragen eine Panzerfaust mit sich. – Britische Flugzeuge, deren Hoheitszeichen deutlich zu erkennen sind, überfliegen in niedriger Höhe Bremen. Abwehrfeuer setzt überhaupt nicht ein.

6. April 1945:
Der Kreisleiter der NSDAP Max Schümann spricht fortan allabendlich um 20.30 Uhr über den Drahtfunk zur bremischen Bevölkerung.

8. April 1945:
Kanonendonner ist südlich Bremen vernehmbar.

9. April 1945:
In der Stadt (am Osterdeich usw.) vor den Brücken und um den Stadtkern werden Deckungsgräben ausgeworfen. Diese Maß-

Am Bunker Hardenbergstraße helfen Anwohner bei Ausbesserungsarbeiten, 25. März 1945

nahme verursacht in der bremischen Bevölkerung eine große Erregung. Ausgabe von Vorratszuteilungen an die Bevölkerung.

Lebensmittelwochenration – Zuteilungsperiode 2.–8. April 1945[53]

Als Wochenration für alle Altersklassen gelten folgende Sätze:

R.-Brot:	1600g
W.-Brot:	630g
Fleisch:	250g
Butter:	120g
Margarine:	70g
Marmelade:	175g
Zucker:	200g
Nährmittel:	100g
Kaffee-Ersatz:	50g
Käse:	60g

10. April 1945:
Am Dom und an vielen Gebäuden und Häusern in der Stadt sieht man ein Plakat, das das Gebiet des Gaues Weser-Ems zeigt, beschützt von einem Soldaten und einem Volkssturmmann, mit der Panzerfaust ausgerüstet. Das Plakat trägt die Aufschrift: »Weser-Ems... nich inne Knee!« – Erlaß einer Verordnung zur Sicherung der Bestattungen. Wegen des großen Materialmangels kann die Bestattung in Särgen nicht mehr durchgeführt werden: »Um die gleichmäßige Behandlung aller Teile der Bevölkerung zu gewährleisten, muß daher die Verwendung von Särgen unterbleiben. Es wird erwartet, daß diejenigen Angehörigen, die dazu in der Lage sind, eine geeignete andere Umhüllung der Leiche, z.B. ein Tuch oder dergleichen, liefern. Särge zur Beförderung der Leichen zur Grabstelle werden zur Verfügung gestellt. Die Einäscherung von Leichen muß aus Mangel an Heizmaterial eingestellt werden.«

14. April 1945:
Weitere Vorratszuteilungen. Alle »Volksgenossen« werden aufgefordert, am Montag, den 16. April 1945, die Arbeit wieder aufzunehmen. Viele Männer waren in der letzten Woche den Arbeitsstätten ferngeblieben, um ihren Frauen beim Einkauf der aufgerufenen Lebensmittel behilflich zu sein. Wer in Zukunft auf der Arbeitsstätte nicht erscheint, kommt vor das Standgericht. Die Betriebe haben die Fehlenden sofort der Kreisverwaltung der Deutschen Arbeitsfront zu melden, die dann das Weitere veranlaßt.

18. April 1945:
Frontverlauf: 2 km südlich Loge – Großenkneten – Dötlingen – Brettorf — Groß-Mak-

kenstedt – Moordeich – Südwestausgang von Stuhr – Brinkum – Leeste – Kirchweyhe – Südweyhe – Ahausen. Ein Panzervorstoß erfolgte aus dem Raum Ippener (südlich Delmenhorst) Richtung Nordwest. Verden wurde vom Engländer genommen. Er stößt nach Langwedel-Daverden vor. Abends hält General Becker, der »Kampfkommandant« Bremens, im Drahtfunk eine Ansprache an die bremische Bevölkerung. Seine »zackigen« Redewendungen rufen helle Empörung hervor.

20. April 1945:
Der Kampf um Bremen hat sich verschärft. Die Engländer stehen bei Kirchhuchting. Am ganzen Tag liegt Artilleriefeuer auf der Stadt. Zwischen 18.00 und 18.30 Uhr schießt ein britisches Feldregiment Flugblätter in die Stadt, in denen die bedingungslose Übergabe Bremens innerhalb 24 Stunden gefordert wird: »Ihr habt die Wahl! « – Die Bevölkerung wird aufgefordert, bei Artilleriebeschuß sofort Deckung zu nehmen, also sich entweder hinzuwerfen oder hinter Trümmern, Geröll oder sonstigen schützenden Wänden Schutz zu suchen. Bewohner, die sich in ihren Häusern aufhalten, sollen sofort die Keller aufsuchen. – An die Bevölkerung ergeht das Ersuchen, einzeln marschierenden und reisenden Offizieren und Soldaten keine Quartiere zu gewähren. Diese sollen an die nächstgelegene Wehrmachtdienststelle verwiesen werden: »Es kommt immer noch vor, daß Deserteure und Drückeberger bei verantwortungslosen Volksgenossen Unterschlupf finden und häufig für längere Zeit versteckt gehalten und beherbergt werden. Das Gebot der Stunde ist es, gegen dieses ehrlose Verhalten der Volks- und Vaterlandsverräter schärfste Überwachungsmaßnahmen zu treffen, damit eine wirksame Bekämpfung und rücksichtslose Strafverfolgung gewährleistet ist.« Des Geburtstages des »Führers« Adolf Hitler wird amtlicherseits diesmal nicht gedacht. – Die zwölftägige Belagerung Berlins durch die Rote Armee beginnt.

21. April 1945:
Am Wall (vor dem Polizeihaus) werden Akten und Karteien der Gestapo verbrannt. In den Ruinen einiger Häuser an der Contrescarpe werden Unterlagen aus dem »Haus des Reichs« (Büro des Reichsverteidigungskommissars) verbrannt.

22. April 1945:
167. Luftangriff auf Bremen. Das Weser-Wehr, das Elektrizitätswerk und viele Straßenzüge in Hastedt, Hemelingen und Schwachhausen werden zerstört. Mit der Vernichtung des E-Werks hört die Stromversorgung in Bremen auf. – Seit diesem heftigen Bombardement, das deutlich zeigte, daß die Engländer ihren angekündigten Angriff zur Erstürmung der Stadt wahrmachen wollen, verbringen die meisten Bremer ihr Dasein in den Bunkern. – Für die bremische Bevölkerung stehen insgesamt 116 Hochbunker zur Verfügung. (Mit dem Bau des ersten Hochbunkers wurde am 6. November 1940 begonnen. Die gesamten Baukosten betrugen über 100 Millionen Reichsmark.) – Zur Verteidigung Bremens sind etwa 10.000 Mann aufgeboten.

24. April 1945:
Das Leben in den Bunkern nimmt bedenkliche Formen an. Von den Erwachsenen wagen sich bei kleinen Feuerpausen noch manche nach Hause, um nicht nur nach dem Rechten zu sehen, sondern auch einiges für ihre Angehörigen zu kochen (Mittagessen, Kaffee, Tee). Soweit die Verteiler beliefert worden sind, kann Milch gekauft werden. Auch halten die Lebensmittelgeschäfte, Schlachter und Bäcker ihre Läden bei Abflauen des Artilleriefeuers geöffnet. Der Aufenthalt in den Bunkern ist im Laufe der Tage und Nächte zu einer Unerträglichkeit geworden. Die Kabinen, Flure und Treppen der Bunker sind voll von Menschen besetzt. Soweit es möglich ist, hat sich ein jeder ein kleines Plätzchen als Lagerstatt eingerichtet. Da die Stromversorgung aufgehört hat, ist eine Notbeleuchtung (Petroleumlampen, geschlossene Laternen) an die Stelle des elektrischen Lichtes getreten. Die Zusammenballung der Menschenmassen bringt es mit sich, daß durch den Sauerstoffverbrauch offenes Licht verlischt. Das schöne Frühlingswetter lockt viele Menschen auf die Straße vor den Bunkern. Dort herrscht stets ein reges Leben. Sobald aber ohne Fliegeralarm Flugzeuge erscheinen, die Bomben werfen, gibt es an den Bunkereingängen ein furchtbares Gedränge.

Niedersächsische Hitler-Jugend!

Überall – ran an den Feind!

Der Gegner meint, er hätte schon den Sieg in der Tasche — weil seine Truppen in Ost und West auf deutschem Boden kämpfen.

Immer wieder versucht er, uns mit seinen Bombenteppichen und Tieffliegerangriffen mürbe zu machen.

Auch der feindliche Nachrichtendienst läuft auf vollen Touren, um die Siegeszuversicht und das Vertrauen des deutschen Volkes auf seine Führung zu zerstören.

Wieder werden im Feindlager Termine für unsere endgültige Vernichtung festgesetzt, und wieder muß der Gegner Tag für Tag erleben, daß er die Rechnung ohne den Wirt gemacht hat.

Das deutsche Volk kämpft und arbeitet wie nie zuvor, weil es weiß, daß es um die Entscheidung und um unser aller Leben geht.

Unsere zerstörten Städte, unsere gemordeten Mütter und Geschwister machen uns noch fanatischer und entschlossener im Widerstand und im Haß gegen die Kriegsverbrecher und ihre Söldlinge!

Unseren Glauben an den Führer und an den Sieg können auch die schwärzesten Nachrichten der Feindsender nicht erschüttern.

Gegen ihre Propagandaparolen sind wir gefeit — weil wir wissen, daß unsere Stunde im Kommen ist.

Dieser Krieg ist der totale Krieg des ganzen Volkes!

Auch die Heimat ist zur Front geworden. Neben der Wehrmacht kämpfen die Männer und Jungen des Deutschen Volkssturmes.

Frauen und Mädel helfen in den rückwärtigen Diensten der Wehrmacht.

Die niedersächsische Hitler-Jugend steht in diesem Ringen an vorderster Stelle!

Täglich spürt der Gegner, daß unsere Jungen ihre „Panzerfaust" zu gebrauchen wissen. Täglich lernt er die Härte der deutschen Jugend im Geben und Nehmen kennen und die Kraft ihres Glaubens, den niemand nehmen kann. Nicht nur die älteren Hitlerjungen, nein auch die Mädel und Pimpfe stehen auf ihrem Platz in der Abwehrfront! Wer keine Waffe führt, kämpft auf seine Weise!

Es gilt, den Feind zu schlagen, wo man ihn auch trifft!

Jede Waffe und jedes Mittel ist dazu recht. Jeder Schaden, der dem Gegner auf deutschem Boden zugefügt wird, hilft zum Sieg! Keine große Ausbildung, keine Technik, keine Waffen sind dazu notwendig.

Nur Mut, Einsatzbereitschaft, Schnelligkeit, Umsicht und fanatischer Haß tun Not,

um die Waffen unseres Widerstandes zu handhaben:

Mit Hammer, Zange, Messer, Schraubenschlüssel und Geschick kann die feindliche Kriegsmaschine erheblich gestört werden. Sie werden sich an uns die Zähne ausbeißen, die Söldlinge der Plutokratie und des jüdischen Kapitalismus!

Jeder Pimpf im feindbesetzten Raum hat seinen Auftrag — und der heißt:

dem Gegner schaden, wo man ihn trifft!

Auf das Wie, Was und Wo kommt es dabei an. Darum merkt Euch: Der Verkehr ist eine lebenswichtige Schlagader. Sie zu durchschneiden, ist mitentscheidend für den Kriegsverlauf.

Wie stört man Kraftfahrzeuge?

1. Durch die Einfüllung von Zucker in den Benzintank.
   Folge: Düsenverstopfung, Kolben brennen fest, Kraftfahrzeuge werden nachhaltigst betriebsunfähig.
2. Indem man beim Montieren von Reifen feine Metallspäne zwischen Decke und Schlauch bringt.
   Folge: Schläuche zerreißen, Decken werden unbrauchbar, die entstehenden Reifenpannen sind nicht einmalig, sondern entstehen immer wieder, bis die vollkommene Unbrauchbarkeit der Reifen sich herausstellt.
3. Dadurch, daß man Nagelbretter auf die Straßen eingräbt.
   Folge: Reifen platzen, bei größerer Geschwindigkeit gerät der Wagen ins Schleudern und überschlägt sich. Bei geschickter Eingrabung sind die Folgen nicht einmalig, sondern werden sich in den meisten Fällen bis zur Entdeckung mehrmalig wiederholen.
4. Drahtseile hinter Kurven spannt, und zwar so, daß sie sich nicht vom Hintergrund abheben. Angerosteten Draht benutzen!
   Folge: Schwere Kraftfahrzeug-, insbesondere Kraftradunfälle.
5. Telefonleitungen kurz schließen durch Verbinden der Drähte miteinander, aus Tarnungsgründen dünne Drähte zum Zusammenschließen benutzen.
   Folge: Verständigung nicht mehr möglich und Störungsstellen schwer auffindbar.
6. Verbindung der Telefonleitung mit Starkstromleitung durch Überwerfen eines mit einem Stein beschwerten Drahtes.
   Folge: In allen angeschlossenen Ämtern schmoren die Apparate durch, bei Berührung der Apparate in den meisten Fällen Verletzungen und Ausfälle.

Wie stört man Bahnen?

1. Man verklemmt auf Eisenbahnstrecken die Weichen mit Steinen oder hebt das Zugseil der Weichen aus bzw. zerschneidet es.
   Folge: Zugentgleisung.
2. Man legt auf freier Strecke einen Hemmschuh. (Diesen rechtzeitig sicherstellen!)
   Folge: Zugentgleisung.
3. Man zerschneidet die Zugdrähte für die Signaleinrichtung der Eisenbahn.
   Folge: Zusammenstöße.
4. Man läßt das Schmieröl ab aus den Schmierbüchsen der Achsenlager von Eisenbahnwaggons und preßt möglichst Sand oder aus Tarnungsgründen eine Sand-Fett-Mischung ein.
   Folge: Lager laufen heiß, Waggons fangen unter Umständen an zu brennen, dies führt bei Munition- oder Kraftstoffzügen zu Explosionen und macht im allgemeinen zeitweilig, im letzteren Fall sogar sehr nachhaltig Eisenbahnstrecken unbrauchbar.
5. Zerschlagen von Kontrolleinrichtungen aller Art.
   Folge: Maschinenausfall.

Das Wichtigste - - - -

Nicht dabei erwischen lassen. Dumm stellen, findig sein, immer neue Schliche und Wege gehen, dann ist der Erfolg sicher.

Wo der Gegner auch einbrechen mag, überall trifft er auf unsere Front in der Heimat. Wir kämpfen unseren Kampf so lange, bis die Stunde des deutschen Soldaten wieder schlägt, bis unsere Wehrmacht endgültig den deutschen Raum von seinen Feinden säubert.

Für diese Stunde kämpfen wir, unser Krieg ist unser Sieg!

Werwölfe packen zu!

Lesen und an die Kameraden weitergeben

25. April 1945:
Brückensprengungen in der Stadt. Die unmittelbare Umgebung des St. Josephstiftes wird zur »Lazarett-Schutz-Zone« erklärt. An den Grenzen des Bezirks werden Schilder mit folgendem Text aufgestellt: »Lazarett-Schutzzone! Biwakieren und Durchmarsch militärischer Einheiten sowie Lagerung von Munition verboten. Der Chefarzt.« Etwa um 12.30 Uhr hat die 52. Britische Division die Föhrenstraße erreicht. Um diese Zeit werden in den Bunkern die Anwesenden aufgefordert, vorhandene Waffen sofort dem Bunkerwart zu übergeben. Soldaten müssen die Bunker umgehend verlassen. Überdies werden die Bunkerinsassen ersucht, Parteiabzeichen und Ausweise über die Mitgliedschaft zur NSDAP sofort zu vernichten.– Nachmittags verläßt der Kreisleiter der NSDAP, Schümann, den »Regierungsbunker« an der Parkallee. Er erklärt, daß er in Kürze zurückkehren werde. Er begibt sich aber nach dem »Heisternest« an der Wümme und läßt sich in Bremen nicht wieder blicken. (Der Gauleiter Wegener hatte sich bereits vorher »abgesetzt«. Schümann beging einige Wochen später Selbstmord.)

27. April 1945:
Der »Befehlsbunker« im Bürgerpark (gegenüber der Emmastraße, heute: Magazin des Technischen Hilfswerks), das letzte Widerstandsnest der politischen und militärischen Führung in Bremen, wird angegriffen. Die Besatzung kapituliert. Der »Kampfkommandant« von Bremen, General Fritz Becker, und viele Stabsoffiziere werden entwaffnet und gefangengenommen. Bis 18.00 Uhr ist Bremen von britischen und nachrückenden amerikanischen Verbänden vollständig besetzt.

5. Mai 1945:
Die KGF »Kampfgemeinschaft gegen den Faschismus« veröffentlicht und verteilt in Bremen einen Aufruf, in dem sie ihre Ziele erläutert.

IHR HABT DIE WAHL!

Die britiſche Armee ſteht vor Bremen. Unterſtützt von der britiſchen Luftwaffe iſt ſie im Begriffe, die Stadt einzunehmen. – Zwei Möglichkeiten der Einnahme beſtehen:

entweder

unter Einſatz ſämtlicher dem Heer und der Luftwaffe zur Verfügung ſtehenden Mittel. Ihr habt nichts, womit Ihr auf die Dauer widerſtehen könnt

oder

durch die Beſetzung der Stadt nach bedingungsloſer Uebergabe.

Ihr habt die Wahl

zwiſchen dieſen zwei Möglichkeiten.

Auf Euch lastet die Verantwortung

für den daraus entſtehenden unnötigen Blutverluſt, falls Ihr den erſten Weg wählt.

Andernfalls

ſchickt einen Unterhändler unter dem Schutze der weißen Fahne in die britiſchen Stellungen.

Wir geben Euch 24 Stunden Zeit zur Entſcheidung.

Britisches Flugblatt, unmittelbar vor Einnahme Bremens über der Stadt abgeworfen

WAS KANN MAN TUN?

Fast jeder Deutsche weiss, dass der Krieg verloren ist — und dass es an Deutschland selbst liegt, das Ende zu beschleunigen. Viele fragen sich aber, was man unternehmen kann. Man kann allerhand:

▶ **Man kann sich zusammenschliessen** — mit gleichgesinnten Nachbarn und als Arbeiter mit anderen deutschen und fremden Arbeitskameraden.

▶ **Man kann die Nazis genau beobachten** und sich die Namen von Kriegsverlängerern merken — und insbesondere Personen, die sich Greueltaten, ob gegen Deutsche oder Ausländer, zuschulden kommen lassen.

▶ **Man kann die Wahrheit verbreiten,** indem man sich über den tatsächlichen Stand der Dinge unterrichtet und mutig den Nazi-Phrasendreschern und Gerüchtemachern entgegentritt.

▶ **Man kann mit den Soldaten sprechen** und ihnen klarmachen, dass ihr Opfermut den Krieg und damit die Leiden der Heimat jetzt nur noch verlängert.

▶ **Man kann sich der Evakuierung widersetzen,** indem man sich und seine Familie versteckt hält und seine Habe im Verein mit Gleichgesinnten gegen Plünderer schützt.

▶ **Man kann Unterschlupf gewähren** den Todeskandidaten des Volkssturms, den Fremdarbeitern und den Volksgenossen, die insgeheim mutig gegen das nationalsozialistische Terror-System arbeiten.*

▶ **Man kann Lebensmittel zurückbehalten,** wenn die Parteifanatiker Bestände ins Reichsinnere verschleppen wollen. Was zurückbleibt, wird der Gemeinschaft helfen.

▶ **Man kann das Gemeingut schützen,** wenn sich die alliierten Truppen nähern und es dann gewissenlose Partei-Elemente gibt, die vor ihrem Verschwinden noch möglichst viel Schaden stiften wollen.

Man kann selbst für den Frieden kämpfen. Dazu ist Mut erforderlich — und straffes Zusammenhalten gegen Gestapo und SS. Aufträge und Befehle kommen von den Führern der Widerstandsgruppen.

So haben tausende Deutsche in den Westgebieten gehandelt — in Kohlscheide, Kornelimünster, Ubach, Brand, Esingen, Grotenrath und vielen anderen Gemeinden. Sie hatten erkannt:

MAN KANN DEN FRIEDEN BESCHLEUNIGEN!

* *Wer Mitglieder der Wehrmacht beherbergt, hat dies sofort nach Eintreffen der Alliierten den Militärbehörden zu melden.*

»Feindflugblatt«

Aus dem Aufruf der »Kampfgemeinschaft gegen den Faschismus«[54]

Zwölf Jahre Schrecken, zwölf Jahre der Unmenschlichkeit, der Entrechtung und Erniedrigung, der Verfolgung und der blutigen Willkür liegen hinter uns. In Nacht und Grauen war Deutschland verstrickt, wie ein lastender Alp lag die Hitlerherrschaft auf allen, die noch menschlich fühlten, die noch freiheitlich empfinden, die noch selbständig denken konnten…
Das Ergebnis der Hitlerherrschaft ist der restlose und totale Zusammenbruch auf allen Gebieten; Fabriken und Werkstätten, Schulen und Wohnhäuser, Verkehrsmittel, Rohstoffe und Materialien jeder Art sind zerstört und vernichtet oder in verantwortungslosem Raubbau verwüstet und vertan…
Zur materiellen Zerstörung und Verwüstung kommen die seelische und sittliche Verwilderung und Aushöhlung des deutschen Volkes. Niederträchtigste Angeberei und Knechtseligkeit, Furcht und Schrecken, Jahre hohler Protzerei und völliger geistiger Stagnation sind die Zeugen nationalsozialistischer Politik. Der Aufbau einer neuen Ordnung darf kein »Wiederaufbau« sein, kein Wiederaufbau dessen, was vergangen ist, was von der Geschichte mit harter Hand hinweggefegt wurde. Es ist ja nicht nur das Hitlertum, das zu Grabe getragen wird. Der unheilvolle Geist des Preußentums, der Geist der Untertanendemut und des beschränkten Untertanenverstandes, des blinden Gehorchens, der subalternen Hoffnung auf die Weisheit und Fürsorge der »Vorgesetzten«, die feige Gedankenlosigkeit, die nichts von sich selbst und alles von anderen – vom Führer, von der »Obrigkeit«, von der »Regierung« erhofft – sie waren die Wurzeln, aus denen das »Dritte Reich« erwuchs und die mit ihm ausgerottet werden müssen.
Wir haben keine Wahl. Wenn wir leben wollen, so müssen die Trümmer beiseite geräumt und mit dem Aufbau begonnen werden.

Am 27. April 1945 besetzen Einheiten der britischen Armee Bremen

Oben:
Internierungslager Riespott der Alliierten für Funktionsträger des NS-Staates
Links:
»Volkssturm« in Kriegsgefangenschaft

Auf der Suche nach Kohlen

»Aus dem Bunker und nach Hause«

Ein Bericht von Margret Bolz

Anfang April 1945 wurden alle Vorräte an die Bevölkerung verteilt. Es waren große Mengen, die ausgegeben wurden: Drei Pfund Butter pro Person und etwas später noch einmal zwei Pfund. Außerdem Dauerwürste, Fleisch in Konserven, viele Eier und auch Getreide. Weil ich damals schon älter war, hatte ich das Einkaufen übernommen. Meiner Mutter war das stundenlange Schlangestehen zu anstrengend. Es kam auch oft vor, daß die Ware schon ausverkauft war, bevor man an die Reihe kam – und das, nachdem man schon zwei Stunden angestanden hatte. Aber in diesen letzten Wochen vor der Besetzung Bremens bekamen wir beachtliche Lebensmittelzuteilungen. Ich brachte große Klumpen Butter nach Hause. Sie waren nicht, wie sonst, in den handlichen Halbpfund-Pakkungen, sondern wurden in großen Brokken ausgegeben.
So gut hatten wir es im ganzen Krieg noch nicht gehabt, und wir lebten erst einmal ein paar Tage lang ganz wunderbar und holten nach, was uns seit Jahren am Essen gefehlt hatte. Man sagte uns aber schon bei der Ausgabe, das sei eine »Bevorratung«, wir müßten damit rechnen, daß wir die nächsten Monate nichts bekämen. Meine Mutter knetete die Butter mit viel Salz und legte sie in große Tonkrüge. Oben darauf kam noch etwas Salzwasser; dann wurden die Krüge mit Zellophanpapier dicht verschlossen. Auch die Eier legte sie ein, und dann brachten wir alles in den Keller, damit es kühl lagerte.
Es war zum Lachen: Wenn man in den letzten Tagen vor der Besetzung durch die Straßen ging, lagen überall die runden Parteiabzeichen auf dem Pflaster. Je weiter es zum Schluß ging, desto häufiger entledigten sich die Leute ihrer Abzeichen. Bei uns schräg gegenüber befand sich eine Geschäftsstelle der NSDAP, an einem großen Schild zu erkennen. Zwei oder drei Tage, bevor wir von den Engländern eingenommen wurden, war auf einmal auch das Schild verschwunden.
Am 22. April 1945 war Bremen ringsum eingeschlossen. Die Engländer hatten sich mit dem Stadtkommandanten in Verbindung gesetzt und ihm nahegelegt zu kapitulieren, sonst werde Bremen restlos zerstört. Der Kommandant wollte die Stadt aber nicht kampflos übergeben, und so ging der Krieg für uns verstärkt weiter. Die Engländer hatten ja keine langen Anflugzeiten mehr. Sie waren blitzschnell über der Stadt, so schnell, daß es auch keinen Alarm mehr gab und sofort die Bomben fielen. In den letzten drei Tagen kamen jede Viertelstunde einige Flugzeuge, die Bomben warfen, zum Teil auch Luftminen, die schlimme Schäden anrichteten.
Wir hatten – wie die meisten Bremer – am 22. April beschlossen, in den Bunker zu gehen und dort zu bleiben, bis alles vorbei war. Das haben wir auch gemacht. Gelegentlich ging zwar einer von uns nach Hause, um etwas zu essen und zu trinken zu holen, aber die übrige Zeit saßen wir nur im Bunker. Am 22. April wurde das Elektrizitätswerk vernichtet. Das bedeutete, daß wir keinen Strom mehr hatten. Der Bunker wurde durch eine strombetriebene Ventilationsanlage belüftet. Die fiel nun aus. Dafür wurden einige ältere Männer, die nicht mehr eingezogen waren, herbeigeholt, die dann Tag und Nacht – sie wechselten sich ab – die Belüftungsanlage mit einer Handkurbel bedienten. Die Luft war trotzdem so schlecht, daß am letzten Tag eine Kerze, die wir angezündet hatten, um nicht im Dunkeln zu sitzen, erlosch. Es war nicht mehr genug Sauerstoff im Bunker. Wir gingen zwischendurch immer wieder für kurze Zeit nach draußen, um etwas frische Luft zu bekommen, bevor die nächsten Bom-

Britische Soldaten kontrollieren Bremer

Die Menschen verlassen die Bunker, Bunker Kornstraße, April 1945

ben fielen. Am 25. April waren wir völlig fertig und hatten das Gefühl, langsam zu ersticken. Meine Mutter, mein Vater und ich beschlossen: Ganz gleich, was jetzt passiert, wir gehen heute abend nach Hause. Wir halten das nicht mehr aus.
Die Hamburger Straße liegt im Osten der Stadt, und von Osten her rückten die Engländer vor. Daher hatten wir Glück, denn die Engländer waren bereits an unserem Bunker vorbei bis zum Steintor vorgedrungen .
Wir gingen also abends nach Hause. Unser Haus war das mittlere von drei nebeneinander stehenden Häusern. Links und rechts guckten schon Engländer aus den Fenstern. Sie hatten die beiden Häuser besetzt. Erstaunlicherweise war aber unser Haus nicht belegt, und wir wunderten uns darüber. Wir gingen ins Haus, und es roch ganz fürchterlich verqualmt und brenzlig. Mein Vater meinte: »Was ist denn das? Haben die hier Feuer gemacht?« Aber meine Mutter beruhigte ihn gleich: »Aber nein, das ist meine Brennhexe!«
Das war so: Weil man oft keinen Strom mehr hatte, gab es sogenannte »Brennhexen«, merkwürdige kleine Öfen, auf denen man kochte und die gleichzeitig heizten. Diese Öfen brauchten nur sehr wenig Holz und Kohle. Unsere Brennhexe war so ein komisches Ding, mit dem nur meine Mutter umgehen konnte. Sie brachte es fertig, Feuer zu machen, ohne daß es qualmte; kein anderer schaffte das. Die Engländer hatten wohl gleich versucht, die Brennhexe in Betrieb zu nehmen, dann war ihnen der ganze Rauch entgegengeschlagen und sie mußten kapitulieren, vermuteten wir. So hatten wir das Glück, in unseren Betten schlafen zu können, während die Nachbarn ihre Betten erst einmal an die Engländer abtreten mußten.
Wir wollten uns dann etwas zu essen machen und gingen nach unten in den Keller, um unsere Lebensmittel zu holen. Zu unserer Bestürzung sahen wir aber, daß unsere ganze Butter und alle Eier verschwunden waren. An dem Abend waren wir aber so müde und erledigt von diesen vier Tagen, die wir im Bunker zugebracht hatten, daß wir uns sagten, darum kümmern wir uns morgen, jetzt wollen wir nur schlafen. Ich weiß noch, daß ich mich hingelegt und gedacht habe, ganz gleich, was noch kommt, wenn wir auch nichts zu essen haben, ich brauche jetzt nie wieder nachts aufzustehen! Einmal, zweimal, dreimal jede Nacht! Ich brauche auch nie wieder zum Bunker zu laufen! Keine Sirene wird mich wieder wecken! Von jetzt an kann ich jede Nacht durchschlafen! Das war eine unglaubliche Erleichterung, und ich schlief tief und fest bis zum nächsten Morgen um 10 Uhr. Die ganzen anderen Nächte davor hatte ich kaum Schlaf bekommen.
An den nächsten Tagen war Ausgangssperre. Daher unterhielten wir uns mit den Nachbarn so von Balkon zu Balkon, und meine Mutter erzählte, unsere Vorräte seien verschwunden. Die Nachbarin, die die englische Einquartierung hatte, fragte, ob unsere Butter und die Eier in braunen Tonkrügen eingelegt seien. Als meine Mutter das bejahte, sagte die Nachbarin: »Das ist alles bei uns hier drüben! Das haben sich wohl die Engländer geholt. Sie schlagen sich gerade Eier in die Pfanne, mindestens zehn Stück. Und Ihre Butter nehmen die zum Braten.«
Wir waren natürlich nicht gerade entzückt. Ich ärgerte mich schrecklich. Da hatte ich nun tagelang Schlange gestanden, drei Stunden lang, vier Stunden lang, und jetzt nahmen die uns das einfach weg. Wir brauchten doch die Lebensmittel! Und wir würden in der nächsten Zeit auch nichts anderes bekommen! Ohne zu überlegen, sagte ich zu meiner Mutter: »Ich hole unsere Sachen wieder!« Bevor meine Mutter Zeit zu antworten hatte, war ich schon die Treppe hinunter und ins Nebenhaus gerannt. Ich fragte die Nachbarin, wer von den Soldaten dort zu bestimmen hätte, und sie zeigte auf einen jüngeren Mann. Ich hatte vier Jahre Englisch in der Schule gehabt, und das reichte, um mich verständlich zu machen. Ich sagte dem Soldaten, was er da gerade in die Pfanne geschlagen habe, seien unsere Eier und unsere Butter, das heißt unsere Bevorratung für die nächsten Wochen oder Monate, und wir wüßten nicht, wovon wir jetzt leben sollten.
Er schaute verblüfft und war dann recht nett und verständnisvoll. Er sagte zu mir, die Eier, die nun schon in der Pfanne seien, die könne er mir ja nicht wiedergeben, aber die anderen Sachen bekäme ich zurück. Er winkte einem anderen Soldaten und gab ihm den Auftrag, mit mir zu gehen und die Tonkrüge zurückzubringen. So war unsere Verpflegung für die nächste Zeit gerettet.
Nach und nach normalisierte sich dann alles wieder. Ich glaube, es dauerte höchstens zwei Monate, bis wieder Lebensmittelkarten ausgegeben wurden. So lange sind wir mit unseren Vorräten hingekommen. Wir waren ja schon daran gewöhnt, daß man nicht aus dem Vollen schöpfen konnte. Meine Mutter hatte in den Kriegsjahren gelernt, alles so einzuteilen, daß wir zurecht kamen. Auf die neuen Lebensmittelkarten gab es zwar noch weniger als während des Krieges, aber notgedrungen sind wir durchgekommen.

Die Menschen verlassen die Bunker – der Krieg ist beendet

Laßt uns die Erde den Kindern übergeben

Von Nazim Hikmet

Laßt uns die Erde den Kindern übergeben,
wenigstens für einen Tag.
Wie einen bunt geschmückten Luftballon zum Spielen.
Zum Spielen, Lieder singend zwischen den Sternen.

Laßt uns die Erde den Kindern übergeben,
wie einen riesigen Apfel, wie ein warmes Brot.
Wenigstens für einen Tag sollen sie satt werden.

Laßt uns die Erde den Kindern übergeben.
Wenn auch nur für einen Tag
soll die Welt die Freundschaft kennen lernen.
Die Kinder werden uns die Erde wegnehmen.
Werden unsterbliche Bäume pflanzen.

»Volkssturm«-Kinder in britischer Gefangenschaft

Frieden – Neu beginnen?

Blick von den Domtürmen auf den Marktplatz, den ausgebrannten Schütting und die Weser

Die Ergebnisse des Krieges in Bremen

Unten: Die Bremer Altstadt 1945
Rechte Seite: Blick auf Böttcherstraße, Martinikirche, Teerhof und Neustadt

Wiederaufbau zerstörter Brücken

Stephani-Kirche und -viertel, rechts das Bamberger Hochhaus

Der Bremer Westen

Linke Seite: Hafen und Muggenbergviertel
Oben: Die ausgebrannte Martinikirche, im Vordergrund die Sieben Faulen

»Hier brauchen sie die weiße Fahne nicht!« Heimkehr nach Bremen

Ein Bericht von Agnes-Marie Georgii[55]

Ich war verheiratet in der Niederlausitz. Mein Mann war als vermißt gemeldet, aber meine in Bremen ausgebombte Mutter war bei mir. Einen Monat nach Ankunft der Russen schlossen wir uns einer Gruppe von 17 Menschen an: Evakuierte, der älteste 78 Jahre, der jüngste – meiner – 8 Monate alt. Unter diesen 17 waren 10 Kinder jünger als 6 Jahre. Wir machten uns zu Fuß auf den Weg. Wir haben damals Europa auf der Landstraße erlebt. Jeder strebte nach Hause, einerlei ob nach Osten oder nach Westen. Manche waren ja nach Osten geflüchtet, wie meine Mutter, andere nach Westen. Da gab es auch noch die Kinder von den Kinderlandverschickungen, die zurück mußten. Oder diejenigen, die im Arbeitsdienst gewesen waren, und die ehemaligen Zwangsarbeiter und Deportierten, besonders viele Polen.

Ich sehe noch eine deutsche Frau vor mir, die auf einem Handkarren ihren schwerverwundeten Mann hinter sich herzog – mutterseelenallein auf dem Weg nach Osten. Ob sie jemals nach Hause gekommen sind? Wir übernachteten unterwegs in Scheunen. Die Säuglingspflege fand am Straßenrande statt. Die Windeln haben wir in Gewässern, an denen wir vorbeikamen – sozusagen im Weitergehen – gewaschen. Es war ja zum Glück im Mai nicht mehr so kalt.

An einem windigen Morgen – es war in Sachsen-Anhalt (damals noch Westzone)– ließ ich die Windel an dem Kinderwagen befestigt im Winde trocknen, als eine Frau auf uns zukam und rief: »Hier brauchen sie die weiße Fahne nicht!«

Nach Deutschland hinein oder aus Deutschland heraus? Wir fragten uns immer: Gehen wir in ein künftiges Deutschland hinein oder aus einem künftigen Deutschland heraus? Wir hatten keine Ahnung. Nur daß es ein totales Ende war, merkten wir auf Schritt und Tritt. Erst am 21. Mai erfuhren wir durch einen Anschlag am Rathaus in Wittenberg, daß der Krieg schon seit dem 8. Mai zu Ende war. Wir hatten nichts davon gemerkt.

Mit dem Hausrat unterwegs, Bremen 1945

Hauptbahnhof: »Zuzugsperre«, Bremen 1946

Während unserer Wanderung merkten wir, wie schlecht es war, daß unsere ganze Ausbildung nur nach Westen ausgerichtet war. Man hatte Englisch, Französisch, allenfalls Italienisch oder Spanisch gelernt, aber keine slawischen Sprachen. So konnten wir uns nicht verständigen. Als mein Mann vermißt gemeldet wurde, hatte ich zwar angefangen, etwas Russisch zu lernen, aber es reichte nicht aus, um sich zu unterhalten. Immerhin konnte ich die Schrift lesen. Das war wichtig, denn alle Namen auf den Ortsschildern und Wegweisern waren von den Russen in kyrillischer Schrift umgeändert worden.
Auf einem Plumpsklo hatte ich eine Landkarte mit russischer Schrift gefunden. Die nahm ich mit. So hatten wir wenigstens etwas zur Orientierung in der Hand. Aber eigentlich wußten wir immer nur: Richtung Westen, Richtung Sonnenuntergang. Bis zum 1. Juli war die Mulde, ein kleines Flüßchen, die Grenze zwischen den Zonen. Da kam man aber nur unter Lebensgefahr, d.h. unter Beschuß, hinüber, und es haben auch nicht alle geschafft. Vor unseren Augen ertranken Leute. Doch im Wald wurden immer wieder neue Flöße gebaut. Denn die Leute wollten nach Hause.
Als wir drüben waren, hatten wir nur das, was wir auf dem Leib trugen, und den Kinderwagen mit dem Kind und meinen Trauring. Den hatte ich im Babypuder versteckt. Ein zweiter Kinderwagen, in dem wir unsere wertvollsten Sachen mitgeschleppt hatten, wurde uns am Ostufer einfach weggenommen.
In Hildesheim waren die anderen aus unserer Gruppe in andere Richtungen abgebogen und ich war allein mit meiner Mutter und dem Kind. Die Stadt war nur noch eine einzige Ruine. Als es Nacht wurde und wir eine Unterkunft suchten, sahen wir vor einem Gebäude eine Rote-Kreuz-Fahne. Es war eine Irrenanstalt, der einzige Ort, wo wir für die Nacht ein Dach über dem Kopf bekommen konnten.
Am 3. Juni, einem Sonntag, kamen wir dann endlich zu Fuß in Bremen an. Bei Dreye bogen wir um eine Ecke und sahen die Domtürme. Wir hatten keine Ahnung, was von Bremen noch stehengeblieben war, denn wir hatten seit Wochen weder Zeitung noch Radio. Das letzte, was wir am 19. April erfahren hatten, war, daß die Engländer vor Syke und Verden stünden – danach nichts mehr.
Die Domtürme standen also noch, mehr konnten wir von Dreye aus nicht sehen. Wir gingen an der Weser durch das Parzellengebiet am Kuhhirten auf die Domtürme zu. Da radelten Mädchen in Sonntagskleidern und lachten – wir trauten unseren Augen nicht! Wir kamen uns vor wie Simplicissimus, der im 30jährigen Krieg in die Schweiz kommt und eine andere Welt sieht: Frieden. Daß es so etwas noch gab! Wo wir herkamen, bei den Russen, war ja keine Frau oder Mädchen sicher. Alle versteckten sich, und wenn sie einmal aus ihrem Versteck heraus mußten, um Essen zu holen oder Kühe zu melken, dann machten sie sich so alt und häßlich wie nur möglich. Und jetzt: Mädchen in Sonntagskleidern auf intakten Fahrrädern. Wir waren sprachlos und dachten nur: »Das gibt es hier!«
Unterwegs hatten wir schon gehört, daß alle Brücken gesprengt worden waren, aber in Höhe der Mozartstraße war glücklicherweise eine Pontonbrücke gebaut, denn es wurde dunkel, und wir hatten gehört, daß nach 9 Uhr abends Sperrstunde sei. Eine Tante von uns wohnte in der Rutenstraße, also nicht weit entfernt von der Pontonbrücke. Glücklicherweise stand auch ihr Haus noch, so daß wir pünktlich zur Sperrstunde an ihrer Tür klingelten.
Als meine Tante öffnete, rief sie: »Was, ihr lebt?« Sie machte uns ein Abendessen und ein sehr schönes Frühstück. Vor allem aber konnten wir zum ersten Mal wieder in einem Bett schlafen und uns richtig waschen. Das war nach der langen Zeit auf der Straße ein Hochgenuß.
Am nächsten Morgen wanderten wir weiter in Richtung Horn, wo eine andere Tante wohnte, die uns seit langem immer wieder beschworen hatte, doch nach Bremen zu kommen. Der Weg von der Rutenstraße über die Kohlhökerstraße nach Horn war noch relativ heil geblieben. Natürlich standen überall Ruinen, und es gab auch keine Straßenbahn. Wir hatten Schlimmeres befürchtet. Als wir ankamen, herrschte große Freude. Hier konnten wir nun – wenn auch sehr beengt – unterkommen. Meine Tante wohnte im Landhaus Horn, dem Altenheim. Da waren wir nun: Etwa dreihundert Alte und ein Baby!

Kaum angekommen, hieß es: Schnell Karten schreiben, hier haben freigelassene KZ-Häftlinge übernachtet, die weiterziehen. Sie waren damals die einzigen Postboten, denn sie konnten sich frei bewegen, durften in alle Zonen und über alle Grenzen. Also kritzelten wir schnell Postkarten an alle nahen Verwandten, daß wir glücklich angekommen seien und wo wir uns jetzt befinden, und sie nahmen auch freundlich unsere Post mit. Alle Karten haben die Empfänger erreicht.

Schwierig war es, im Landhaus Horn etwas zu kochen. Das Haus war in den 30er Jahren gebaut worden und ganz auf Elektrizität eingestellt mit elektrischen Kochplatten. Aber es gab keinen Strom. Deshalb hockten jetzt überall im Garten verstreut alte Damen am Boden, vor sich ein kleines Feuerchen zwischen ein paar Steinen, die man sich aus den Ruinen besorgt hatte. Auf dem Feuerchen einen Topf mit irgend etwas Eßbarem. Wenn es regnete, hielten wir einfach einen Regenschirm darüber. Jeder kochte sich so etwas zurecht.

Wir hatten es etwas besser, weil sich meine findige Tante von irgendwoher ein Ofenrohr organisiert hatte. Wir mußten also nicht in der Hocke kochen, sondern konnten auf das Rohr einen Kochtopf oder eine Pfanne stellen. Wir hatten es auch deshalb gut, weil meine Tante damals, als vor der Besetzung Bremens Vorräte an die Bevölkerung verteilt wurden, schon gleich Nahrungsmittel für alle Verwandten, die sie als Heimkehrer erhoffte, mitorganisiert hatte. Deshalb war einiges an Vorräten da.

Von einem Handwerker aus Kattendiek hatten wir auch noch Roggen bekommen, der auf dem Dachboden gelagert hatte, bis bei einem Bombenangriff alle Scheiben zersplitterten. So war der Roggen mit Glassplittern durchsetzt. Nun waren die Handwerker in dieser Zeit etwas besser dran als andere, denn wo sie arbeiteten – besonders auf dem Land –, bekamen sie meist auch etwas zu essen. Er hatte deshalb meiner Tante den Roggen überlassen. So saßen wir jeden Morgen da und pulten all die vielen kleinen Glassplitter aus dem Roggen, bis wir für einen Tag und drei Personen genug hatten. Dann rösteten wir den Roggen auf unserem Ofenrohr und drehten ihn mühsam durch eine Kaffeemühle. Mit Wasser wurde dann ein Brei daraus gemacht und aus dem Brei ein Pfannkuchen, der schließlich in der Pfanne auf dem Ofenrohr gebraten wurde – natürlich ohne Eier und Fett, einfach Wasser und Roggen.

Vitamine holten wir uns vom Riensberger Friedhof, denn meine Tante wußte, daß Mahonienbeeren, diese kleinen blauen, an Ziersträuchern wachsenden Beeren, sehr vitaminreich sind – die meisten wissen gar nicht, daß sie eßbar sind, besonders als Marmelade. Mit dem Kinderwagen ging ich außerdem in die Ruinen, um alles Brennbare zusammenzusuchen. Auch in den Parks und Anlagen gab es Reisig. Im

Frau mit gesammeltem Brennholz

Flüchtlinge ziehen durch Bremen

Bürgerpark war der Boden wie leergefegt, kein Reisig oder Tannenzapfen blieb übrig, alles wurde zum Feuern geholt.
Für alles übrige hieß es: Schlange stehen. Endlos. Begehrt war die Fischhalle in Horn, nahe der Bahnunterführung. Da standen wir Stunden um Stunden, und dann konnte es sein, daß kurz bevor man dran kam, Schluß war – es gab keinen Fisch mehr. Dann hatten wir umsonst gestanden. Aber wenn wir Fisch ergattert hatten, dann stürzten wir uns so heißhungrig drauf, daß wir ihn sofort aßen, einerlei, zu welcher Tageszeit. Er wurde nicht bis zum nächsten Mittag aufbewahrt, denn an Eiweißnahrung herrschte Mangel. Bei der Zuteilung wurde nach Kalorien berechnet, nicht nach dem Nährwert. Mein Onkel sagte deshalb: »Ich will keine Kalorien, ich will was essen«.
Einmal sprach sich herum, in der Sögestraße gebe es »Luftbrötchen« ohne Marken. Das waren große Brötchen ähnlich wie Windbeutel. Drinnen war wirklich nur Luft, aber man machte die weitesten Wege, um solche Brötchen ohne Marken zu bekommen.
Als 1946 die Vorräte aufgebraucht waren und der Hunger immer größer wurde, konnte man wirklich in den Knien schwach werden, wenn man an einem Bäckerladen vorbeikam und hatte keine Marken mehr.
Im Februar 1946 hieß es dann plötzlich: Das Landhaus Horn muß geräumt werden – die Amerikaner wollen da hinein. Manche von den Alten sind gestorben. Das hat ihnen den Rest gegeben. Uns blieb jetzt nur noch die Ruine, das frühere Haus meiner Mutter. Sie stand völlig leer. Also mußten wir aus dem Landhaus irgendwelche Möbel mitnehmen, was aber verboten war. Posten gingen um das Haus herum, damit man ja nichts entfernte. Aber zum Glück waren wir im Erdgeschoß untergebracht, und so konnten wir im Schutz der Dunkelheit bei Schneegestöber die schweren, alten Möbel meiner Großmutter durchs Küchenfenster hieven. Die ganze Familie half

mit und einige paßten auf, ob die Kontrollgänger gerade um die Ecke waren. Dann ging es im Laufschritt mit den Möbeln durch den Schnee zu einer Scheune in der Nähe; ein Verwandter hatte uns den Schlüssel dazu besorgt.
Einmal kam die Patrouille zu früh um die Ecke, und wir mußten alles stehenlassen und uns in Sicherheit bringen. Die schleppten alles wieder zurück, und wir mußten es uns später wieder herausholen, bis wir schließlich das Nötigste in der Scheune gesammelt hatten.
Bevor wir endültig raus mußten aus dem Landhaus Horn wurden die Kohlenvorräte verteilt. Wir hatten also etwas Kohle. Mit den Kohlen, die uns noch zugeteilt wurden, packte ich den Kinderwagen voll, setzte das Baby oben drauf und dann ging es durch Schneegestöber zu einer Freundin. Der Kleine hatte also unter sich die Kohlen und über sich den Schnee.
Am 3. März zogen wir im Schneegestöber in unsere Ruine ein – eine andere Partei unten ins Erdgeschoß und wir oben in den ersten Stock in ein Zimmer, das am wenigstens zerstört war.
Auch die meisten Kirchen lagen in Trümmern, und es konnte noch kein Gottesdienst darin stattfinden. Im Dom wurde provisorisch die Ostkrypta benutzt. Auch die Kirche Unser Lieben Frauen war schwer beschädigt und hatte keinen Turm mehr – die Gottesdienste wurden in Privathäusern abgehalten. Auch die Martinikirche war kaputt – man konnte zum Garten an der Weser hindurchgehen. In der Stephanikirche hatte man sich in einem Seitenschiff mühsam eingerichtet, aber das meiste war auch dort zerstört, und im Winter konnte man natürlich keinen Gottesdienst unter freiem Himmel abhalten.
Von der Wilhadikirche ragte nur der Turm einsam aus den Trümmern hervor, ohne Kirchenschiff. Pastor Penzel, der dort im Krieg Pfarrer war, erzählte, er habe in der Nacht vom 18. zum 19. August 1944, der Nacht des großen Feuersturms, dort Brandwache gehalten. Er habe oben auf seinem Kirchturm gestanden und gesehen, wie um ihn herum seine ganze Gemeinde in Flammen aufging. Er konnte nicht herunter vom Turm in das Flammenmeer und wußte auch nicht, ob nicht jeden Augenblick der Turm

Eine Stadt voller Flüchtlinge, Bremen 1945

Eingestürzte Stephanikirche

zusammenbrechen würde. In dieser Nacht war der gesamte Westen, Utbremen und Walle zerstört worden. Alles war kaputt. Jetzt ragten nur noch einsame Häuserruinen aus den Trümmern empor. Nur die Keller waren teilweise noch bewohnbar. Auch der Diakonissenhaus-Bunker stand noch da mitten zwischen den Trümmern. Das Krankenhaus war auch noch jahrelang dort untergebracht, denn das Diakonissenhaus selbst war völlig ausgebombt und nicht mehr zu benutzen. Ich kannte eine Ärztin und einige Schwestern, die dort tätig waren. Sie erzählten, daß sie dort praktisch ohne Tageslicht arbeiten mußten. Der Operationssaal lag auf halber Höhe, aber einen Lift gab es nicht, so daß die Schwestern und Ärzte alle Patienten, die zur Operation mußten, die vielen Treppen hinauf und hinunter tragen mußten. Die jungen Frauen, die ja selber durch das Hungern völlig von Kräften waren, konnten das oft kaum schaffen. Die befreundete Ärztin sagte mir einmal, auch in den Freistunden ginge sie nicht gerne ins Freie. Man sehe doch nur Ruinen ringsum, und das sei so niederdrückend, daß sie lieber auf Luft und Sonne verzichte.

Der Dom stand zwar noch, nur das Dach war teilweise eingestürzt: Der Himmel war jetzt das Dach. Aber im September gab der Domchor sein erstes Konzert: »Ein Deutsches Requiem« von Johannes Brahms. Der Himmel schaute herein und alle, die da saßen, trauerten um Tote, bangten um Vermißte und hatten wer-weiß-was hinter sich. Und jetzt diese Musik zu hören und die Worte des Propheten Jesaja:

»Denn alles Fleisch, es ist wie Gras.
Und alle Herrlichkeit des Menschen
wie des Grases Blume.
Das Gras ist verdorret
und die Blume abgefallen.
Nun Herr, wes soll ich mich trösten?«

Es war unvergeßlich, denn dieses »denn alles Fleisch, es ist wie Gras« – das hatten wir selber erlebt.

Oben:
Lektüre zwischen Trümmern
Links:
Schlange vor einem Zeitungskiosk am Bahnhof
Rechte Seite:
Ehemaliger Soldat vor dem Flüchtlingsamt

Flüchtlingsamt Bremen
Hilfsstelle für entlassene
Wehrmachtsangehörige

Oben:
Demonstration streikender Hafenarbeiter wird von der Polizei aufgelöst, 23. Oktober 1953
Links:
Vergessene Forderungen der Nachkriegszeit
Rechte Seite:
1.-Mai-Demonstration des DGB 1947: »Nie wieder Krieg«

Unser aller Forderungen
ein einheitliches Deutschland
Nie wieder Krieg
einen gerechten Frieden
Völkerverständigung

Trümmerspiele 1946

Ein Bericht von Christel Pricelius

Ich bin die kleine Blonde rechts, drei Jahre alt. Ich kann mich noch ganz gut daran erinnern, wie das Foto gemacht wurde. Wir spielten damals oft in den Trümmern und fanden dabei alles mögliche: Bunte Scherben von Fliesen und Porzellan. Besonders begehrt und selten waren die roten Glasscherben von Fahrrad-Rücklichtern. Die Scherben waren unser »Geld«. Damit konnten wir handeln: »Einmal durch die rote Scherbe gucken« gegen »Einmal Tretroller um den Pudding umzu« oder »Einmal mit den Großen spielen«. Die Straßen waren voller Kinder. Wir wohnten in Findorff, zu 13 Personen auf 60 Quadratmetern: Durch die Zwangseinquartierungen waren damals alle Wohnungen überfüllt.
Die andere Kleine auf dem Bild heißt Jutta und die Große ist Gisela; sie ging schon zur Schule und mußte auf uns aufpassen. Unsere Mütter hatten keine Zeit für uns: Entweder mußten sie »Schlange« stehen oder »hamstern« gehen.
Sie liefen zu Fuß, weit über den Stadtrand 'raus, bis nach Lesum, nach Osterholz-Scharmbeck oder Habenhausen. Anders als in der Stadt hat man dort auf die Bezugsscheine beispielsweise zwei Brote statt nur eines bekommen. Bei manchen Bauern konnte man auch, wenn man Glück hatte, etwas eintauschen: ein Ei, ein paar Kartoffeln oder sonst etwas zu essen. Meine Mutter hat oft ihre Kaffee-Monatsration, das waren 50 Gramm, eingetauscht gegen etwas zu essen. Sie brauchte das für meinen Vater; denn der lag schwerkriegsversehrt zu Hause – zwischen dem ganzen Kindergeschrei in der Wohnung. Aber nicht alle Bauern gaben etwas: Manche riefen gleich, wenn sie die Frauen mit den schief getretenen Schuhen und den Kopftüchern sahen, über den Hof: »Macht die Türen zu, die Bombenweiber kommen!«
Auf dem Foto stehen wir vor einem zusammengestürzten Haus in der Saalfelder Straße. Nur drei Häuser waren dort kaputt gegangen. Aber schon wenige Straßen weiter lag ein riesiges Trümmermeer mit tiefen Bombenkratern. Da durften wir nicht hin, denn in den Kratern stand hoch das Wasser: Wir hätten drin ertrinken können. Außerdem war überall Rattengift ausgelegt. Ich kannte genau den roten Klebezettel mit den drei schwarzen Totenköpfen und wußte, daß ich da nicht spielen durfte. Trotzdem sind wir immer wieder in die Trümmer gegangen, denn da konnten wir »Höhle« spielen oder »Mutter und Kind« in richtigen Küchen. Manchmal stand noch der Spülstein. Mindestens einmal pro Tag spielten wir »Braut und Bräutigam« mit echten Blumensträußen aus rosaroten Trümmerblumen. Wir bewunderten die »Großen«, wenn sie ohne Treppen – die waren meist verbrannt – in die oberen Etagen kletterten. Das war ziemlich gefährlich, denn überall bestand Einsturzgefahr. Auch ragten gefährliche Eisenträger und Rohre, Gasrohre, heraus, an denen man sich verletzen konnte. Einmal machte ich beim Spielen in einem solchen Trümmerhaus

Oben:
Schulkinder füllen auf Anweisung der Militärbehörden Bombentrichter
Rechts:
Nach Ostfriesland und Oldenburg evakuierte Kinder aus Mitteldeutschland werden in der »Aktion Schwalbe« von den Besatzungsmächten über Bremen nach Hause gebracht

Flüchtlingsunterkunft

eine Tür auf. Da wohnten noch Leute drin – mitten zwischen den Ruinen.
Ich kann mich auch noch an die Ami-Soldaten erinnern. Ich hatte eine Freundin, die sagte zu uns: »Ich hab' jetzt einen Papa, bis mein richtiger Papa wiederkommt.« Wir gingen oft zu den Amis und sagten: »Häff ju ä Zigarett for mein Vadder?« Meist mußte ich fragen, weil ich die Kleinste war, obwohl mein Vater gar nicht rauchte. Wenn wir Glück hatten, bekamen wir auch »Dschuing-Gam.«
Wer Kaugummi hatte, kam groß raus. Einmal hatte ich in unserer Stube einen Kaugummi unter der »Goebbels-Schnauze« gefunden, so nannte mein Vater unseren »Volksempfänger«, das Radio, den hatte mein Bruder heimlich dorthin geklebt. Mit dem rannte ich sofort auf die Straße, um zu zeigen, daß ich auch Kaugummi zwischen den Zähnen herausziehen kann. Das gab dann später aber Ärger mit meinem Bruder. Das Spielen war jedenfalls anders als heute. Da schrie keiner sofort angeödet aus dem Fenster: »He, ihr da! Weg mit euch! Spielt woanders!« Da gab es keine Verbotsschilder. Da wurden auch keine pädagogischen Mätzchen mit uns veranstaltet, unsere Sprache bemäkelt oder unsere Spiele »in die richtigen Bahnen« gelenkt. Da sortierte niemand unseren Umgang, da spielten alle mit! Das Brot konnten wir ohne Tischmanieren verschlingen, und unsere Hände waren rauh von den Trümmerspielen und der Kreide, mit der wir das Pflaster bemalten. Aus Schuhen und Kleiderfalten rieselte uns ständig feiner Schuttsand, und die Schüssel Waschwasser am Abend war nicht umsonst.
Meine Mutter hatte viel Arbeit mit uns in dieser Zeit; sie konnte manchmal auch sehr energisch werden. Einmal hatten wir ein rundes Ding aus Metall gefunden. Wir wußten nicht, was das war, und spielten damit. Als meine Mutter kam und das sah, schrie sie uns an, wir sollten das augenblicklich liegen lassen. Wir verstanden das nicht und meine Mutter hat uns auch nichts erklärt. Erst später sagte uns jemand, das sei ein Stahlhelm gewesen. Ein Soldat habe ihn im Krieg getragen. Uns damit spielen zu sehen, das konnte meine Mutter wohl nicht ertragen.

Auf der Suche ... nach einer Wohnung, nach Angehörigen – Bremen im Sommer 1945

Kindheit in der Nachkriegszeit: Vor dem abgebrannten Bamberger Hochhaus (oben) und an der Weser (rechts)

Als Bremen amerikanisch war

Trümmerspiele

Nachwort

Der Schrecken des Krieges, von dem dieses Buch berichtet, hat viele Gesichter. Niedrige Leidenschaften, durch Massensuggestion zur Staatsdoktrin erhoben, hatten den Krieg vorbereitet. Hybris und Herrenmenschentum, Kadavergehorsam, Haß und Gemeinheit, Rassenwahn und zügellose Zerstörungswut kannten dann im Kriege keine Grenzen mehr.
Aber – wie stets in der Geschichte der Menschen – hat es damals nicht nur Täter und Mitläufer gegeben, sondern auch Untätige, hilflose Zuschauer, Opfer. Nach dem Zusammenbruch, der nur von ihnen als Befreiung erlebt worden war, meldeten sich dann viele der Mittäter und ihrer Helfershelfer schon nach kurzer Zeit wieder zur Stelle. So wurde aus dem Zusammenbruch ein schnell verdrängtes Ende – ohne Schuldbewußtsein, ohne Umkehr, ohne Reue.
Das Anschauen der Bremer Kriegsbilder kann deshalb – selbst aus der Distanz eines halben Jahrhunderts – schwermütig machen. Die Sorge, daß aus dem namenlosen Elend jener Jahre keine Lehren gezogen oder daß sie bereits wieder vergessen worden sein könnten, ist nicht ermutigend. Um so eindringlicher klingen daher manche Stimmen von denen, die damals »in der Flut untergegangen sind«. Den Tod vor Augen, dachten sie nicht mehr an sich selber, sondern sorgten sich um andere. Walerjan Wróbel, dessen Geschichte hier berichtet wurde, schrieb in einem Abschiedsbrief an seine Eltern: »Noch einmal bitte ich Euch, daß Ihr Euch keinen Kummer um mich macht. Ich verabschiede mich von Euch, liebe Eltern, in der letzten Weile, damit ihr solltet möglichst lange leben. Und bitte Gott, daß er Euch hilft gesund zu bleiben.«
Was Walerjan hier mit der ungelenken Hand eines Kindes, das nicht zu schreiben gewohnt ist, ausdrückt, hat Dietrich Bonhoeffer ins Große und Grundsätzliche ausgeweitet. Drei Tage vor der Befreiung des Lagers in Flossenbürg ermordet, hatte er in einem Kassiber aus der Haft noch an seinen Freund Eberhard Bethge geschrieben: »Es wird nicht die Aufgabe unserer Generation sein, noch einmal ›große Dinge zu begehren‹, sondern unsere Seele aus dem Chaos zu retten und zu bewahren und in ihr das Einzige zu erkennen, das wir wie eine ›Beute‹ aus dem brennenden Hause tragen ... Wir werden unser Leben mehr zu tragen als zu gestalten haben, wir werden mehr hoffen, als planen, mehr ausharren als vorschreiten... Auf unsere Privilegien werden wir gelassen und in der Erkenntnis einer geschichtlichen Gerechtigkeit verzichten können.«
Was ist von diesen Gedanken heute noch übriggeblieben? Die »aus der Flut auftauchten« und gerettet wurden, haben sie die »Beute« aus dem brennenden Haus getragen? Oder wir, die wir die »Flut« nur aus fernen Bildern kennen, haben wir gelernt, auf irgendeines unserer Privilegien zu verzichten? So stehen die fernen Bilder als Mahnung vor uns und als Hoffnung, daß die Zerstörungen nicht umsonst gewesen sein mögen und daß »der Mensch dem Menschen ein Helfer« werde.

An die Nachgeborenen

von Bert Brecht

Aber ihr, die ihr auftauchen werdet aus der Flut,
In der wir untergegangen sind,
Gedenkt, wenn ihr von unseren Schwächen sprecht,
Auch der finsteren Zeit, der ihr entronnen seid.
Gingen wir doch, öfter als die Schuhe die Länder wechselnd,
Durch die Kriege der Klassen.
Verzweifelt, wenn da nur Unrecht war und keine Empörung.
Dabei wissen wir doch:
Auch der Haß gegen die Niedrigkeit
Verzerrt die Züge.
Auch der Zorn über das Unrecht
Macht die Stimme heiser.
Ach, wir, die wir den Boden bereiten wollten für Freundlichkeit,
Konnten selber nicht freundlich sein.
Ihr aber, wenn es so weit sein wird,
Daß der Mensch dem Menschen ein Helfer ist,
Gedenkt unsrer
Mit Nachsicht.

Weserfährmann – 1947

Anmerkungen

1 Bei den Fotodokumenten wurde auf eine besondere Nachweisung verzichtet, weil sie fast alle aus der Bildsammlung des Staatsarchivs stammen (STAB 10, B 1933 ff.); nur Bilder aus anderen Sammlungen sind gesondert nachgewiesen. Die historischen Aufnahmen stammen vor allem von Walter Cüppers, der die Mehrzahl der Bilder angefertigt hat, sowie von Hermann Reil und Hans Köster. Karl Edmund Schmidt und Otto Borchers haben die unmittelbar nach 1945 entstandenen Bilder aufgenommen. Karl Edmund Schmidt war der erste Fotograf, der in Bremen von den alliierten Militärbehörden eine Fotografier-Erlaubnis erhalten hatte.

2 Fritz Peters, Zwölf Jahre Bremen 1933–1945, Eine Chronik, Bremen 1951

3 Vgl. C.U. Schminck-Gustavus, Hungern für Hitler, Erinnerungen polnischer Zwangsarbeiter im Deutschen Reich 1940–1945, Reinbek 1984; ders. Die schönsten Jahre, Chronik einer Liebe 1943–1945, Bonn 1991

4 Ludwig Quidde, geb. 1858 in Bremen, gest. 1941 in Genf, Historiker und Publizist, 1914–1929 Vorsitzender der Deutschen Friedensgesellschaft; 1929 als erster deutscher Politiker mit dem Friedensnobelpreis ausgezeichnet; seit 1933 im Schweizer Exil.

5 Flandrischer Kriegsschauplatz aus dem Ersten Weltkrieg, den deutsche Freiwilligenregimenter in sinnlosen Sturmangriffen berannt haben. Soldatenfriedhof mit 45.000 Gräbern

6 Vgl. Manfred Messerschmidt, Fritz Wüllner, Die Wehrmachtjustiz im Dienste des Nationalsozialismus, Zerstörung einer Legende, Baden-Baden 1987

7 Willi Scheuer ist inzwischen gestorben. Dort, wo sein Holzhäuschen, die ehemalige Wehrmachtsbaracke, stand, steht heute ein Mehrfamilienhaus. Sein alter Apfelbaum, den wir jedes Jahr gemeinsam abgeerntet hatten, ist gefällt.

8 Keitel hat wenig später an Heider folgenden Brief geschrieben (STAB 3-M.2.a.Nr. 161(149): »Sehr verehrter Herr Regierender Bürgermeister! Für die Überreichung des wunderschönen Bildes vom Bremer Rathaus als Andenken an meine Dienstzeit in Bremen danke ich Ihnen und dem Senat aufs herzlichste. Das Bild wird bei mir stets die Erinnerung an das dienstlich und kameradschaftlich vorbildliche Verhältnis zwischen der Bremer Regierung und der Wehrmacht in dem verflossenen Jahre wach erhalten. Ich scheide schweren Herzens von Bremen und wünsche Ihnen und dem Senat weiterhin erfolgreiche Arbeit für unser heißgeliebtes Vaterland und seinen unvergleichlichen Führer. Heil Hitler! Keitel. Generalmajor«

9 Das Protokollbuch der Lehrerkonferenzen in der Schule Schmidtstraße hat mir Wiltrud Drechsel zur Verfügung gestellt.

10 Hitler-Jugend von 10–14 Jahren

11 Das Zitat aus den eingemauerten Roland-Dokumenten ist entnommen aus »Der Schlüssel«, Bremer Beiträge zur Deutschen Kultur und Wirtschaft, Jg. 3 (1938), Heft II, S. 500

12 Zum »Blitzkrieg« gegen die polnische Zivilbevölkerung vgl. die Literaturübersicht in: Schminck-Gustavus, Zwangsarbeit und Faschismus. Zur Polenpolitik im Dritten Reich, in: Kritische Justiz 1980, S. 1ff., vor allem Anm. 2–5

13 Vgl. Adalbert Rückerl, NS-Verbrechen vor Gericht, Versuch einer Vergangenheitsbewältigung, Heidelberg 1984, S. 35 ff.

14 Zur deutschen Besatzungspolitik in Polen vgl.: Martin Broszat, Nationalsozialistische Polenpolitik 1939–1945, in: Schriftenreihe der Vierteljahreshefte für Zeitgeschichte, Nr. 2, Stuttgart 1961

15 Die zahlreichen anonymen Briefe, die mich schon nach der Erstveröffentlichung dieses Buches erreicht haben, sind ein deutliches Indiz. Kurioser Gipfel bei diesen anonymen Äußerungen des »gesunden Volksempfindens« war ein empörter Telefonanruf am Heiligen Abend 1985: Der Mann hatte das eingeschweißte »Bremen kaputt« seiner Frau auf den weihnachtlichen Gabentisch gelegt und erst beim Öffnen gemerkt, was er für einen Fehlkauf getätigt hatte. Seinen Namen wollte er aber nicht nennen.

16 Vollständig abgedruckt in: C.U. Schminck-Gustavus, Hungern für Hitler, Erinnerungen polnischer Zwangsarbeiter im Deutschen Reich 1940–1945, Reinbek 1984, S. 32 ff.

17 Zentralpolnisches Restterritorium, das nach der Eingliederung der westpolnischen Gebiete ins Reich und der ostpolnischen in die Sowjetunion noch übrig geblieben war.

18 Die Arbeitspflicht für polnische Kinder ab 14 Jahren wurde verfügt durch die »Verordnung über die Erstreckung der Arbeitspflicht für die polnische Bevölkerung des Generalgouvernements vom 14. Dezember 1939«, abgedruckt in: Verordnungsblatt des Generalgouverneurs für die besetzten polnischen Gebiete 1939, S. 224

19 Angehöriger der deutschen Minderheit in Polen.

20 Der Gestapo-Stimmungsbericht gehört zu den wenigen Beständen, die von den Bremer Gestapo-Akten erhalten geblieben sind, und stammt aus STAB 3-M.2.h.3.ad Nr. 8 (21)

21 aus: STAB 4,77/1-92. Luftangriff vom 26. Juni 1942

22 aus: STAB 4,77/1-102. Luftangriff vom 6. September 1942

23 aus: STAB 3-M.2.h.3.ad Nr. 8 (21)

24 aus: STAB 4,77/1 – 120. Luftangriff vom 13. Dezember 1943

25 aus: STAB 3-M.2.h.3.ad Nr. 8 (21)

26 Zum Einsatz von sowjetischen Kriegsgefangenen vgl. Christian Streit, Keine Kameraden, Die Wehrmacht und die sowjetischen Kriegsgefangenen 1941–45, in: Studien zur Zeitgeschichte, Bd. 13, Stuttgart 1981; zur Zwangsrekrutierung polnischer Arbeitskräfte vgl. C.U. Schminck-Gustavus, Zwangsarbeitsrecht und Faschismus, Zur Polenpolitik im Dritten Reich, in: Kritische Justiz 1980, S. 1 ff. mit weiteren Nachweisen, dort (S. 22 m. Anm. 107) auch weitere Angaben über die von Himmler unterzeichnete »Polizeiverordnung über die Kenntlichmachung im Reich eingesetzter Zivilarbeiter und Zivilarbeiterinnen polnischen Volkstums vom 8. März 1940«, mit der das »P«-Zeichen eingeführt wurde. Über die Einführung des »P«-Zeichens in Bremen vgl. auch die Akten aus der Senatsregistratur – STAB 3.M.2.h.3 Nr. 119

27 Vgl. Sitzungsbericht des Ministerrats für Zentrale Planung vom 1.3.1944, als Beweisdokument in: Der Prozeß gegen die Hauptkriegsverbrecher vor dem Internationalen Militärgerichtshof, Nürnberg 1947, Bd. 38, S. 355; Sauckel wurde dort zum Tod durch den Strang verurteilt und hingerichtet.

28 Am ausführlichsten hierzu: Ulrich Herbert, Fremdarbeiter, Politik und Praxis des »Ausländereinsatzes« in der Kriegswirtschaft des Dritten Reichs, Berlin Bonn, 1986^2, S. 127 ff.

29 Über die Bremer Lager sind in den fragmentarisch erhaltenen Akten der Kommandantur der Sicherheitspolizei sehr exakte Angaben vorhanden. So hatte die Bremer Gestapo genaue Evakuierungspläne für die Ausländer entworfen; deshalb wurden auch exakte Listen mit Anschrift, Belegungsstärke und Wachmannschaften der Lager erstellt; auch die jeweiligen Beschäftigungsfirmen werden dort genannt; vgl. STAB 7, 1066-693

30 Vor diesem Hintergrund ist auch der autobiographische Roman von Yves Bertho, Ingrid, Paris 1976 (Edition Gallimard), zu lesen, der die Erlebnisse eines jungen französischen Dienstverpflichteten in Bremen schildert.

31 Vgl. Polizeiverordnung über das Verbot der Unterkunftsgewährung an ausländische Arbeiter vom 9. Juli 1942

32 Anordnung des Hauptgesundheitsamtes zur Durchführung der Polizeiverordnung vom 9. Juni 1942 über die gesundheitliche Überwachung ausländischer Arbeiter vom 13. Juli 1942, Ziff. 3. Größere Lager, wie z.B. das in der Friedrich-Mißler-Straße, verfügten über eine eigene »Entlausungsbaracke«.

33 Zum Verbot des außerdienstlichen Verkehrs mit Ausländern vgl. STAB 3-M 2.h.3 Nr. 480

34 Vgl. Gestapo-Stimmungsbericht vom 7.4.1941 in STAB 3-M 2.h.3 ad. Nr. 8 (21)

35 Bericht von Willi Scheuer

36 Vgl. STAB 7, 1C66-61

37 So der Bericht von Attilio Buldini, der als italienischer Militärinternierter beim Bau von Luftschutzstollen in Vegesack am Ufer der Lesum eingesetzt war, in: C.U. Schminck-Gustavus, Die schönsten Jahre, Chronik einer Liebe 1943–1945, Bonn 1991, S. 142

38 Die Liste mit Kinderarbeitern aus dem »Russenlager« Buntentorsteinweg findet sich in STAB 4, 29/1-1351

39 Vgl. STAB 4,13/1 – A.8a. Nr.76

40 Jan Zuchmanski, ein Angehöriger von Walerjan Wróbel, der im Krieg auch als »Zivilarbeiter« in Baljenbruch (bei Freiburg/Elbe) eingesetzt war, berichtete mir auf einer Polenreise 1983 von einer solchen »Pflegestätte« in Hörne, einem kleinen Dorf hinter dem Elbedeich; er selbst habe mehrere Säuglinge, die an Entkräftung gestorben waren, am Hörner Außendeich begraben. Nachforschungen in

Hörne führten zwar zur Lokalisierung des »Polenhauses«, auch bestätigte mir eine direkt gegenüber wohnende Dorfbewohnerin, dort hätten polnische Säuglinge »in Holz- oder Pappschachteln gelegen, aber nicht lange gelebt«. Da aber weder sie bereit war, ihren Namen zu nennen, noch andere Dorfbewohner zu irgendwelchen Aussagen zu bewegen waren, habe ich die Nachforschungen eingestellt.

41 Es handelt sich hier um Aussagen alter Bremer, die ich in den 80er Jahren bei Nachforschungen in der Umgebung ehemaliger Lager gehört habe; in der Regel wollten die Befragten anonym bleiben, was nicht gerade für die Zuverlässigkeit der Aussagen spricht. Da ich das gleiche aber auch in den Berichten ehemaliger Gefangener gehört hatte, scheinen mir die Angaben glaubwürdig; vgl. auch C.U. Schminck-Gustavus, Die schönsten Jahre, Chronik einer Liebe 1943–1945, Bonn 1991, S. 142. Zu diesem Thema vgl. auch Bernhild Vögel, »Entbindungsheim für Ostarbeiterinnen«, Hamburg 1989

42 STAB 4, 29/1-1351

43 Die dort an den Wänden angeblich noch befindlichen Kritzeleien und Inschriften in kyrillischen Buchstaben habe ich allerdings nicht finden können, weil der Schuppen monatelang durch tonnenschwere Papierrollen zugestellt war.

44 Vgl. Barbara Johr, Hartmut Roder, Der Bunker, Ein Beispiel nationalsozialistischen Wahns, Bremen-Farge 1943–45, Bremen 1991

45 Die Fotos vom Bau des »Valentin-Bunkers« stammen aus dem Betriebsarchiv der AG »Weser«; von dort sind sie in das Archiv des Hafenbauamts gelangt, das sie dann dem Staatsarchiv überlassen hat.

46 STAB 7, 1066-D-11, Kiste 18, Ordner 1

47 Bericht von Adam Tomkiewicz in: C.U. Schminck-Gustavus, Hungern für Hitler, Erinnerungen polnischer Zwangsarbeiter im Deutschen Reich 1940–1945, Reinbek 1984, S. 105

48 Vgl. auch hierzu den Bericht von Adam Tomkiewicz

49 Ich danke Frau Lühring, die mir diesen an ihren Vater gerichteten Brief zur Verfügung gestellt hat.

50 Frau v. Perlstein berichtete ferner, die in Hastedt eingesetzten Jüdinnen seien bei einem Evakuierungstransport noch kurz vor ihrer Befreiung umgebracht worden; die Frauen sollen von ihren Bewachern in ein Minenfeld getrieben worden sein. Da diese Angaben jedoch nicht verifiziert werden konnten, sind sie hier nicht aufgenommen. Nachforschungen im Jad-Washem-Archiv in Jerusalem blieben ergebnislos. Vgl. Hartmut Müller, Die Frauen von Obernheide, Jüdische Zwangsarbeiterinnen in Bremen 1944/1945, Bremen 1988

51 Die Akte des Bremer Sondergerichts befindet sich in: STAB 4, 89/5 – Aktenzeichen 5 Sond. Kls. 42/42. Der Fall wird ausführlich dokumentiert in C.U. Schminck-Gustavus, Das Heimweh des Walerjan Wróbel, Ein Sondergerichtsverfahren 1941/42, Berlin/Bonn 1986; unter dem gleichen Titel 1991 verfilmt und 1994 in italienischer Übersetzung erschienen (»Mal di casa, Un ragazzo davanti ai giudici 1941/42«, Bollati Boringhieri, Torino)

52 Bericht über den Feuersturm aus STAB 4,77/1 – 132. Luftangriff vom 18./19. August 1944, Bd.1

53 aus: STAB 4,23, Landesernährungsamt Bremen, Abt. B – 1945

54 aus: Gemeinsam begann es, 1945, »Der Aufbau« schrieb das erste Kapitel, Originalgetreuer Nachdruck der Zeitschrift »Der Aufbau«, Bremen 1945/46, Frankfurt/Main 1978, S. 10

55 Ich danke Jens Töpert, der bei der Transkription dieses Berichtes geholfen hat.

Bild- und Dokumentennachweis

Die Fotodokumente finden sich, wenn nicht anders angegeben, in der Bildsammlung des Staatsarchiv Bremen (STAB 10, B 1933 ff.). Bilder aus anderen Sammlungen sind im folgenden gesondert ausgewiesen. Die Archivsignaturen reproduzierter Aktenstükke sind nachstehend unter der jeweiligen Seitenzahl vermerkt. Ich danke allen Privatpersonen, die mir Bilder und Dokumente aus ihrem Besitz zur Verfügung gestellt haben.

6/7 Privatbesitz Wolfgang Weirich, Grasberg

15 Bildnachweis nicht zu ermitteln. Das Bild stammt nicht aus Bremen, steht aber stellvertretend für die Situation in den deutschen Großstädten während der Weltwirtschaftskrise.

19, 28, 30, 32, 47 Plakate in STAB 9, P-FB 736-907, 980 und 981

20, 33 Archiv des Autors

35 Der Aufruf der Bremer Pastoren ist als Faltblatt gedruckt worden, jedoch anscheinend nur in den Kirchen zum Aushang gekommen. Eine Veröffentlichung als Annonce in den »Bremer Nachrichten« und der »Bremer Zeitung« war nicht zu ermitteln. Ein Original des gedruckten Aufrufs ist im Gemeindearchiv von St. Stephani erhalten. Ich danke Hans-Günther Sanders und Reinhard Jung, die mich auf dieses Dokument hingewiesen haben.

42/43 Hand in Hand fürs Vaterland. Eine deutsche Fibel von Otto Zimmermann, Ausgabe M, Braunschweig/Berlin/Hamburg 1935. Ich danke Ingrid Emmenecker, die mir ihre Schulfibel zur Verfügung gestellt hat.

46 aus: Deutschland im Zweiten Weltkrieg, hr. von einem Autorenkollektiv unter Leitung von Wolfgang Schumann und Gerhart Hass, Akademie der Wissenschaften der DDR, Zentralinstitut für Geschichte, Bd. 1–4, Köln 1974

50 aus: Deutschland im Zweiten Weltkrieg, a.a.O.

51 aus: Guernica – Entstehungsgeschichte eines Bildes, Wanderausstellung der Neuen Gesellschaft für bildende Kunst, Westberlin, in Zusammenarbeit mit dem Kunstamt Kreuzberg und dem Verlag Elefanten Press; aus dieser Dokumentation ist auch der Bericht des Priesters Alberto de Onainda übernommen

53 »Gitterschrott« in: STAB 9 P-FB 736

54 Zur Verfügung gestellt von Jonny Niehaus

55 »Reichsparteitag des Friedens« vgl. Josef Henke, Die Reichsparteitage der NSDAP 1933–38, Planung, Organisation, Propaganda, in: Heinz Boberach/Hans Boom (Hr.), Aus der Arbeit des Bundesarchivs. Beiträge zum Archivwesen, Boppard (Rhein) 1987, S. 416, Anm. 91

59 aus: Klaus Kirchner, Flugblattpropaganda im 2. Weltkrieg, Bd.5, Flugblätter aus England, Erlangen

1979, Nr. 302
57, 58, 60, 61, 62, 63, 64 aus: Jerzy Piórkowski (Hr.) Miasto nieujarzmione (Die Stadt, die sich nicht hat unterjochen lassen), Iskry 1957. Ich danke Frau Mańkowska, die mir das Buch zur Verfügung gestellt hat.
65 aus: Deutschland im Zweiten Weltkrieg, a.a.O.
66, 67 Privatbesitz Julian Nowak, Poznań.
69, 70, 72, 73 aus: Deutschland im Zweiten Weltkrieg, a.a.O.
75 aus: Akten des Senators für das Bauwesen, STAB 4, 29/1-1351, oben: aus: Piórkowski, a.a.O.
82 Dokument »Luftschutzbaumaßnahme« aus: STAB 4, 29/1-1142
83 aus: STAB 4, 29/1-1236
87 aus: STAB 4, 29/1-1351
90 aus: STAB 4,77/1-56. Luftangriff vom 16. April 1941
98 »Erst siegen« und »Begibst Du Dich...« aus: Deutschland im Zweiten Weltkrieg, a.a.O.
100 aus: Deutschland im Zweiten Weltkrieg, a.a.O.
101 »Bunkerästhetik« aus: STAB 4, 29/1-1178
103 »Jetzt machen wir Uniformen« aus: Deutschland im Zweiten Weltkrieg, a.a.O.
105 aus: STAB 9, FF-1941-13 und 9, FF-1943 und 3-J.5. Nr.4
114 Privatbesitz von Klaus Logemann, Kirchseelte
124 »Merkblatt« aus: Bremer Nachrichten vom 6. September 1942
136 Privatbesitz Ernst Boettcher
140, 141, 142 Privatbesitz Friedo Herrgut, Bremen
142, 143, 144, 146, 159 »Gefallen«, »Unter der Erde«, »Denk daran«, »USA gegen Hitler«, »Terror«, »Gestapolen« aus: STAB 9, FF-1941-13 und 9, FF-1943 und 3-J.5.Nr.4
143 »Todesanzeigen« aus: STAB 4, 13/1-M.2.a. Nr.161
159 »Lidice« Ich danke Volker Homburg, der mir das Bild aus der Lidice-Gedenkstätte besorgt hat
176, 177 Privatbesitz Margret Bolz, Bremen
186 Privatbesitz Annemarie Lühring, geb. Breitner, Bremen
192, 193 Privatbesitz Rita Weiße, Bremen
194 aus: STAB 4,77/1
204 Privatbesitz Romano Padovani, Bologna
194 »Deutsche«, »Feind hört mit« aus: Deutschland im Zweiten Weltkrieg, a.a.O.
211 »LS-Bunker« STAB 4,77/1
212, 216 aus: STAB 3-J.5. Nr.4
219 aus: STAB 7, 1066-693
230 aus: STAB 7, 1066-D-11, Kiste 18, Ordner 1
231 Privatbesitz Annemarie Lühring, Bremen
232 aus: Archiv der Hauptkommission zur Erforschung der Hitler-Verbrechen in Polen, Microfilm M 1019, kl.26; ich danke Herrn Prof. Pilichowski, Warschau, der mir das Dokument übersandt hat.
234 Privatbesitz Rotraud Rolfs, Bremen
238, 239, 241, 242f. alle Fotos und Dokumente aus: Akte des Bremer Sondergerichts, STAB 4, 89/5 - Aktenzeichen 5 Sond. Kls. 42/42.
245, 252 Privatbesitz Alfred Christian Arentzen, Garlstedt
250, 253, 256 STAB 4,77/1 – 132. Luftangriff vom 18./19. August 1944
263 aus: STAB 4, 64/3 (Ortsamt Huchting)
265 »Einberufung« aus: Herbert Schwarzwälder, Bremen und Nordwestdeutschland am Kriegsende 1945, Bremen 1972, Bd. 1, S.58
267 Privatbesitz Alfred Christian Arentzen, Garlstedt
268 aus: Heinz Boberach, Jugend unter Hitler, Düsseldorf 1982, S. 139/140
269, 270 aus: STAB 9, FF-1941-13
271, 272 unten, 274, 275, 277, 279 Imperial War Museum, London
295, 304, 305, 306 Foto Otto Borchers, STAB
300 Privatbesitz Christel Pricelius
315 Landesbildstelle Bremen
316/117 Privatbesitz Wolfgang Weirich, Grasberg

Blick auf die St. Martini Kirche und den Dom

Der Bremer Westen, 1945/46

Tilgner, Daniel (Hg.)
Jede Stunde dem Schicksal abgestohlen
Das Brieftagebuch der Magdalene Krippner vom Kriegsende in Bremen 1945
104 S., 47 Abb.
ISBN 978-3-86108-555-3
Sonderpreis 7,90 €

Müller, Hartmut;
Rohdenburg, Günther (Hg.)
Kriegsende in Bremen
Erinnerungen, Berichte, Dokumente
3. Aufl. 2005
216 S., 120 Abb.
ISBN 978-3-86108-265-1
20,90 €

Schneider, Karl
Zwischen allen Stühlen
Der Bremer Kaufmann Hans Hespe im Reserve-Polizeibataillon 105
Schriftenreihe des Vereins Erinnern für die Zukunft e.V., Bd. 4
232 S., 45 Abb..
ISBN 978-3-86108-584-3
14,90 €

Hemmer, Eike
Milbradt, Robert
Bei »Bummeln« drohte Gestapohaft
Zwangsarbeit auf der Norddeutschen Hütte während der NS-Herrschaft
1. Aufl. 2007
152 S., 60 Abb.
ISBN 978-3-86108-591-1
14,90 €